中国社会科学院创新工程学术出版资助项目

晋隋之际佛教戒律的两次变革

《梵网经》菩萨戒与智𫖮注疏研究

夏德美◎著

中国社会科学出版社

图书在版编目(CIP)数据

晋隋之际佛教戒律的两次变革：《梵网经》菩萨戒与智𫖮注疏研究 / 夏德美著 . —北京：中国社会科学出版社，2015.10
ISBN 978-7-5161-7000-7

Ⅰ.①晋… Ⅱ.①夏… Ⅲ.①佛教—戒律—研究—中国—晋代~隋代 Ⅳ.①B943

中国版本图书馆 CIP 数据核字(2015)第 264197 号

出 版 人	赵剑英
责任编辑	韩国茹
责任校对	邓雨婷
责任印制	张雪娇

出　　版	中国社会科学出版社
社　　址	北京鼓楼西大街甲 158 号
邮　　编	100720
网　　址	http://www.csspw.cn
发 行 部	010-84083685
门 市 部	010-84029450
经　　销	新华书店及其他书店
印　　刷	北京君升印刷有限公司
装　　订	廊坊市广阳区广增装订厂
版　　次	2015 年 10 月第 1 版
印　　次	2015 年 10 月第 1 次印刷
开　　本	710×1000　1/16
印　　张	17.75
插　　页	2
字　　数	291 千字
定　　价	66.00 元

凡购买中国社会科学出版社图书，如有质量问题请与本社营销中心联系调换
电话：010-84083683
版权所有　侵权必究

目　录

序言 …………………………………………………………（1）

绪论 …………………………………………………………（1）

第一章　《梵网经》菩萨戒的源流与特色 ………………（12）
　　第一节　晋唐时期《梵网经》流传考 …………………（12）
　　第二节　十重戒分析 ……………………………………（26）
　　第三节　四十八轻戒分析 ………………………………（38）
　　第四节　《梵网经》的特色及真伪 ……………………（115）
　　第五节　《梵网经》的地位 ……………………………（131）

第二章　智顗与《菩萨戒义疏》 …………………………（155）
　　第一节　智顗与《菩萨戒义疏》关系考辨 ……………（155）
　　第二节　智顗注疏《梵网经》的时节因缘 ……………（164）

第三章　《菩萨戒义疏》中的戒律理论 …………………（177）
　　第一节　戒的种类 ………………………………………（180）
　　第二节　菩萨的阶位 ……………………………………（193）
　　第三节　戒体及相关问题 ………………………………（202）
　　第四节　受菩萨戒的条件 ………………………………（221）

第四章　具体的解释与疏通 ………………………………（235）

第一节　解释的内容和特点——以杀戒为例 ………………（235）
第二节　对待小乘的态度 ……………………………………（253）

余论：晋隋时期两次戒律变革与现代借鉴 ………………（264）

参考文献 ……………………………………………………（272）

后记 …………………………………………………………（279）

序 言

魏道儒

佛教戒律内容广泛、作用独特、影响深远，对僧俗信众个人来说，戒律是坚持信仰、维持修行的强制性规定；对僧团和居士组织而言，戒律是维护机构存在、延续和有效运转的制度保障。释迦牟尼在传教弘法过程中一贯强调戒律的重要性，临终还教导僧众要"以戒为师"。从古到今，在不同国家和地区的佛教主流思想中，重视戒律这个传统似乎从来没有中断过，从来没有受到过强烈质疑和严峻挑战。可以说，戒律是衡量是不是合格的佛教徒的重要标准，是决定佛教能否生存和健康发展的重要因素。

在虔诚信仰者的心目中，戒律体系是庄严的、神圣的、不可践踏的。这不仅是出家僧众的共识，也是供养僧团的护法群体的心愿，更是统治阶级政治要求中的重要内容。但是，这并不意味着佛教戒律思想是僵化的、一成不变的；也不意味着具体戒律条文是不能增删的、不可更改的。随着时代的发展，作为基本教义重要内容的戒律思想会不断演进，具体戒律条文也会随之发生变化。在印度佛教中，各种戒律系统分别归属于小乘戒律（声闻戒）和大乘戒律（菩萨戒）两大体系。其中，小乘戒律是整个佛教戒律的基础，大乘戒律是在小乘戒律基础上形成的。小乘戒律和大乘戒律都传到了中国，并且都发生了重大影响。尤其重要的是，印度佛教戒律传到中国后发生了多方面的变化，形成了具有中国特色的戒律体系。

当佛教传入不同国家和地区的时候，为了适应所传地的社会、民族、政治、经济和文化必然发生变化，既有信仰、教义方面的变化，也有组织、制度方面的变化。戒律作为僧俗信众的道德规范、生活准则、修行准则，作为僧团的规章制度，当然也要发生或急或缓、或大或小的变化。研究印度佛教戒律在中国的演变过程，就是研究中国特色的戒律体系的形成过程，属于研究佛教中国化的一个重要方面。

研究佛教中国化是改革开放以来佛教研究中的一个重要方面，相继参加的学者很多，并且已经取得了很多优秀成果。相对说来，对佛教戒律中国化的研究起步比较晚一些，成果数量比较少一些。特别是对大乘佛教戒律中国化方式、途径、作用、影响及其现实价值的研究，更是一个亟待加强的方面。随着我国佛教在社会上的影响和作用不断扩大，深化这方面研究的现实意义就进一步凸显出来了。呈现给读者朋友的这部《晋隋之际佛教戒律的两次变革——〈梵网经〉菩萨戒及智顗注疏研究》，正是这方面一个值得推荐的优秀成果。

这本书有三个主要内容：第一，对《梵网经》的内容、特点、真伪进行了详细论证；第二，对智顗《菩萨戒义疏》的内容、特点、价值进行了详细论证；第三，对《梵网经》和《菩萨戒义疏》的关系以及两者在中国佛教戒律史上的地位、作用、影响和现实意义进行了详细论证。本书在做这三个方面的工作时，既借鉴了学术界已有的重要成果，又提出了成系统的新观点，具有把相关研究实质性地向前推进的性质。更为可贵的是，作者在进行这三个方面工作的基础上，从通览中国佛教戒律发展总趋势的视角，提出了汉传佛教在戒律变化方面经历了两次重大变革的观点，描述了佛教戒律中国化在一个历史阶段的具体进程、特定方式和运行机制。这些都是前人没有做过的工作。本书不仅具有重要的学术价值，也有重要的现实意义。

我与夏德美博士共同工作四年多，知道她在从事科研方面有三个优点。可以明显看到，三个优点也在本书中有所反映：第一，不怕吃苦受累，肯下功夫。例如，本书在说明《梵网经》戒条特点时，与十几种戒律典籍进行一一对照，仅此一项，就可反映作者在单位时间内阅读资料的数量之大。第二，学风踏实，既不人云亦云又不乱发议论。例如，本书不仅力求在所涉及的主要问题上都提出新观点，而且努力做到每一个观点都建立在可靠资料的基础上，绝不脱离史料云里雾里发议论。第三，有炽热的现实情怀。例如，本书研究《梵网经》和智者注疏的时候，既关注解决历史问题，也重视探讨实现中国佛教戒律现代化问题，努力为当下的"戒律变革"提供有价值的借鉴和参考。

最后，祝愿夏德美博士在未来的科研工作中不断进步，不断推出新成果、做出新贡献！

绪　论

一　研究内容与价值

本书的研究对象是《梵网经》菩萨戒和天台智𫖮对《梵网经》的注疏（即《菩萨戒义疏》）。我们希望通过这种有针对性的比较研究，探讨晋隋时期佛教两次戒律变革的具体内容及其深远影响，从一个侧面描述汉传佛教在制度建设方面的一段探索历程，展示其戒律文化上的独有性格。

无论大乘佛教还是小乘佛教，都承认对佛教理论和实践的一个总概括，即"三学"：戒、定、慧。三学被认为是达到修行解脱的三个重要方面，或者是三个必须经历的阶段。在这三学之中，戒律是基础。戒是佛教信徒树立信仰的开端，也是需要贯彻在整个修行过程中的基本准则。戒是佛教的伦理道德规范，是佛教徒个人的生活准则、修行准则和弘法准则，也是佛教组织系统有序运转最根本的制度保障。没有戒律，就没有佛教的存在，没有佛教的纯洁，也没有个体僧人的修行。

释迦牟尼从创教开始就重视戒律，到他涅槃前，仍然强调"以戒为师"。从此以后，重视戒律成为整个佛教的优良传统。无论在印度佛教历史上，还是在中国佛教历史上，历代佛教领袖人物都把持守戒律作为衡量佛教修行楷模的标准，作为佛教荣辱兴衰的标准。一些最著名的佛教大师往往因自己没有严格信守某些基本戒律而抱憾终身，比如译经大师鸠摩罗什迫于帝王的威势，不能持守戒律，就曾感叹："什累业障深，故不受师教。"[①]

在佛教戒律体系中，不同时期、不同派系所制定和信守的戒律并不完

[①] 释慧皎：《高僧传》，汤用彤校注，中华书局1992年版，第54页。

全相同。戒律的变革是与佛教基本教义的变化紧密相连的。总的来说，小乘戒律和大乘戒律是两大基本系统。戒律是在克服、纠正和对治错误中产生的，最开始产生的是小乘戒，也称为声闻戒。声闻戒是佛陀在世时随犯随制，并在佛陀涅槃后由弟子们在第一次结集时形成的戒律条文。后来不同的部派根据各自的理解形成了不同的律典，有《十诵律》《四分律》《五分律》《僧祇律》等分别，但主体内容差别不大。大乘的戒律称为菩萨戒，其伴随着大乘佛教的兴起而有了崭新的含义。早期大乘经典《大品般若经》中已经提到了菩萨戒的基本内容，此后《法华经》《十住经》《华严经》《大般涅槃经》等都有对菩萨戒的记述。这些经典经过整合演变，汇集成几部主要的关于菩萨戒的戒经。这些戒经大致可以分为两个系统：一是以《瑜伽师地论》为底本的《瑜伽》系统，主要包括《菩萨地持经》《菩萨善业经》《瑜伽师地论·戒品》等；二是被很多人认为形成于汉地的《梵网经》系统，主要包括《梵网经》和《菩萨璎珞经》。

在中国佛教史上，两个系统的菩萨戒都曾在佛教界流行，也都被研究、被推崇、被实践。相对说来，《梵网经》菩萨戒具有更为重要的地位，更深远的影响。《梵网经》菩萨戒曾引起跨地区、跨时代、跨宗派僧人的广泛关注，其所涉及的主要问题曾引起讨论，产生了许多不同的理解。尤其在中国佛教奠定其外在风貌和内在精神的定型时期（即隋唐时期），《梵网经》菩萨戒得到了人们的更多重视，尤其是得到了中国佛教宗派中唯一可与禅宗世系严整相媲美的教门宗派天台宗创始人智𫖮的重视。

《梵网经》并不只是在陈隋之际被重视，影响一时，智𫖮对《梵网经》的注疏之作也并不是完成后就销声匿迹，而是越来越受到重视。从智𫖮到清代的德玉，现存的《梵网经》注疏共有29家34种，这些注疏者包括中国、新罗（今韩国和朝鲜）、日本的很多大师级人物，除智𫖮外，还有华严宗创立者法藏、新罗海东宗初祖元晓、新罗华严宗初祖义湘的弟子义寂、日本天台宗的创立者最澄等。相比之下，对《瑜伽》系菩萨戒的注疏却寥寥无几。从实践上看，隋唐以后汉传佛教历代的菩萨戒受戒仪大都以《梵网经》为主要依据；时至今日，大多数寺院也以《梵网经》的十重四十八轻作为菩萨戒的受戒内容。日本最澄建立的比睿山僧团更是直接以《梵网经》菩萨戒为受戒内容，完全取消了声闻戒。

从佛教发展的历史看，大乘佛教的形成是以一批新经典的出现为标志的，这些自称为"大乘"的新经典在继承此前佛教基本原理的基础上，有了非常多的理论发挥和思想拓展，与小乘时期各部派教义拉开了越来越大的距离，其差异十分明显，其个性十分突出。一般说来，在对小乘佛教的态度上，大乘经典中有两种倾向，一是直接否定小乘的内容，重新构建独特的体系；一是全面吸收小乘的内容，在此基础上层层累积，增添更多新内容。那么，作为佛教徒基本行为规范的戒律，大乘佛教所提倡的菩萨戒是否一定要区别于声闻戒？或者说菩萨戒在戒律方面应该仍以声闻戒为依据，还是另起炉灶？这是大乘佛教一直关注的问题。形成于印度的《瑜伽》系菩萨戒采取了调和的态度，确立了以声闻戒为基础、加授菩萨戒的模式；形成于中国的《梵网经》却采取了更为激进的方式，其排斥小乘经律的强烈态度，似乎肯定了独立的菩萨戒存在的必要性。那么，这一历史过程是如何演变的？《梵网经》菩萨戒的出现在佛教史上具有什么意义？它与声闻戒的区分究竟在哪里？它与《瑜伽》系菩萨戒有何异同？这是本书关注的第一个方面的基本问题。

《瑜伽》系菩萨戒有着明确的来源，而且在南北朝曾经得到普遍的实践，唐代译经大师玄奘又完整翻译了《瑜伽师地论》，并给予高度重视，但隋唐以后中国社会却逐渐采用《梵网经》这样一部"来历不明"的经典作为菩萨戒的主要授受依据，其中的关键在哪里？应该说这既与《梵网经》自身的特点有关，也与佛教史上一些高僧大德的重视密不可分。作为中国佛教第一个宗派天台宗的实际创立者智𫖮在这一过程中扮演了重要角色，他不仅在授菩萨戒时以《梵网经》为主要依据，还亲自为《梵网经》做《菩萨戒义疏》。在智𫖮的影响下，后来的天台宗人在制定菩萨戒仪时都主要以《梵网经》为依据。而由于天台宗在佛教仪式方面对中国佛教的重要影响，确定了《梵网经》在佛教戒律中的地位。那么智𫖮为何选择《梵网经》作为菩萨戒的主要经典？他在注疏《梵网经》时，体现了什么样的选择戒律倾向？这种倾向与《梵网经》的原意是否相同？《梵网经》确立了其在汉传佛教中的地位体现了中国佛教的哪些特点？这是本书探讨的第二个方面的问题。

总之，本书将通过对历史文献的详细解读，探讨《梵网经》出现的意义及《菩萨戒义疏》对《梵网经》历史地位形成的作用，力图展现菩萨戒在汉传佛教中遇到的问题及解决的方式。本书也试图通过对菩萨戒这一具体问题的研究，展现中国佛教不同于印度佛教的一些特点，体现佛教作为一种外来文化在中国社会站稳脚跟的重要途径和具体方法。

目前，我国正处于巨大的社会变革时期，佛教的发展面临着前所未有的机遇和挑战，如何培养学修俱足的佛教人才，发挥佛教在社会文化建设中的积极作用，戒律的规范显得尤为重要。近年来，中国佛教界和宗教管理部门都认识到这一点，进一步强调"以戒为师"。中国佛教协会历任会长在多个场合都强调"以戒为师"。赵朴初居士在中国佛教协会第六届全国代表会议上指出，"佛教自身建设的好坏是决定中国佛教兴衰存亡的根本内因"，而"自身建设的重点是以戒为师"①。一诚法师专门写了一本关于戒律的著述，题名"以戒为师"。传印法师在中国佛教协会第八届理事会第一次常务理事会上强调的第一点就是要"以戒为师，端正道风，不断加强自身建设，努力提高僧团素质"②。国家宗教局领导也多次指出佛教界重视戒律的必要性。前任局长叶小文在中国佛教协会七届四次常务理事会上高呼"重新举起'以戒为师'的旗帜"③。现任局长王作安在中国佛教协会第八次全国代表会议上指出："道风问题不仅关乎佛教的形象与声誉，甚至直接关涉佛教的根本与命脉，必须高度重视，认真对待。"④要端正道风，对于佛教法师来讲，有必要强调以戒为师、以德为先。

但"以戒为师"的具体内容是什么，也就是说应以什么戒律为"师"，是师法以《四分律》为代表的声闻戒，道宣律师以《四分律》为基础创立的南山律，《瑜伽》系菩萨戒，还是《梵网经》系菩萨戒？是否可以根据"舍小小戒"的原则舍弃那些明显不能遵守的戒条？是否可以根据随方毗尼的要求增加一些新内容？对于这些问题，佛教界并没有达成共识。本书对历史上菩萨戒相关问题的探讨，对探讨此类问题将有所裨益，并可为现代佛教进行戒律改革，形成契理契机的戒律规范，提供历史

---

① 赵朴初：《中国佛教四十年》，《赵朴初文集》下卷，华文出版社2007年版，第1223页。
② 一诚：《以戒为师》，宗教文化出版社2008年版。
③ 叶小文：《重新举起"以戒为师"的旗帜——在中国佛教协会七届四次常务理事会上的讲话》，《和谐社会与道风建设》，闽南佛学院2008年编，第1页。
④ 王作安：《在中国佛教协会第八次全国代表会议上的讲话》，《中国宗教》2010年第2期。

借鉴。

二 研究历史与现状

本书关注的两个研究对象，即《梵网经》和《菩萨戒义疏》，学术界都有一定的研究。对《梵网经》的研究，参与的学者比较多，成果也比较多。对于《菩萨戒义疏》，研究的人相对较少，成果也较少。以下对先贤们研究《梵网经》和《菩萨戒义疏》的重要成果进行考察、梳理和分析，看他们在哪些问题上提出了有见解的意见，在哪些问题上还有再探讨的必要和空间。

（一）《梵网经》研究回顾

《梵网经》作为一部重要的大乘菩萨戒经典，在佛教界一直很受重视，历代不乏高僧大德撰写各种著作进行疏解和阐释。隋唐时期是《梵网经》注疏之作集中出现的时期之一，几个重要佛教宗派如天台宗、华严宗、唯识宗都有不少对《梵网经》的注疏。属于天台宗的有：智𫖮《菩萨戒义疏》2卷、明旷删补《天台菩萨戒疏》3卷。属于华严宗的有：法藏《梵网经菩萨戒本疏》6卷，新罗元晓《梵网经菩萨戒本私记》1卷、《菩萨戒本持犯要记》1卷，新罗义寂《梵网经菩萨戒本疏》4卷，传奥《梵网经记》2卷。属于唯识宗的有：新罗太贤《梵网经古迹记》6卷、《梵网经菩萨戒本宗要》1卷，新罗胜庄《梵网经菩萨戒本述记》4卷。此外，不明宗派的还有：法铣《梵网经疏》4卷、知周《梵网经疏》5卷。唐以后，《梵网经》仍很受重视，对其做注疏的高僧代有其人。南宋慧因曾作《梵网经菩萨戒注》、与咸作《梵网菩萨戒经疏注》；明代云栖袾宏作《梵网经心地品菩萨戒义疏发隐》5卷，蕅益智旭作《菩萨戒本经笺要》《梵网经玄义》，寂光作《佛说梵网经直解》2卷，弘赞作《梵网经菩萨戒略疏》8卷；清代书玉作《佛说梵网经初津》8卷、德玉作《佛说梵网经顺硃》2卷等。总之，佛教史上包括天台宗、华严宗、唯识宗、净土宗、禅宗、律宗在内的几个宗派都对《梵网经》进行过注疏或研究。这些注疏之作为我们研究《梵网经》提供了诸多方便，但由于这些研究是在宗教信仰的前提下展开的，侧重于文意的解释和疏通，对

《梵网经》的真伪、地位及在佛教中的影响少有论述。

清末以来，一些受西方学术思想影响的僧人和学者开始对《梵网经》进行多方面的研究，其中所着重探讨的问题集中在以下几个方面。

1. 《梵网经》的真伪问题

隋代《众经目录》最早对《梵网经》进行著录，将其列入疑伪品。此后虽也有人认为《梵网经》是伪经，但随着天台智𫖮为其作注疏，《梵网经》在佛教界的地位越来越重要，其真伪问题基本上不再受到怀疑。近代以来这个问题再次引起学术界和佛教界的关注。日本学者望月信亨认为《梵网经》下卷先成立，它取材于《菩萨地持经》《优婆塞戒经》《涅槃经》等，并跟北魏僧官制度有关；上卷后来附上，其菩萨阶位说建基于《仁王经》。① 大野法道详细研究了经文内容并与其他经典作对比，推测其成立上限为宋元嘉八年（431），下限为南齐建元年间（479—482）。② 汤用彤认为："北土之所以出此经，当因提倡大乘戒之故。按太武帝毁法之后，北方僧伽破坏，纪纲荡然。故志道律师特往洛阳明戒，《梵网经》或于此时应需要而伪造。其后传至南方，梁慧皎乃为作疏。但南方除皎以外无人研此部。《佑录》既不载经名，即《僧传》亦未提及。总之，《梵网戒》本必流行北方，而南方颇未注意也。"③

太虚在《梵网经与千钵经抉隐》一文中考察了《梵网经》的真伪，认为《梵网经》上卷与《大乘瑜伽金刚性海曼殊室利千臂千钵大教王经》第七卷半到第九卷所说十发趣等四十心位意旨全同，因此《梵网经》必有梵文依据。④ 续明认为两卷本之《梵网经》，还无法确证其尽为罗什译，但《梵网经》下卷，也就是《梵网菩萨戒本》则可确证为罗什所出。上卷虽没有足够的资料证明是何人所译，但既与《千钵经》文意大同，也不应视为伪经。⑤ 印光站在传统佛教立场上，坚持认为《梵网经》为佛

---

① 参见望月信亨《净土教之起源与发展》，《佛教经典成立史论》，法藏馆（京都）1946年版，第154页。
② 大野法道：《大乘戒经の研究》，东京理想社1954年版，第283页。
③ 汤用彤：《汉魏两晋南北朝佛教史》，北京大学出版社2007年版，第596页。
④ 太虚：《梵网经与千钵经抉隐》，《太虚文选》（下），上海古籍出版社2007年版，第1245页。
⑤ 续明：《菩萨律仪》，张曼涛主编《律宗思想论集》，大乘文化出版社1981年版，第22页。

说，而且是佛陀初成正觉时所说，并且对《梵网经》给予高度重视，认为此戒"乃如来炼圣烹凡之大冶洪炉"。①

圣严在《戒律学纲要》中推断："一卷译本的《梵网经》，是由罗什法师诵译而出的，二卷本的《梵网经》，则是由于受了《璎珞经》形式的影响，而被附加了一卷上卷。又因《梵网经》下卷之中，对四十位贤圣菩萨的总称为十发趣、十长养、十金刚、十地，所以用《千钵经》的一部分作为《梵网经》的上卷。"但考虑到二经出现的顺序，圣严认为这种推断也有问题，指出："也许《千钵经》或同类性质的梵本早已到了中国？"②

此后日本佐藤达玄在其《戒律在中国佛教的发展》中对《梵网经》是否成立于中国虽未下定论，但基本上认为《梵网经》是将先前翻译进来的一些经典集成，于齐初482年左右成立。③ 镰田茂雄也对《梵网经》出现的时间、地点进行了详尽的考证，认为《梵网经》可能出现于5世纪末到6世纪初的南朝，可能是慧皎将两卷合到一起。④ 圣严在其《菩萨戒指要》中根据以上几位学者的研究修正了自己的观点，而认定《梵网经》成立于中国。⑤ 演培表示此经的真伪问题甚为复杂，有待学者考证，仍暂认是罗什所译。⑥ 季芳桐指出目前尚无确切资料证明此经是汉地所造。⑦ 王建光认为这是中土义学僧人或律师从经律论中摘译杂糅而成，或是罗什师徒摘译大本《梵网经》而成。⑧ 严耀中认为："这些《菩萨戒》、《菩萨戒本》等在印度原无定本，就像鸠摩罗什言《菩萨戒本》原出于《梵网经》一样。因此中土的大乘戒律系统当是在汉地，而不是在印度最后形成的。"⑨ 屈大成则分别从文献记载和文本两方面进行了较为详细的

---

① 印光：《〈梵网经心地品〉跋》，《印光法师文钞》卷3，宗教文化出版社2011年版，第818页。
② 圣严：《戒律学纲要》，深圳弘法寺1978年再版，第346页。
③ 佐藤达玄：《戒律在中国佛教的发展》，释见憨、钟修三、欧先足、林正昭翻译，香光书香出版社1997年版，第626页。
④ 镰田茂雄：《中国佛教通史》第四卷，关世谦译，佛光出版社1993年版，第253—264页。
⑤ 圣严：《菩萨戒指要》，法鼓文化事业股份有限公司2005年版，第46页。
⑥ 演培释、能度记：《梵网经菩萨戒本讲记》上册，天华出版股份有限公司1978年版，第18—21页。
⑦ 季芳桐：《佛说梵网经》，佛光文化事业有限公司1997年版，第306页。
⑧ 王建光：《新译梵网经》，海啸出版事业有限公司2005年版，第7页。
⑨ 严耀中：《佛教戒律与中国社会》，上海古籍出版社2007年版，第67页。

考证，认为《梵网经》是伪经的可能性很低，很可能是从大本《梵网经》中汇集出来的，应在5世纪中期至末期之间集出并流传。①

2.《梵网经》的内容、特点和地位

关于《梵网经》菩萨戒的地位以及《梵网》系菩萨戒与《瑜伽》系菩萨戒的区别，历来都受到教内外学者的重视。灵芝律师将菩萨戒分为两类，"一者华严部，二者法华部"，他认为《梵网经》通顿渐二门，属华严部；《善戒经》渐次受，属法华部。② 太虚认为，"《瑜伽》乃慈氏禀世尊为地前或劫前初发意菩萨施设，富伸缩性而抉择详悉，乃大心凡夫受持实践行履的；《梵网》乃大化千释迦小化千百亿释迦，禀承二地所见，坐千世界莲花他受用身毗卢遮那佛所传授，富果决性而意志坚强；初发心菩萨可受为果德加被加持的增上缘力"③，于是大力提倡瑜伽戒。明性详细比较了瑜伽菩萨戒本与《梵网经》的异同，指出："大别言之，梵网严格繁琐，绝对依教奉行，善法律仪；遮止一切轻重垢染。瑜伽宽大为怀，相对方便善巧，通权达变，是染非犯，有开有遮。一为弘法利生而大权度众，一为正法永住而谨小慎微，甲地前初心菩萨修持瑜伽至地上圆满尸罗波罗蜜而成为道共定共两戒之金刚宝戒种子，则尽善矣！"④ 龙慧认为，"梵网与璎珞为纯粹的大乘法，其中流露着大乘佛教最高的理念，即：僧俗混一的精神。至于瑜伽虽然亦是大乘戒法，但以小乘的七聚为准故，无法广摄一切众生"，"瑜伽戒远不如梵网的赅博深入"，"瑜伽戒约于出家，梵网戒则道俗兼摄"。⑤ 续明指出："二种戒本，大体说来，梵网偏明摄律仪戒，且侧重于出家菩萨；瑜伽戒品详明摄善法戒、饶益有情戒，似偏详于在家菩萨。虽有偏重之不同，然皆是菩萨戒法，即皆具三聚，可就自己分位之不同，撑宜而行。故戒本虽有两种，传承授受容有不同，但不应强分疆界，是此非彼。"⑥ 龙慧与续明对《梵网》戒和《瑜伽》戒的基本看法正好相反，笔者认为龙慧《梵网》戒"僧俗混一""道俗兼摄"观

---

① 屈大成：《从古文献记载论〈梵网经〉之真伪》，《普门学报》2007年第38期；《从文本论〈梵网经〉之真伪》，《普门学报》2007年第39期。
② 灵芝：《芝苑遗编》卷中，《卍续藏》第105册，第268页。
③ 太虚：《梵网经与千钵经抉隐》，《太虚文选》（下），第1245页。
④ 明性：《瑜伽菩萨戒本与梵网经略谈》，张曼涛主编《律宗思想论集》，第5页。
⑤ 龙慧：《梵网与瑜伽》，张曼涛主编《律宗思想论集》，第46、47页。
⑥ 续明：《菩萨律仪》，张曼涛主编《律宗思想论集》，第26页。

点更符合《梵网经》的原意（后详论）。周叔迦认为菩萨戒比较集中的经本有两个系统，一是梵网戒，二是瑜伽戒，汉地菩萨戒的传承一向是受依瑜伽，随依梵网。① 圣严《戒律学纲要》对菩萨戒进行了系统的梳理，他将菩萨戒分为三类：第一类是璎珞梵网类，第二类是瑜伽类，第三类是优婆塞戒类。他还对三类戒本重戒、轻戒的条目内容、各种戒条异同进行了比较。

关于《梵网经》涉及的主要问题，续明总结为授戒师资格、授戒师人数、受戒者应具备条件、犯戒忏悔、持戒利益、授戒法式等，并就这些问题比较了各种戒本的异同。② 圣严《戒律学纲要》在其"菩萨戒的授受与条件""菩萨戒的秉受方法""受了菩萨戒之后"等章节中都对《梵网经》相关内容进行了梳理。

此外，佐藤达玄《戒律在中国佛教的发展》考察了《梵网经》的主要思想来源，指出大约有八类经典与《梵网经》有关。③ 大野法道《大乘戒经の研究》对《梵网经》给予充分肯定，指出《梵网经》不但是所有大乘戒经中最受重视的一部，而且历久不衰。它具有很大的包容性和融汇性，吸收了许多印度的材料，糅合并疏导了中国观念，顾及整体社会的各行各业、各色人等，是一部生活伦理化的经典。④ 圣严《菩萨戒指要》在综合日本学者研究成果的基础上对菩萨戒出现的历史、关于菩萨戒的经典形成、菩萨戒的主要内容、特点等问题进行了条理清晰的分析，其中对于《梵网经》的内容、特点、地位都有很多论述。作为一位佛教徒，圣严从宗教实践的角度对《梵网经》给予了高度的评价，指出菩萨戒应该"以《梵网经》的十无尽戒，为尽未来际永恒不渝的菩萨戒准绳"。⑤ 劳政武《佛教戒律学》也对《梵网经》各个戒条进行简要的注释，并对受戒方式和限制进行了论述。⑥ 杨曾文在《唐五代禅宗史》中指出了慧能的"无相戒"是受《梵网经》的影响，并且认为"禅宗北宗已授这种大乘戒，称

---

① 周叔迦：《八宗概要·律宗》，《周叔迦佛学论著集》，中华书局2006年版，第454页。
② 续明：《菩萨律仪》，张曼涛主编《律宗思想论集》，第26—42页。
③ 佐藤达玄：《戒律在中国佛教的发展》，释见憨、钟修三、欧先足、林正昭翻译，第625页。
④ 参考大野法道《大乘戒经の研究》，第265页。
⑤ 圣严：《菩萨戒指要·自序》，第6页。
⑥ 劳政武：《佛教戒律学》，宗教文化出版社1999年版，第241—249页。

之为'菩萨戒'、'净戒',也强调此戒以佛性为戒体"。"重视授大乘梵网菩萨戒,强调此戒以佛性为戒体,让受戒者控制自己的心念,大概是起源于道信、弘忍的早期禅宗。"① 董群在《禅宗伦理》中指出:"《梵网经》在禅宗中有其特殊的地位,慧能对此经比较推崇,慧能的无相戒也与此经有关,而禅宗史上许多高僧也经常关注此经,因此,谈到禅宗的戒律时,有必要涉及此经。"②

此外,佛教界一些高僧大德也有一些《梵网经》讲记,如白圣法师《佛说梵网经菩萨戒本讲记》,演培法师《梵网经菩萨戒本讲记》(《谛观全集律释一》)等,这些都是站在佛教立场上对《梵网经》内容进行解释,与一般的学术研究并不完全一样。

(二)《菩萨戒义疏》研究回顾

智𫖮《菩萨戒义疏》(以下简称《义疏》)是现存最早的《梵网经》注释性著作,其影响深远却又深奥难懂,不断受到人们的关注。历代对其进行注释、分析的作品很多,现存的有唐明旷《菩萨戒义疏删补》3卷;宋道熙《菩萨戒义疏钞》4卷、蕴齐《菩萨戒义疏记》3卷、与咸《梵网菩萨戒经疏注》8卷;明云栖袾宏《梵网经心地品菩萨戒义疏发隐》5卷、《梵网经菩萨戒义疏发隐事义》1卷、《梵网经菩萨戒义疏发隐问辩》1卷,智旭《梵网经合注》7卷、《梵网经玄义》1卷,道光《菩萨戒义疏见闻》6卷等。这些都可以看作对《义疏》的研究。这些研究侧重于阐释《义疏》中简略或难懂的内容,可以为本书的研究提供很多素材和视角,但缺乏现代学术意义上的系统论述。

从现代学术角度对《义疏》进行研究,是日本学者最先开始的,此后也有台湾学者予以关注,参与其中。这些研究主要有两类,第一类是对与《义疏》有关的重要问题进行研究,主要有:1.《义疏》的真伪问题。《义疏》为天台智者所作,佛教史上对此一直没有异议,但20世纪中叶,日本学者佐藤哲英却认为《义疏》不是智𫖮著作,而应是8世纪初期的作品。此后这一问题引起了较多争论(详见第二章第一节),至今都没有

---

① 杨曾文:《唐五代禅宗史》,中国社会科学出版社1999年版,第171页。
② 董群:《禅宗伦理》,浙江人民出版社2000年版,第168页。

定论。2.《义疏》所涉及的戒体问题。由于戒体在中国佛教思想史上是一个重要问题，对《义疏》戒体问题的研究也比较多（详见第三章第三节）。第二类是对《义疏》内容作整体性研究，主要研究者是台湾中华佛学研究所的赖姿蓉女士，她的硕士学位论文以"《菩萨戒义疏》之研究"为题，对《义疏》进行了较为系统的梳理，但主要涉及《义疏》悬论部分，关于《义疏》对《梵网经》戒条的解释很少涉及。

综上所述，对《梵网经》的研究无论是佛教界，还是学术界，都已经有了不少成果。其中的众多观点或有经典依据，或仅为推测假设。在不少重要问题上，现有的研究存在着差异巨大，甚至截然相反的观点。本书将在综合辨析各家观点的基础上，对一些重要问题进行论证，提出自己的看法，这是本书第一个方面的创新。

比较而言，对《菩萨戒义疏》的研究还非常薄弱。历代学僧的注疏主要关注宗教实践方面的内容，尤其更注重释文疏义，在一些重要问题上虽有不少阐释发挥，但多带有宗派的观念。学术界在这些方面的研究才刚刚开始，还有大量空白。本书将在已有研究的基础上，用现代学术的方法，全面梳理《义疏》中涉及的重要问题，提出新的观点，填补空白之处，这是本书第二个方面的创新。

本书将《梵网经》和《义疏》的出现看作中国佛教史上戒律观念变化的两个重要转折点，认为两者所关注的问题既有一致性，又体现了不同时代的不同需求。本书的研究既有对具体内容的细致展开，又贯穿着佛教戒律如何因应社会而进行变革的明确问题意识。探索这样的问题，希望找出答案，是本书想努力体现的第三个方面的创新。

第一章 《梵网经》菩萨戒的源流与特色

大约从隋唐以后，汉传佛教菩萨戒的授受主要以《梵网经》为依据，因此在以大乘佛教为主要特色的汉传佛教界，《梵网经》一直具有很高的地位。自古以来，这一经典就受到诸多质疑。隋代《众经目录》最早著录此书，将其列入疑伪品。近代以来其真伪问题再次引起学术界和佛教界的关注。一般说来，学术界通过对《梵网经》的特点及其所涉及的历史问题的考察，倾向于认为《梵网经》是在中土形成的伪经；而佛教界出于信仰的需求，强调《梵网经》的正宗经典地位，认为其出于佛说，或者认为上下两卷虽不一定是一人所译，但都是佛说。本书在前辈僧俗学者研究的基础上进行补充，认为《梵网经》是中国僧人为适应中国特殊的社会情况，综合大小乘戒律，结合中国佛教所面临的紧迫问题而创造的新的戒律经典，是对印度传来的佛教戒律的一次既有继承，又不乏创新的重大变革，体现了佛教在戒律方面中国化的具体进程。本经的出现，当在北魏太武帝灭佛之后。

第一节 晋唐时期《梵网经》流传考

首先，我们按时间顺序检阅一下《梵网经》在其他经典中出现的情况[1]，查阅《大正藏》，从印度翻译过来的佛教经典中有不少《梵网经》的名称，但都是指属于阿含部的《佛说梵网六十二见经》[2]。现存的中国

---

[1] 续明法师在《菩萨律仪》、屈大成在《从古文献记载论〈梵网经〉之真伪》等文章中也考察了《梵网经》在文献中的著录情况，但具体的推断与笔者不尽相同。

[2] 《大智度论》《善见律毗婆沙》《舍利弗阿毗昙论》《瑜伽师地论》《成实论》《摄大乘论释》《阿毗达磨俱舍论》等论中都将《佛说梵网六十二见经》称为《梵网经》。

人的佛教著作中最早提到《梵网经》名称的，是僧佑的《出三藏记集》。《出三藏记集》卷四"新集续撰失译杂经录第一"著录有"《梵网经》一卷"，也是指《梵网六十二见经》。此外《出三藏记集》卷十一有一篇《菩萨波罗提木叉后记》，其内容如下：

> 菩萨波罗提木叉后记
> 未详作者
> 夫穷像于玄原之无始，万行始于戒信之玄兆。是故天竺鸠摩罗什法师心首持诵。什言此戒出《梵网经》中。而什法师少玩大方，齐异学于迦夷，淳风东扇。故弘始三年，秦王道契百王之业，奉心大法，于逍遥观中，三千学士与什参定大小乘经五十余部。唯菩萨十戒四十八轻，最后诵出。时融、影三百人等一时受行，修菩萨道。岂唯当时之益，乃有累劫之津也。故慧融书三千部，流通于后代，持诵相授，属诸后学好道之君子，愿来劫不绝，共见千佛，龙华同坐。①

据此，则《菩萨波罗提木叉》出自《梵网经》，其内容为十重四十八轻，且为鸠摩罗什译出。但在《出三藏记集》卷二鸠摩罗什译经中没有著录《梵网经》（或者《菩萨波罗提木叉》），且卷二说罗什译经三十五部，与此处后记中所言五十余部也有很大差异。《出三藏记集》卷五"新集疑经伪撰杂录"所列疑伪经中也没有著录《梵网经》，倒是在卷四"新集续撰失译杂经录第一"中有"《波罗提木叉》一卷"，没有译者，其前后所列经书都与声闻戒律有关。此经也应属于声闻戒律的《波罗提木叉》，与卷十一所说《菩萨波罗提木叉》不是同一部经。综上所述，可以推定现存《梵网经》下卷十重四十八轻的内容在僧佑生活的时代（445—518）已经出现，但在南朝传播非常有限（僧佑最多只看到了作者未详的后记和经名）。《出三藏记集》撰成于齐代，入梁后不断有新资料出现，僧佑乃不断修改、增益，其收录最迟的作品出现在天监十六年（517），次年僧佑去世。可见直到僧佑去世的天监十七年（518），南朝僧众对《菩萨波罗提木叉》（或《梵网经》下卷）仍很陌生。

---

① 僧佑：《出三藏记集》卷十一，中华书局1995年版，第410页。

《高僧传·鸠摩罗什传》记罗什译有《菩萨戒本》。① 《高僧传》卷六《释道融传》：

> （融）闻罗什在关，故往谘禀。什见而奇之，谓姚兴曰："昨见融公，复是奇特聪明释子。"兴引见叹重，敕入逍遥园，参正详译。因请什出《菩萨戒本》，今行于世。②

据此则慧皎认为罗什译有《菩萨戒本》，且为道融所请而译出。此菩萨戒本是否为十重四十八轻之《菩萨波罗提木叉》尚难确定。《释道融传》言什译出《菩萨戒本》之后译《中论》，与《出三藏记集》《菩萨波罗提木叉后记》之"最后诵出"所言不同。据《高僧传序录》言该书记事"始于汉明帝永平十年（67），终于梁天监十八年（519）"，然而，书中记事多有普通年间者，据苏晋仁考证，《高僧传》的撰成，最迟不得迟于普通四年（523）。③ 慧皎撰《高僧传》时参考了当时各种著作，对僧佑的《出三藏记集》尤为重视，对其中涉及的三十二位高僧传记几乎全部采用。慧皎在罗什译著后加上《菩萨戒本》，如果这里的《菩萨戒本》是指《梵网戒本》，则应该是参考僧佑关于《菩萨波罗提木叉后记》的记载，或者是见到了标名为罗什翻译的《梵网经戒本》。《高僧传序录》："法师（慧皎）学通内外，善讲经律，著《涅槃疏》十卷，《梵网戒》等义疏，并为世轨。"④《续高僧传·慧皎传》"（皎）撰《涅槃义疏》十卷及《梵网义疏》行世"。⑤ 若据此，慧皎不仅见到了《梵网戒》，还曾为其作义疏。那么，此时《梵网戒》在南朝已有一定流传。

天监十六年（517），梁武帝曾发布《断酒肉文》，主张严禁肉食，理

---

① 慧皎：《高僧传》卷二，中华书局1992年版，第52页。
② 慧皎：《高僧传》卷六，第241页。
③ 苏晋仁：《高僧传》，《中国佛教》（第四册），知识出版社1989年版，第151页。
④ 《高僧传序录》卷十四，第554页。
⑤ 《续高僧传》卷六《慧皎传》，《大正藏》第50册，第471页中。本书所使用佛教经典主要来自《大正藏》本，在每部经典第一次出现时标注其在《大正藏》中的册数，此后则只标注页码。

由主要依据《涅槃经》。① 在当时，梁武帝的这种具有革命性的戒律主张自然不能毫无阻力地贯彻下去。所以，《断酒肉文》基本内容提出后，梁武帝又组织了盛大的佛教仪式，要求高僧法云在华林殿前登高座为法师，讲《涅槃经》中断肉食的内容，讲完后要求耆阇寺道澄登高座，唱此断肉之文。此后由于还有一些高僧强调"律中无断肉事及忏悔食肉法"，梁武帝又在华林殿组织大规模的辩论。②《梵网经》四十八轻戒第三条明确规定"不得食肉"，但在《断酒肉文》发布、辩论的整个过程中僧俗大众都没有提到《梵网经》，可见无论是梁武帝还是大多数僧尼当时都没有见到过《梵网经》。此前南朝不少信佛士人都提出了僧尼素食的主张，周颙、沈约等还为素食提供了各种理由③，但都没有提到《梵网经》中的规定。由此可见，《梵网经》在当时并没有太大影响。敦煌文书中有一卷《出家人受菩萨戒法》，后面的题记是"大梁天监十八年（519）岁次己亥，夏五日敕写"，无论从内容，还是纪年上看，这卷戒法都应为梁武帝所撰。戒法中多处引用了《梵网经》的内容，《序》中指出：

> 《梵网经》所说菩萨戒是《律藏品》④ 中卢舍那佛与妙海王子受戒法。经又云《八万四千威仪品》当广说，是知《律藏品》只是略说。（此土流通别有一卷《梵网经》，说六十二见。《梵网》大本不传此土。）世间所传菩萨戒法，似欲依二经，多附小乘行事。撰菩萨戒

---

① 《断酒肉文》并没有说明发布时间，学术界有不同的看法。魏承思认为发布时间应为天监十一年（512）（参见《中国佛教文化论稿》，上海人民出版社1991年版，第275页）。颜尚文认为应为天监十八年（519）至普通四年（523）之间（参见《梁武帝》，海啸出版事业有限公司1999年版，第231页）。赵以武认为发布时间为天监十六年（517）[参见《关于梁武帝"舍道事佛"的时间及其原因》，《嘉应大学学报》（哲学社会科学版）1999年第10期］。康乐认为发布于普通四年（523）（参见《素食与中国佛教》，《礼俗与宗教》，中国大百科全书出版社2005年版，第156页）。笔者在博士学位论文《南朝僧尼与佛教中国化》（花木兰出版社2012年版）中曾赞同康乐的观点，其主要依据为《南史·郭祖深传》中提到郭祖深曾上书梁武帝建议"僧尼皆令蔬食"。但结合梁武帝《出家人受菩萨戒法》的纪年（天监十八年），笔者认为《断酒肉文》发布于天监十六年的观点可能更合理一些。

② "又敕请义学僧一百四十一人、义学尼五十七人，于华林华光殿使庄严寺法超、奉诚寺僧辩、光宅寺宝度等三律师，升高座御席地施座。余僧尼亦尔。制旨问法超等三律师。"（《断酒肉文》，《广弘明集》卷二十六，《大正藏》第52册，第303页。）

③ 参见拙著《南朝僧尼与佛教中国化》，花木兰出版社2012年版。

④ 《序》认为《梵网经》菩萨戒属于大本《梵网经》中的《律藏品》。此后的《菩萨戒义疏》、《梵网经菩萨戒本疏》等都持这种观点。

法，乃有多家，鸠摩罗什所出菩萨戒法，高昌昙景口所传受菩萨戒法。罗什是用《梵网经》，高昌云弥勒所集，亦《梵网经》。长沙寺玄畅所撰菩萨戒法，京师又有依《优婆塞戒经》撰菩萨戒法，复有依《璎珞本业经》撰菩萨戒法。粗是所见，略出六家。譬共入水，求流离珠，各随所得，欢喜受持，世行已久，不复详论。①

这段序文表明：其一，天监十八年（519）梁武帝已经见到了《梵网经》所说菩萨戒（即《梵网经》下卷），并且认为这是从大本《梵网经》中略出。② 其二，梁武帝见到了六种菩萨戒法，他认为罗什所出菩萨戒法就是依据《梵网经》，高昌菩萨戒法也是依据《梵网经》，而且这些戒法已经实行了很长一段时间。

综上所述，天监十六年（517），梁武帝发布的《断酒肉文》中丝毫没有《梵网经》的影子，天监十七年（518）去世的僧祐没有见到《梵网经》（或者晚年曾见到，没来得及在《出三藏记集》中著录）。主体内容完成于天监十七年（518）前的《高僧传》中提到鸠摩罗什著有《菩萨戒本》，但并没有指明这种《菩萨戒本》的依据，《高僧传》中也没有出现《梵网经》的名字，其中多次提到的菩萨戒也基本是指《地持经》菩萨戒。③ 不知出于何人之手的《高僧传序录》和唐代完成的《续高僧传·慧皎传》中记载慧皎曾做《梵网经疏》。天监十八年（519），梁武帝撰写的《出家人受菩萨戒法》似乎表明《梵网经》菩萨戒已广泛流传。通过这些存在不少矛盾的记载，我们大致可以看出梁武帝天监后期是《梵网经》在南朝传播的关键时期，慧皎和梁武帝是《梵网经》在南朝传播的关键人物，但二者的影响并不相同。慧皎所撰《高僧传》在佛教史上具有重要地位，他本人在当时却不为人所重，生平事迹不详。《续高僧传》为慧皎所作传记也只有寥寥数笔，只提到慧皎为会稽上虞人。观《高僧传》自序"实行潜光，则高而不名；寡德适时，则名而不高"之语，慧皎自身亦当为"高而不名"之高僧。因此，《梵网经》之所以被南朝上层社会重

---

① 转引自土桥秀高《戒律の研究》，京都永田文昌堂1980年版，第846—847页。
② 现代也有人基本上持这种观点，如续明法师、屈大成等。
③ 参考佐藤达玄《戒律在中国佛教的发展》，第478—490页。

视,主要应与梁武帝有关。梁武帝对《梵网经》非常重视,他将《梵网经》菩萨戒法列为六种菩萨戒法之一,其所制定的受菩萨戒法有很多内容直接来源于《梵网经》。作为一国之主,梁武帝所撰菩萨戒法自然会产生较大影响。总之,随着梁武帝《出家人受菩萨戒法》的影响不断扩大,《高僧传》逐渐被认可,慧皎名气的提高,《梵网经》逐渐被南朝重视。这时的文献记载只有《梵网经》的名字,并没有显示其卷数。从各方面反映的情况看,这时所谓的《梵网经》很可能只是两卷本《梵网经》的下卷。

智𫖮(538—597)《菩萨戒义疏》云:

> 今谨按什师所述法相,出自《梵网经·律藏品》。什师秦弘始三年来达汉境,光显大乘,匡维圣教,传译经论三百余卷,《梵网》一本,最后诵出,誓愿弘宣,是故殷勤,一言三复,特为文义幽隐,旨趣深玄,所以指掌晓示,令后生取悟为易。经称《梵网》者,欲明诸佛教法不同,犹如梵王网目。品言心地者,菩萨律仪遍防三业,心意识体一异名,三业之中,意业为主,身口居次,据胜为论,故言心地也。①

智𫖮基本承袭了梁武帝的说法,认为《梵网经》菩萨戒为鸠摩罗什所译,出自《梵网经·律藏品》。从引文还可以看出,智𫖮生活的时代已经有了《梵网经·心地品》的名称。《菩萨戒义疏》中多次涉及现存《梵网经》上卷的内容,所以智𫖮虽只为《梵网经》菩萨戒部分作疏,但两卷本《梵网经》当时已经存在。智𫖮对《梵网经》菩萨戒在汉传佛教中地位的确立起了关键作用,作为天台宗的实际创立者,他不仅为《梵网经》作疏,还以《梵网经》为主要依据为陈后主、隋炀帝等授菩萨戒(详见后文)。

我们再来看此后经录中对《梵网经》菩萨戒的著录情况。隋开皇十四年(594),法经撰《众经目录》卷五"众律异译"目中:

---

① 智𫖮:《菩萨戒义疏》卷一,《大正藏》第40册,第563页上。

《菩萨戒本》一卷（后秦弘始年罗什译）。
《菩萨戒本》一卷（北凉世昙无谶与惠嵩等译）。
右二戒经同本异译。

"众律失译"目中：

《菩萨波罗提木叉经》一卷。①

"众律疑惑"目中：

《梵网经》二卷（诸家旧录多入疑品）。
右一戒经依旧附疑。②

此时存在两卷本《梵网经》，法经见到的多数经录（现都不存）都将其列为"疑品"，法经也坚持这种看法。这时，还存在一卷"失译"的《菩萨波罗提木叉经》。《众经目录》卷一中说："前一百三十四经，并是失译，虽复遗落译人时事，而古录备有，且义理无违，亦为定录。"③ 据此，《众经目录》列为失译的经典，是指那些遗失了译者、翻译时间、翻译过程等信息的作品。这些经典在以前的经录中都被著录，也与佛教义理不相违背，所以法经都将其作为翻译过来的佛经。既然《菩萨波罗提木叉经》被列入"众律失译"类，法经应见到过这一经典。法经未说明其与《梵网经》的关系，很有可能这就是僧佑提到的《菩萨波罗提木叉》（即《梵网经》下卷）。此时，还有一卷标为罗什所译的《菩萨戒本》，法经认为其与昙无谶所译《菩萨戒本》为同本异译。这为我们提供了另一种解释的可能，即罗什确实翻译了《菩萨戒本》，只不过不是《梵网经》的菩萨戒本，而是属于《瑜伽》系的菩萨戒本（与昙无谶所译为同本异译）。后人正是据此，为扩大影响，将成立于中国的《梵网经》菩萨

---

① 法经等：《众经目录》卷五，《大正藏》第55册，第139页中。
② 同上书，第140页上。
③ 法经等：《众经目录》卷一，第122页上。

戒附会为鸠摩罗什所译。限于史料，这也只能是一种推测。

隋开皇十七年（597），费长房撰《历代三宝纪》卷四"康孟详所译经"目中：

《梵网经》二卷（初出，见《吴录》）。①

卷八"鸠摩罗什所译经"目中：

《梵网经》二卷（弘始八年于草堂寺，三千学士，最后出此一品。梵本有一百一十二卷六十一品。译讫，融、影等三百人一时共受菩萨十戒。见经前序。僧肇笔受）。
《菩萨戒本》一卷。②

卷十三"大乘毗尼失译录"目中：

《菩萨波罗提木叉经》一卷。③

《历代三宝纪》正式将两卷本《梵网经》编入正录，肯定了其真实性，并确定其为鸠摩罗什所译，列出了译经的时间、地点、品数、受戒人、笔受人等，并提到了经前有序。④《历代三宝纪》还认为罗什译有《菩萨戒本》，对于此戒本是否为《梵网经》下卷，未作说明。在失译录中也延续《众经目录》的说法，著录了《菩萨波罗提木叉经》。此外，《历代三宝纪》中出现了康孟详译《梵网经》二卷的记录，并标为"初出"，在罗什所译《梵网经》后并没有"第二出"的说明，这或者是遗

---

① 费长房：《历代三宝纪》卷四，《大正藏》第49册，第54页中。
② 费长房：《历代三宝纪》卷八，第78页上—下。
③ 费长房：《历代三宝纪》卷十三，第114页下。
④ 《大正藏》本《梵网经》经前有两个序，第一个未标作者，内容与《出三藏记集》所载《菩萨波罗提木叉后记》基本相同，增加了《梵网经》的卷数、品书："此经本有一百一十二卷六十一品。"且将"后记"中慧融书三千部改为"故与道融别书此心地一品"。慧融应为道融，在序中已经融合了《高僧传》中道融"因请什出'菩萨戒本'"的说法。第二个序标有"沙门僧肇作"，所记《梵网经》卷数为一百二十卷。

漏，或者是并不认为这两种经是同本。

此后，隋唐时期的经录大都沿用《历代三宝纪》的记载，但有进一步的发挥。

隋仁寿二年（602）彦悰等撰《众经目录》卷一"大乘律单本"中有：

> 《梵网经》二卷，后秦世罗什译。①

唐贞观元年（627），静迈撰《古今译经图记》卷一康孟详条下：

> 《梵网经》二卷。②

卷三鸠摩罗什条下有：

> 《梵网经》二卷。
> 《菩萨戒本》一卷。③

唐麟德元年（664）静泰撰《众经目录》卷一"大乘律单本"中有：

> 《梵网经》二卷（三十九纸），后秦世罗什译。④

唐麟德元年（664）道宣《大唐内典录》卷三"后秦传译佛经录"，罗什译经目中：

> 《梵网经》二卷（弘始八年，于草堂寺，三千学士，最后出此一品，梵本一十二卷⑤，六十一品。译讫，融、影等三百人一时受菩萨

---

① 彦悰等：《众经目录》卷一，《大正藏》第55册，第153页上。
② 静迈：《古今译经图记》卷一，《大正藏》第55册，第350页中。
③ 静迈：《古今译经图记》卷三，第359页上。
④ 静泰：《众经目录》卷一，《大正藏》第55册，第185页上。
⑤ 此处疑有脱文，应为一百一十二卷。

十戒，见经前序，肇笔受）。

《菩萨戒本》。①

《大唐内典录》卷六"大乘律单重翻本并译有无录"目中：

《梵网经》二卷（三十四纸），后秦罗什译。②

卷八"历代众经见入藏录第三"大乘经一译：

《梵网经》二卷。③

卷九"大乘律"：

《梵网经》二卷（三十四纸），后秦罗什译。④

唐天册万岁元年（695）明佺等撰《大周刊定众经目录》卷六"大乘律"目中：

《菩萨戒本》一卷（十八纸），右后秦弘始年罗什译，出《长房录》。

《梵网经》一部二卷（或三卷），右后汉献帝外国沙门康孟详译，出《长房录》。

《梵网经》一部二卷（三十九纸），右后秦罗什译，出《长房录》。

《菩萨波罗提木叉经》一卷。⑤

---

① 道宣：《大唐内典录》卷三，《大正藏》第55册，第253页下。
② 道宣：《大唐内典录》卷六，第294页上。
③ 道宣：《大唐内典录》卷八，第303页下。
④ 道宣：《大唐内典录》卷九，第320页上。
⑤ 明佺等：《大周刊定众经目录》卷六，《大正藏》第55册，第405页上。

卷十二"大乘阙本":

《菩萨波罗提木叉经》一卷。
《梵网经》一部二卷。①

卷十三"大乘毗尼藏":

《梵网经》一部二卷（三十九纸）。②

唐开元十八年（730）智升撰《开元释教录》卷一"总括群经录上之一"康孟详译经目下：

《梵网经》二卷（初出，见《吴录》，或三卷）。③

卷四"总括群经录上之四"罗什译经目下：

《梵网经》二卷（第二出。弘始八年，于草堂寺，三千学士最后出此一品。梵本有六十一品。译讫，融、影等三百人一时共受菩萨十戒，僧肇受，见经前序）。
《菩萨戒本》一卷（初出，见《长房录》，今疑此《菩萨戒本》即《梵网》下卷是）。④

卷十二（别录之二）"有译有本录中菩萨三藏录之二　大乘经重单合译下"：

《梵网经》二卷，姚秦三藏鸠摩罗什译（第二译，前本阙）。⑤

---

① 明佺等：《大周刊定众经目录》卷十二，第444页上。
② 明佺等：《大周刊定众经目录》卷十三，第465页下。
③ 智升：《开元释教录》卷一，《大正藏》第55册。
④ 智升：《开元释教录》卷四，第513页上、中。
⑤ 智升：《开元释教录》卷十二，第606页上。

卷十四（别录之四）"别录中有译无本录第二之一　大乘律阙本"：

《梵网经》二卷（或三卷），后汉西域三藏康孟详译（第一译）。右前后两译，一本在藏，一本阙。①

第十九（入藏录上）"大乘律"：

《梵网经》二卷（三十六纸）。②

贞元十六年（800）圆照撰《贞元新定释教目录》卷二"总集群经录上之二"康孟详所译经目中：

《梵网经》二卷（初出，或三卷，见《吴录》）（阙本）。③

卷六"总集群经录上之六"鸠摩罗什所译经目中：

《梵网经》二卷（一名《选择诸法经》或三卷，或二。弘始七年六月十二日出，见二秦录及僧佑录，十戒，僧肇笔受，见经前序）。
《菩萨戒本》一卷（初出见《长房录》，今疑此《菩萨戒本》即《梵网》一卷也）。④

卷二十二"有译有本录中菩萨三藏录之三　菩萨调伏藏"：

《梵网经》二卷，姚秦三藏鸠摩罗什译，第二译，前本阙。⑤

---

① 智升：《开元释教录》卷十四，第636页中。
② 智升：《开元释教录》卷十九，第689页上。
③ 圆照：《贞元新定释教目录》卷二《大正藏》第55册，第780页中。
④ 圆照：《贞元新定释教目录》卷六，第809页下、810页中。
⑤ 圆照：《贞元新定释教目录》卷十二，第939页中。

卷二十四"别录中有译无本录第二之一　大乘律阙本":

《梵网经》二卷（或三卷），后汉西域三藏康孟详译，第一译。右前后两译，一本在藏，一本阙。①

卷二十九（入藏录上）"大乘律":

《梵网经》二卷（三十六纸）。②

综合以上经录记载，在《大唐内典录》撰写的时代，《菩萨波罗提木叉经》只有经名，经文已经遗失。在《开元释教录》中，《菩萨波罗提木叉经》已不被著录；出现了康孟详译《梵网经》与鸠摩罗什译《梵网经》是同本异译，康孟详所译已遗失的说法；鸠摩罗什所译《菩萨戒本》开始被认为是《梵网经》的下卷。《贞元新定释教目录》基本沿袭《开元释教录》的说法。

此外，唐中叶以前《梵网经》经名的全称并不固定。智𫖮《菩萨戒义疏》中列出的经名应为"梵网经心地品"，没注明卷数。法藏《梵网经菩萨戒本疏》前面列为"梵网经卢舍那佛说菩萨十重四十八轻戒"一卷，后面"十门释义"的第七"释题目"中又说这一卷属于《梵网经③舍那佛说菩萨心地戒品》。此后，新罗僧人义寂的《菩萨戒本疏》中列经名为"梵网经卢舍那佛说菩萨十重四十八轻戒心地品第十"，分上下两卷。太贤的《梵网经古迹记》列经名为"梵网经卢舍那佛说心地法门品第十"，分为上下两卷，太贤对上卷也进行了注释。唐代《开元录》以后的写本也题为"梵网经卢舍那佛说菩萨心地品第十"（参照唐玄逸《开元释教广品历章》卷十五）。明旷著《天台菩萨戒疏》列经名为"梵网经卢舍那佛说菩萨心地十重四十八轻戒品第十"，并说："《梵网》大本一百五十二卷六十一品，唯第九品竟明菩萨心地轻重律仪阶位差别，一品两卷，是彼之

---

① 圆照：《贞元新定释教目录》卷二十四，第971页上。
② 圆照：《贞元新定释教目录》卷二十九，第1036页下。
③ 此处应脱落"卢"字。

一,故云第十。"① 北宋初刻本和高丽复刻本采取了"梵网经卢舍那佛说菩萨心地戒品第十"的名称,《大正藏》本的名称也依据此而定。《梵网经》经名全称存在的这些差异,说明当时可能存在着不同的版本。《梵网经》经名的这些全称都比较奇特,这或许反映了此经并非来自印度。一般佛经的结构是处、会、品,其中品是按照内容来划分,基本上一品都是在讲同一类内容,卷则是传到汉地后根据汉地习惯依据大致的字数进行的划分,基本上与内容无关。②《梵网经卢舍那佛说菩萨心地戒品》从内容上看有两个方面:一为菩萨阶位,二为菩萨戒,却放在一品中。从卷数上看,《梵网经》根据内容划为两卷,这应该是中国的章节方式。另外,唐代的《梵网经》注疏,除了太贤疏外,都只注《梵网经》下卷。太贤疏中,没有《大正藏》本《梵网经》上卷、下卷之间的"梵网经菩萨戒序",其他主要的注疏中,经文开始的地方也不相同。由此可见,直到唐代,《梵网经》经文还没有最终固定下来。

总之,通过对南北朝隋唐时期出现的重要经录和相关文献记载的详尽考察,我们能够确定公元6世纪初《梵网经》在南朝已经有一定传播,当时大概只有下卷关于菩萨戒的部分,即僧祐提到的《菩萨波罗提木叉》,但僧祐并没有将《菩萨波罗提木叉》或《梵网经》列入经录。在《梵网经》传播过程中,慧皎、梁武帝、智𫖮起了重要作用。慧皎在鸠摩罗什译著中列有《菩萨戒本》,并为《梵网经》作义疏;梁武帝、智𫖮都沿用了《菩萨波罗提木叉后记》的说法,认为《梵网经》为鸠摩罗什所译,但慧皎、梁武帝看到的可能只是《梵网经》菩萨戒的部分,智𫖮则看到了两卷本《梵网经》。此后,隋代《众经目录》著录了两卷本《梵网经》,但将其列为疑伪品;也著录了《菩萨波罗提木叉》,将其列为失译类;在鸠摩罗什译著中列有《菩萨戒本》,但认为是《瑜伽》系菩萨戒的同本异译。从《历代三宝纪》开始的经录明确将两卷本《梵网经》列入,确定其为鸠摩罗什所译,并丰富了著录内容。此后又逐渐出现后汉已经有《梵网经》译本的说法,且认为原来内容不详的鸠摩罗什译《菩萨戒本》

---

① 明旷:《天台菩萨戒疏》卷一,《大正藏》第40册,第580页中。
② 唐以前,我国的经书是卷成一轴一轴的,所以名为"卷",分为多少卷,主要是每卷的字数相近。

即是《梵网经》下卷，已经单独流行。至此，我们明确了《梵网经》在早期文献中被著录的情况，但仍没有足够的理由判定《梵网经》是否出于伪造，只能认为《梵网经》非常可疑，对其真实性的确认还要依靠对内容的仔细考察。

第二节 十重戒分析

两卷本《梵网经》出现的时间应该比较晚，其上卷，根据上引太虚法师和续明法师①的考证，有梵文依据，但与下卷合为一经的时间应该不会太早。可能的情况是《菩萨波罗提木叉》（《梵网经》下卷）出现后，传来了一些新的经典，后人又从这些经典中选取部分内容，构成上卷。唐代法藏（643—712）《梵网经菩萨戒本疏》中有这样一种记载："又上代诸德相传云：真谛三藏将菩萨律藏拟来此土，于南海上船，船便欲没，省去余物，仍犹不起，唯去律本，船方得进。真谛叹曰：菩萨戒律，汉土无缘，深可悲矣！"②据此，也许真谛法师与《梵网经》上卷有某种关系。唐不空（705—774）在《金刚顶经大瑜伽秘密心地法门义诀》中提到广本《金刚顶经》没有传入中土时，"此地《梵网经》两卷从此经中出浅略之行相也"③。据此，或许《梵网经》上卷乃根据密宗经典略集而成。上卷奇特难解，与下卷关系也不大，自古以来绝大多数注家只注下卷，所以这里对《梵网经》内容和真伪的考察也仅限于下卷。

《梵网经》下卷内容，可以按照佛经通常的分法分为三部分，第一序分，从"尔时卢舍那佛"至"至心听我诵"，主要讲二佛（卢舍那佛、千花上佛、千百亿释迦）授戒。第二正宗分，从"尔时释迦牟尼佛"到"现在诸菩萨今诵"，释迦牟尼佛正说卢舍那佛所授十重四十八轻戒。第三流通分，从"诸佛子，谛听，此十重四十八轻戒"至最后。这里先分析正宗分，也就是菩萨戒的具体内容，再考察序分和流通分中所涉及的一些问题。

通过检阅大小乘经律，笔者发现《梵网经》很多戒条在其他经典中

---

① 续明：《菩萨律仪》，张曼涛主编《律宗思想论集》，第21页。
② 法藏：《梵网经菩萨戒本疏》卷一，《大正藏》第40册，第605页上。
③ 不空：《金刚顶经大瑜伽秘密心地法门义诀》卷上，《大正藏》第39册，第808页上。

都有所涉及，这里先详细罗列《梵网经》戒条，并与经律中相关条目进行比对，找出哪些内容是《梵网经》和其他经典共有的，哪些是《梵网经》独有的，共有的内容中《梵网经》有哪些独特的表述，独有的内容反映了什么情况，这一节我们先来看重戒的情况。

表 1.1　　《梵网经》《菩萨地持经》《优婆塞戒经》、声闻五戒、比丘戒重戒戒条对比

《梵网经》①十波罗提木叉	《菩萨地持经》四波罗夷处法	《菩萨善戒经》②八重法	《优婆塞戒经》六重法	《增一阿含经》五戒	《四分律》③比丘四波罗夷
1. 杀戒		1. 杀戒	1. 杀戒	1. 杀生	1. 淫
2. 盗戒		2. 盗戒	2. 偷盗戒	2. 偷盗	2. 盗
3. 淫戒		3. 淫戒	3. 妄语戒（我得不净观，乃至阿那含）	3. 邪淫	3. 杀
4. 妄语戒		4. 妄语戒	4. 邪淫戒	4. 妄语	4. 妄（大妄语）
5. 酤酒戒			5. 说四众过戒（比丘、比丘尼、优婆塞、优婆夷）	5. 饮酒	

---

① 《梵网经》，《大正藏》第 24 册，第 997—1009 页。由于本书大量使用了《梵网经》的内容，为避免烦琐，在列戒条时不——注明页码。

② 《菩萨善戒经》，刘宋求那跋摩等译，其中关于戒律部分属于《瑜伽》系统，其与《瑜伽师地论》《菩萨地持经》的关系，蕅益大师在《阅藏知津》中指出："从第二品以下，并与《瑜伽师地论》中菩萨品同义。弥勒菩萨宗此经成《地论》，而《地持》一经，又从《地论》录出别行，故仍与此大同也。"据唐代智升于《开元释教录》卷十二所述，本经前有序品，后有奉行之文，而《地持经》缺此等部分，但《地持经》中有菩萨戒文与菩萨戒本，而本经则无。至于其他文意则二书全同。依此所说，本经与《菩萨地持经》概皆摘自《瑜伽师地论·菩萨地》而成，本经且附有序文及最后奉行之文，乃使全书具备经之形态（序分、正宗分、流通分）。

③ 南北朝时期最盛行的是《十诵律》，但北方一开始比较重视《僧祇律》，后来《四分律》也得到一定重视，考虑到《梵网经》的出现应该是在北方，且《四分律》隋唐以后成为律学主要依据的经典，而且这几种律典在具体戒条上区别不大，此处涉及声闻律的地方以《四分律》为准。

《梵网经》十波罗提木叉	《菩萨地持经》四波罗夷处法	《菩萨善戒经》八重法	《优婆塞戒经》六重法	《增一阿含经》五戒	《四分律》比丘四波罗夷
6. 说四众过戒（出家、在家菩萨，比丘，比丘尼）			6. 酤酒戒		
7. 自赞毁他戒	1. 自赞毁他	5. 自赞毁他			
8. 悭惜加毁戒	2. 悭惜财法	6. 贪惜不施戒			
9. 嗔心不受悔戒	3. 嗔恚不受悔	7. 嗔恨不息戒			
10. 谤三宝戒	4. 谤菩萨藏	8. 谤菩萨藏戒			5. 波逸提法第六十八、恶见违谏戒

首先，我们看一下戒条的名称。通过上表，我们可以清楚地看出《梵网经》十重戒的来源，即综合《菩萨地持经》的四他胜法和《优婆塞戒经》的六重法而成，含摄了声闻出家戒的四波罗夷和在家的五戒（与五戒不同的是以酤酒代替饮酒）。《菩萨地持经》是《瑜伽师地论·本地分》中第十五菩萨地之异译。《优婆塞戒经》是针对在家居士的菩萨戒，这两部经都由北凉昙无谶（385—433）翻译。《菩萨地持经》提出的菩萨戒（因出于《瑜伽师地论》一般被简称为《瑜伽》戒）是在声闻戒律基础上的加行戒，也就是说受《瑜伽》菩萨戒之前需要先受五戒、十戒或具足戒，因此《菩萨地持经》提出的菩萨戒虽只有四条重戒，实际上不止四条，还要根据前面所受的基础戒而确定。对于这一问题，刘宋求那跋摩（367—431）翻译的，与《菩萨地持经》属于同一系统的《菩萨善戒经》有更为严格的规定。《菩萨善戒经》说："菩萨摩诃萨成就戒，成就善戒，成就利益众生戒，先当具足学优婆塞戒、沙弥戒、比丘戒。若言不具优婆塞戒得沙弥戒者，无有是处。不具沙弥戒得比丘戒者，亦无是处。不具如是三种戒者得菩萨戒，亦无是处。譬如重楼四级次第，不由初级至

二级者，无有是处。不由二级至于三级，不由三级至四级者，亦无是处。"① 也就是说，只有在受了具足戒之后才有资格受菩萨戒。如果这样，菩萨戒就只能授予出家人，菩萨戒的地位虽然提高，但其适用范围却大大缩小，这与大乘佛教的根本精神是相违背的。《优婆塞戒经》六重法是在声闻五戒基础上，将饮酒改为酤酒，增加说四众过戒（比丘、比丘尼、优婆塞、优婆夷）而成。可以说《梵网经》十重戒是在综合大小乘主要戒律基础上形成的，包括了声闻戒和菩萨戒重戒的所有条目，体现了最主要最核心的戒律，形成了大小乘戒律的底线。

从名称上看，《梵网经》称十重戒为"十重波罗提木叉"，犯戒称"菩萨波罗夷罪"，明显是模仿声闻戒律的称谓。波罗提木叉，本来是指声闻的别解脱戒，在很多情况下特指具足戒，如《萨婆多毗尼毗婆沙》中说："波罗提木叉者，五篇戒。"②《毗尼母经》说："波罗提木叉者，名最胜义。以何义故名为最胜？诸善之本以戒为根。众善得生，故言胜义。复次，戒有二种：一出世、二世间。此世间者，能与出世作因，故言最胜。复次戒有二种：一者依身口，二者依心。由依身口戒，得依心戒，故名为首，是波罗提木叉布萨。……是故，佛制比丘要诵波罗提木叉。"③ 这里说波罗提木叉是世间戒，依身口，也就是指律仪戒，不同于定共戒、道共戒。此戒既是比丘所诵，应该是指具足戒。属于《瑜伽》系的《菩萨善戒经》也延续这一用法："菩萨戒者，不同波罗提木叉戒。菩萨若于后世更受菩萨戒时不名新得，名为开示莹净。"④ "若比丘为求罪过听菩萨戒，不信受者，不信教者，及不成就优婆塞戒，不成就沙弥戒，不成就波罗提木叉戒者，不得听菩萨戒。"⑤ 其中"波罗提木叉"也是专指比丘（比丘尼）具足戒。《梵网经》则将菩萨戒称为"波罗提木叉"。波罗夷是声闻戒中对比丘（尼）重罪的称谓，《梵网经》对重罪也采取了这种称谓。

《梵网经》戒条的行文结构，与声闻戒，尤其是《四分律》的规定极

---

① 《菩萨善戒经》卷一，《大正藏》第 30 册，第 1013 页下。
② 《萨婆多毗尼毗婆沙》卷二，《大正藏》第 23 册，第 514 页中。
③ 《毗尼母经》卷三，《大正藏》第 24 册，第 814 页中。
④ 《菩萨善戒经》卷一，第 1015 页上。
⑤ 同上书，第 1015 页中。这里也延续了对于戒律层层递进的要求。

为相似。如杀戒，《梵网经》中说："佛子，若自杀、教人杀、方便赞叹杀，见作随喜，乃至咒杀，杀因、杀缘、杀法、杀业，乃至一切有命者，不得故杀。是菩萨应起常住慈悲心、孝顺心，方便救护一切众生，而自恣心快意杀生者，是菩萨波罗夷罪。"《四分律》中规定："若比丘，故自手断人命，持刀授与人，叹誉死，快劝死。咄！男子！用此恶活为！宁死不生，作如是心，思惟种种方便，叹誉死，快劝死，是比丘波罗夷，不共住。"①《菩萨地持经》行文则明显不同，其重戒虽翻译成"四波罗夷处法"（《瑜伽师地论》翻译成四他胜处法更为恰当），具体条文则简单得多，如第一条，"菩萨为贪利故，自叹己德毁呰他人，是名第一波罗夷处法"②。

《梵网经》不同于《菩萨地持经》，没有规定受菩萨戒之前先受声闻戒，其形式上对声闻戒的模仿，表明它试图通过综合各种戒律，从而超越、取代声闻戒，形成独立的大乘佛教戒律体系。

其次，我们比较一下每一戒条的具体内容。《梵网经》前六重戒基本来自《优婆塞戒经》，戒律名称基本相同，只是次序有异。仔细比较每条戒律的内容，我们发现，《优婆塞戒经》这部分内容基本来自声闻五戒，而略有补充，《梵网经》则吸取声闻比丘四波罗夷的表述方式，要求更为严格，更强调孝道和大乘佛教注重发心、主动行善的精神。这与《梵网经》作为汉传大乘佛教戒律的内在需求是一致的。小乘佛教修行的最高目标是得罗汉果，大乘佛教修行的最高目标是成佛。大乘的境界更高，修行的要求自然也更高。关于孝道，印度佛教中也提到，但远不像儒家那样将孝置于社会伦理的核心位置，把孝作为做人的本分、天地运行的规则。佛教传入中国后，其中关于孝的观念受到特殊的重视，这也体现在《梵网经》中。大乘佛教的菩萨行是把修行阶位的提高与拯救众生的能力结合在一起的，不像小乘那样，修行阶位的提高仅与自身体验的提高有关，因此会对发心、行善给予更多的关注。

以下我们首先比较声闻比丘四波罗夷（以《四分律》为主，兼采他部律）、优婆塞五戒（出《增一阿含经》，《佛说优婆塞五戒相经》解释

---

① 《四分律》卷二，《大正藏》第22册，第576页中。
② 《菩萨地持经》卷五，《大正藏》第30册，第913页中。

了具体戒相)、优婆塞六重戒之五戒及《梵网经》十重戒之前五戒。

一 杀戒

杀的对象,《四分律》规定杀人才犯重戒,杀畜生只是波逸提法;《优婆塞戒经》规定杀"天女乃至蚁子"①,都是重戒;《梵网经》认为杀害一切有生命的众生,都犯重戒,关注的范围更广,体现了菩萨更为广大的慈悲心。

杀的种类,《优婆塞戒经》列出两种:"若口教杀,若身自杀"②,《佛说优婆塞五戒相经》列为三种:"一者自作,二者教人,三者遣使。"③ 此经中还列出了杀的各种方便,包括使用身体和各种工具、技巧及咒术。《四分律》杀戒规定:"若比丘,故自手断人命,持刀授与人,叹誉死,快劝死,咄!男子!用此恶活为?宁死不生,作如是心,思惟种种方便,叹誉死,快劝死。"④ 概括其内容,基本上也包括自杀及教人杀。《梵网经》则将杀的种类分为:"自杀、教人杀、方便杀、赞叹杀、见作随喜,乃至咒杀。"可见,《梵网经》是将各种戒条中逻辑层次不同(如将杀的主体与方便放在一起)的内容混合在了一起,这既体现了容纳一切的包容性,又显得比较混乱。

二 盗戒

盗戒,《四分律》规定犯重罪的对象是有主物,有主物包括:一是佛法僧三宝物,二是人物(属于人的财物),三是非人及畜牲物。盗这三类有主物犯戒的轻重程度各不相同,如盗非人及畜牲物,在没有守护主的情况下只是中罪。五戒中的盗戒,据《佛说优婆塞五戒相经》:"优婆塞,以三种取他重物,犯不可悔。"下文又说:"复有三种,取人重物,犯不可悔罪。"⑤ 则其所指有主物是指为人所有的财物。《梵网经》规定:"鬼神、有主、劫贼物"都不能偷盗。鬼神应属非人,按《四分律》原则,

---

① 《优婆塞戒经》卷三,《大正藏》第24册,第1049页上。
② 同上书,第1049页中。
③ 《佛说优婆塞五戒相经》卷一,《大正藏》第24册,第940页上。
④ 《四分律》卷二,第576页中。
⑤ 《佛说优婆塞五戒相经》卷一,第941页下。

盗非人之物只有在有守护主的情况下才犯重罪。《僧祇律》中有"盗外道塔物、神祠物得重"。因为这些神物属于外道，有守护者。劫贼物，也是属于人物，《四分律》中夺回劫贼物不一定得重罪。

关于盗多少财物犯重罪，《四分律》规定为重物（价值五钱及以上）方成重罪。《优婆塞戒经》规定比较模糊，却比较严格，"不得偷盗乃至一钱"①。《梵网经》提出的"不盗"，概括的方面更广，"一切财物，一针一草不得故盗"。这体现了《梵网经》对私有财产的保护更彻底，这与一大批富商信奉大乘佛教是有关系的。

三 淫戒

淫戒，《四分律》规定：自作犯重戒；教人做，如果做了，教者犯偷兰遮；未做，教者犯突吉罗。五戒中的淫戒是指禁止邪淫，即正常婚姻关系之外的淫欲应被禁止。五戒中的邪淫，只强调自己不能做，没有涉及教他人做的问题。《梵网经》中指出自淫（包括邪淫和一切淫欲）、教人淫都是重罪。

关于犯戒的对象，《四分律》说"乃至共畜生"行淫，都是犯戒。《萨婆多毗尼毗婆沙》这样解释这一规定："畜生于六道最是边鄙，是故乃至畜生，既下至畜生，凡可淫处一切尽结。"② 也就是说犯戒的对象包括六道一切众生。《增一阿含经》中邪淫是指"淫泆无度，好犯他妻"。③只是针对男性，犯戒的对象是他人之妻。《佛说优婆塞五戒相经》解释戒相为："是中犯邪淫有四处，男、女、黄门、二根。女者，人女、非人女、畜生女。男者，人男、非人男、畜生男。黄门、二根，亦同于上类。"④ 据此，邪淫的犯戒对象包括了一切人、非人、畜生。但此经中又有很多开戒的情况，如与淫女淫，如果付了钱就不算邪淫。《梵网经》中规定淫的对象为"乃至畜生女、诸天鬼神女"。此处是以男性为受戒对象来规定戒条的，从范围上讲，淫的对象包括了一切女性众生，却遗漏了男性，也就是没有注意同性行淫的情况。同性行淫，在《四分律》中是明

---

① 《优婆塞戒经》卷三，第 1047 页中。
② 《萨婆多毗尼毗婆沙》卷二，第 513 页中。
③ 《增一阿含经》卷七，《大正藏》第 2 册，第 576 页中。
④ 《佛说优婆塞五戒相经》卷一，第 942 页下。

确提出并禁止的。①《梵网经》的遗漏，既反映了其逻辑不够严密，也可能与中国传统社会的道德观念有关。在中国历史上，同性行淫虽多有存在，但却被认为是严重违背道德之事，是被指责和批判的。

《梵网经》还规定"非道行淫"也是重罪。据法藏《菩萨戒本疏》，非道是指"除产门余二处"，也就是口道和大便道。义寂则认为非道是指"除三重处余支分"也就是除产道、口道、大便道之外身体其他部分。《四分律》，《佛说优婆塞五戒相经》都是说女三处、男二处行淫犯重罪，《梵网经》特别指出"乃至非道"，根据文意，义寂的解释应该比较合理，也就是规定一切处行淫都犯重罪，这体现了《梵网经》对于性的控制程度更深，节制性欲的要求更高。

四 妄语戒

妄语，《四分律》分为大妄语和小妄语，大妄语属波罗夷法，小妄语则属波逸提法。大妄语是指："若比丘实无所知，自称言：我得上人法，我已入圣智胜法。"② 也就是说如果比丘自己还没有得道，却妄称已经得道（包括自言得四果，自言天龙鬼神来供养，自谓得不净观、四禅、二空定等），就犯了大妄语戒，是重罪。《增一阿含经》所说五戒中的妄语包括"妄言、绮语、斗乱是非"③，似乎混淆了口四业的界限。《中阿含·一五·思经》解释口四业中的"妄言"为："彼或在众，或在眷属，或在王家，若呼彼问，汝知便说；彼不知言知、知言不知，不见言见、见言不见，为己为他，或为财物，知已妄言。"④《佛说优婆塞五戒相经》中的妄语基本同于《四分律》。《优婆塞戒经》中，妄语则是指妄称"得不净观至阿那含"，内容较《四分律》虽有收缩，但也指大妄语。

《梵网经》妄语戒则是"不见言见，见言不见，身心妄语"，应指一切不真实的言语，这与《中阿含经》中的妄言范围、表述都基本相同，

---

① 《四分律》比丘戒中，专门提到："复有五种行不净行，波罗夷：人妇、童女、有二形、黄门、男子，与此五处行不净行……于三种妇行不净行，波罗夷，何者三？人妇、非人妇、畜生妇……三种童女，三种二形，三种不能男，三种男子，于此不净行波罗夷亦如是。"（《大正藏》第22册，第571页下。）

② 《四分律》卷二，第577页中。

③ 《增一阿含经》卷七，第576页下。

④ 《中阿含经》卷三，《大正藏》第1册，第437页下。

但《中阿含经》只是在解释妄言的内容，《梵网经》却将这些作为重戒，体现了其对口业的特殊重视。

五　酤酒戒

《四分律》重罪中无酤酒戒，轻罪中有贩卖戒（属于尼萨耆波逸提，酤酒应属贩卖），饮酒戒（属于波逸提法）。《增一阿含经》中第五戒为饮酒戒。《优婆塞戒经》菩萨六重戒第六戒为酤酒戒，《梵网经》此戒应直接来源于《优婆塞戒经》。饮酒是自己的行为，酤酒则会使他人饮酒，给他人带来伤害，《梵网经》在此将酤酒作为重戒，而后面将饮酒作为轻戒，正体现了菩萨戒侧重避免伤害他人，强调利他的精神。

《增一阿含经》中提到禁酒的原因是："若有人心好饮酒，所生之处，无有智慧，常怀愚痴。"①《佛说优婆塞五戒相经》所举的制戒因缘是莎伽陀本来能折伏恶龙，喝酒之后神力丧失，也是指酒能使人丧失正常状态。《梵网经》则指出酒是"起罪因缘"，其能带来的后果非常严重，能使人丧失判断能力，生起颠倒之心。重视酤酒给他人带来的心智伤害，这与菩萨戒对智慧的重视是密不可分的。

前五戒比较完毕，接下来的五重戒，是大乘戒经中独有的条目（有的条目小乘戒中也有类似之处，但不属于重戒）。以下将主要比较《优婆塞戒经》《梵网经》和《菩萨地持经》相关条目，考察其内容之间的相互关系。

六　说四众过戒

《四分律》波逸提法第七为"向非具戒人说他粗罪戒"，是说如果一个比丘犯了粗罪，另一比丘向没有受过具戒的人宣说，这一比丘也犯戒。而经过僧团羯磨之后，受派遣去说，则不犯戒。这里犯戒之人为比丘，被说的人也是比丘。《优婆塞戒经》第五重为"不得宣说比丘、比丘尼、优婆塞、优婆夷所有过罪"②，犯戒的人为受优婆塞戒的居士，宣说的内容为四众的所有过错。四众代表了佛教的实践者，不能宣说他

---

① 《增一阿含经》卷七，第 576 页下。
② 《优婆塞戒经》卷三，第 1049 页中。

们的一切过错，体现了对佛教实践者的一种重视。《菩萨地持经》中没有这项内容。

《梵网经》中规定"说过"的对象为"出家、在家菩萨，比丘、比丘尼"，出家、在家菩萨包括受了菩萨戒的七众佛子，比丘、比丘尼则是指受了具足戒的声闻众，则其说过的对象既包括受大乘戒的信众，也包括受声闻戒的信众，非常广泛。《梵网经》还指出不仅自己不能说佛法中过，也不能教别人说。此戒中一方面称二乘（声闻、缘觉）为恶人，另一方面又禁止说其过错，可以理解为不管对方有何错误，从修行者自己的角度，都不能说他人的过错。所有这些，都表明《梵网经》菩萨戒对于消除佛教内部纠纷有着更为迫切的需求，对修行者的语言管理有着更高、更全面的要求，对口业更为强调、重视。

七　自赞毁他戒

此戒以下《优婆塞戒经》中无，《菩萨地持经》与《梵网经》基本内容多有相似。《菩萨地持经》中，与此戒相似的内容表述为："为贪利故，自叹己德，毁訾他人。"① 犯戒的一个重要条件是"贪利"。此戒，《梵网经》与《菩萨地持经》相比，有三点值得注意：一是没有"贪利"之类的限定，也就是不管用心如何，只要自叹毁他都属犯戒；二是强调教人自赞毁他，也犯重罪；三是若隐藏他人好事，使他人受到诋毁也犯重戒。第三项内容与《菩萨地持经》轻戒之第四十一戒表述有相同之处："若菩萨知他众生有实功德，以嫌恨心，不向人说，亦不赞叹。有赞叹者，不唱善哉，是名为犯众多犯。"②《虚空藏菩萨经》"初发心菩萨八根本罪之第五条"也有相似内容："复次，善男子，初发心菩萨欺妄两舌，希求名称利养恭敬，赞大乘经，为他解说，而语人言：我是善解摩诃衍者。为贪利故，见他解说大乘经典得供养者，憎毁轻疾而自贡高，虚诳妄语得过人法。作此行者离安隐处，犯波罗夷，于大乘中为犯最重根本罪也。"③

---

① 《菩萨地持经》卷五，第913页中。
② 同上书，第916页下。
③ 《虚空藏菩萨经》卷一，《大正藏》第13册，第653页中。

八　悭惜加毁戒

此戒的内容，在二经中大致相同，悭惜的对象都包括财物和法。但从具体表述来看，《菩萨地持经》比较合理有度，如指出施财的前提是"自有财物"；《梵网经》却没有任何限制，要求"随前人所须一切给与"。境界虽高，却难以落到实处。

九　嗔心不受悔戒

此戒，二经内容基本相同，《梵网经》的文字应来自《菩萨地持经》。《菩萨地持经》此戒表述为："菩萨嗔恚，出粗恶言，意犹不息，复以手打，或加杖石，残害恐怖嗔恨增上，犯者求悔，不受其忏，结恨不舍，是名第三波罗夷处法。"① 《菩萨地持经》轻戒第十七戒与此有相似之处："若菩萨他人来犯如法悔谢，以嫌恨心，欲恼彼故，不受其忏，是名为犯众多犯，是犯染污起。"② 这两戒轻重的分界主要在于嗔恚程度的高低。《菩萨地持经》中此戒的对象明显指人，《梵网经》却将嗔恚的对象扩大到一切众生，乃至非众生。"非众生"的说法非常奇特，佛教中一般将有情识的存在称为众生，佛教主要关注的、需要修行解脱的存在也是指众生。此处，"非众生"与众生相对，应该是指无情识的存在，包括植物、物体，等等。《梵网经》汲取《菩萨地持经》的文意，却将嗔恚的对象从人扩展到包括人在内的所有众生和非众生，也就是包括了一切存在。此戒就是说，菩萨不管对于任何存在，只要有嗔恚之心，只要嗔恚达到了一定程度，就犯重戒，这更体现了菩萨戒注重发心的特点。

十　谤三宝戒

《四分律》波逸提法第六十八"恶见违谏戒"，实际上是指谤佛法戒；僧残法第八"无根谤他重罪戒"，波逸提第八十"无根僧残谤戒"，都是谤僧戒。《菩萨地持经》第四波罗夷处法为"谤菩萨藏，说相似法，炽然建立于相似法"，实际上是指诽谤大乘经律论。《梵网经》此戒则包括了

---

① 《菩萨地持经》卷五，第913页中。
② 同上书，第915页上。

谤佛、法、僧，范围更广，不过与前面第六戒"说四众过戒"逻辑上有重复。

此外，北凉沙门法众翻译的《大方等陀罗尼经》中提出了菩萨二十四重戒的说法，其中不少内容与《梵网经》有相似处（这里只列举与十重戒有关的内容，其他内容放在轻戒中论述）：

> 若有菩萨，饥饿众生来诣其所求饮食卧具，不随意者名犯第一重戒。若有菩萨，淫欲无度，不择禽兽者，是名犯第二重戒。若有菩萨，见有比丘畜于妻子随意说过者，是名犯第三重戒。若有菩萨，若见有人忧愁不乐欲自丧身，更以己意增他瞋恚，败他命根，犹若有人以火悉烧一切物者，是名犯第四重戒。若有菩萨，出于精舍，到于旷路，得值财宝随意取者，是名犯第五重戒。若有菩萨，见他瞋恚欲害他命，更以美言赞他瞋恚者，是名犯第六重戒。若有菩萨见他瞋恚，若闻瞋恚欲烧僧坊，若不尽心谏彼恶人者，是名犯第七重戒。……若有菩萨，见有他人伏匿之事，发舒诽说，语诸四辈，彼人不喜，使他瞋恚者，是名犯第十六重戒。若有菩萨，见闻他善事，都不得言者，是名犯第十七重戒……①

这些内容依次涉及了十重戒中的第八悭惜加毁戒，第三淫戒，第六说四众过戒，第一杀戒，第二盗戒，第九瞋心不受悔戒，第七自赞毁他戒。《大方等陀罗尼经》属于较早传入汉地的密教经典，菩萨二十四戒的说法在东晋南北朝应该比较盛行，标名为"东晋天竺三藏帛尸梨蜜多罗译"的《佛说灌顶拔除过罪生死得度经》（即《药师经》，也属于密教经典）就将"善信菩萨二十四戒"作为一类戒法。② 重视《梵网经》的智𫖮曾依据《大方等陀罗尼经》制定"方等忏法"，对二十四戒也极为重视。③ 或许《梵网经》不仅上卷与密教有关，下卷也参考了密教的内容。

---

① 《大方等陀罗尼经》卷一，《大正藏》第 21 册，第 645 页中。
② 《佛说灌顶拔除过罪生死得度经》卷十二，《大正藏》第 21 册，第 534 页中。
③ 灌顶：《国清百录》卷一，《大正藏》第 46 册，第 796 页中。

以上比较了大小乘经律中与《梵网经》十重戒相似的内容。总体而言，《梵网经》十重戒是在总结各种经律基础上形成的，其戒条从根本上说并没有创新，与般若类经典中用来概括总戒相的十善业基本上也可以一一对应。① 但观其戒条内容，也有很多特点，体现了最为彻底的大乘精神：一是具有最全面的概括性。十条戒包括了所有大小乘经律中涉及的重戒，把佛教最为反对、最为痛恨的违背道德规范的内容都包罗殆尽，把佛教认为对修行解脱、对僧团团结最具破坏力的内容都概括无遗。二是特别强调不仅不能自己犯这些戒条，也不能教人犯。这反映了大乘佛教最核心的精神，即不但要严于律己，还要把自己作为楷模的精神贯彻到拯救众生的一言一行、一举一动、一事一法中，让那些对佛教有好感，可以接触佛教、走近佛教，进而信仰佛教的人都能够去恶从善。三是在禁止某种行为的同时，也主张积极地有所作为，如关于杀戒，菩萨不仅不应杀生，还应"起常住慈悲心、孝顺心，方便救护一切众生"。对于菩萨，不该做的做了是犯戒，该做的不做同样是犯戒；自己做错了是犯戒，不去救护众生也是犯戒。这充分表明菩萨的修行是在救度众生、利益社会的过程中实现的，只关注自己的修行、体验，脱离了在社会人群中的积极作为是无法达到大乘佛教所追求的解脱境界的。

第三节　四十八轻戒分析

我们再来看《梵网经》四十八轻戒与大小乘经律的关系。《梵网经》轻戒虽称有四十八条，但观其内容，一戒之下往往包含多项内容，对此，法藏疏中进行了区分②，圣严法师在《戒律学纲要》中也进行了总结③。

---

① 十重戒与十善业对应关系：杀戒——不杀生，盗戒——不偷盗，淫戒——不邪淫，妄语戒——不妄语。说四众过戒、自赞毁他戒也属于口业，与十善中两舌、恶口、绮语也多有重合。悭戒——贪欲，嗔戒——嗔恚，谤三宝戒——邪见。严格说来，只有酤酒戒不包含在十善业中。
② 法藏：《梵网经菩萨戒本疏》卷四，第634页中。
③ 释圣严：《戒律学纲要》，第358—360页。

以下，笔者先将其他大小乘经律中相似内容的规定①列于每一戒条之后，再参照法藏的注疏，结合自己的理解详细区分四十八轻戒的具体内容，并进行分析。

一 轻慢师长戒②

佛言："若佛子，欲受国王位时，受转轮王位时，百官受位时，应先受菩萨戒。一切鬼神救护王身、百官之身，诸佛欢喜。既得戒已，生孝顺心、恭敬心，见上座和上、阿阇梨、大同学、同见同行者，应起承迎，礼拜问讯。而菩萨反生憍心、慢心、痴心，不起承迎礼拜，一一不如法供养，以自卖身、国城、男女、七宝、百物而供给之。若不尔者，犯轻垢罪。"

《菩萨地持经》轻戒之第三戒：

若菩萨见上坐有德应敬同法者，憍慢瞋恨，不起恭敬，不让其坐，问讯请法，悉不酬答，是名为犯众多犯，是犯染污起。若懒惰懈怠，若无记心，若忘误犯，非染污起。不犯者：若狂，若重病，若乱心，若眠作觉想，问讯请法悉不答者，是名不犯；若上座说法及决定论时，若自说法，若听法，若自决定论时，若说法众中，若决定论众中，不礼不犯；若护说者心；若以方便令彼调伏，舍离不善，修习善

---

① 《大乘戒经の研究》列举了与四十八轻戒有相似规定的经典：《地持经》《善生经》《内戒经》《仁王经》《十诵律》《梵动经》《楞伽经》《涅槃经》《大乘十法经》《金光明经》《大宝积经》《大集经》《药师本愿经》《十方随愿往生经》《地藏本愿经》《宝梁经》《莲华面经》。但没有列出具体条目，笔者在此处详细列出条目，比较异同。本书所参考的经典限于《梵网经》出现之前已经翻译过来的佛经（上列《大乘十法经》梁代翻译，《莲花面经》隋代翻译，《地藏本愿经》唐代翻译，不作参考），此后出现的经典不参考，上述经典中涉及戒律较少的一些经典也不参考。本书参考的经典范围也有所扩大，主要增加了四部《阿含经》《妙法莲花经》《文殊师利问经》《华严经》《大方等陀罗尼经》等。

② 《梵网经》没有戒条的名称，各家注释所列名称不完全一致。本书依据圣严法师在《戒律学纲要》中所列条目。此下，每一戒条开头部分都是《梵网经》原文，收于《大正藏》第24册，第1005页上—1009页中。由于内容都是连在一起的，每一条后不再具体标页码。

法；若护僧制；若护多人意。①

《菩萨善戒经》② 轻戒之第三戒：

> 菩萨若见上座宿德同学同师，生憍慢心及以恶心，不起承迎礼拜设座，不共语言先意问讯，若问所疑不为解说，是名犯重不名八重，是名菩萨污心、疑心，有创堕落，不起不净有所作。不犯者：若病，若眠，若乱心时；若至心听法，供养佛时；写经、读诵、解说、论义、共先客语，护说者心；知不与语，能令调伏；防僧制故；护多人故。③

《优婆塞戒经》二十八失意罪之第五戒：

> 若优婆塞受持戒已，若见比丘、比丘尼、长老、先宿、诸优婆塞、优婆夷等，不起承迎、礼拜、问讯，是优婆塞得失意罪。④

《四分律》"说戒揵度"：

> 佛言：善听，若有住处，有众多痴比丘共集一处，若有客比丘来至，能说法持律持摩夷，能说契经义，诸比丘闻，当往至半由旬，迎逆承事瞻视安处洗浴，给其所须饮食。若不尔者，当如法治。⑤

《梵网经》此戒，实际包含三项内容：（1）针对在家子弟，要求其受国王位时，受转轮王位时，或受官位时，先受菩萨戒。（2）受戒后，要生孝顺心、恭敬心，见上座和上、阿阇梨、大同学、同见同行者，应起承

---

① 《菩萨地持经》卷五，第913页下。
② 一般认为《菩萨善戒经》与《菩萨地持经》为同本异译，都属于《瑜伽》系菩萨戒，但二经轻戒条目虽大致相同，但也有不少差异，所以在这里分别列出。（参见圣严法师《戒律学纲要》，第365页。）
③ 《菩萨善戒经》卷一，第1015页中。
④ 《优婆塞戒经》卷三，第1047页下。
⑤ 《四分律》卷三十六，第825页下。

迎，礼拜问讯。（3）应如法供养师友，以自卖身、国城、男女、七宝、百物而供给之。其中，第一项内容，其他经中没有，体现了对菩萨戒的重视及普及菩萨戒的要求。第二项内容，《菩萨地持经》《菩萨善戒经》《优婆塞戒经》轻戒、《四分律》"揵度"部分中也都有大致相同的表述，不同的是《菩萨地持经》《菩萨善戒经》都有开遮，《四分律》则是对于比丘的要求，迎接的对象也是指比丘。第三项是《梵网经》独有的内容。供养佛法僧三宝是佛教的基本要求，应该属于布施的内容，《梵网经》却将其纳入戒律中，并提出了很高的标准。

二 饮酒戒

若佛子，故饮酒，而生酒过失无量，若自身手过酒器与人饮酒者，五百世无手，何况自饮？不得教一切人饮，及一切众生饮酒，况自饮酒？若故自饮、教人饮者，犯轻垢罪。

《优婆塞戒经》二十八失意罪之第二戒：

若优婆塞受持戒已，耽乐饮酒，是优婆塞得失意罪，不起堕落，不净有作。①

《佛说菩萨内戒经》四十七戒之第五戒：

菩萨不得饮酒。②

《四分律》波逸提法第五十一戒饮酒戒：

若比丘，饮酒者，波逸提。③

---

① 《优婆塞戒经》卷三，第 1047 页下。
② 《佛说菩萨内戒经》卷一，《大正藏》第 24 册，第 1029 页中。
③ 《四分律》卷十六，第 671 页中。

《大般涅槃经·圣行品》"息世讥嫌戒"：

> 不饮酒。①

《大方等陀罗尼经》菩萨二十四重戒之第十一：

> 若有菩萨见有他人耽饮嗜酒，当以己情往呵他人，除自因缘，此非梵行，是名犯第十一重戒。②

此戒，《四分律》中有规定，《瑜伽》系菩萨戒中则没有，这是因为《瑜伽》系菩萨戒是声闻戒的加行戒，声闻戒中已有的戒条一般不再出现。《优婆塞戒经》《大般涅槃经》中都规定不得饮酒，《大方等陀罗尼经》还要求主动去制止他人饮酒。可见饮酒是比较重要的一个问题，所以《梵网经》也坚决制止。在饮酒问题上，与其他经典相比，《梵网经》强调不仅不能自饮，也不能教人饮，更体现了菩萨注重利他的精神。

三　食肉戒

> 若佛子，故食肉，一切肉不得食，断大慈悲性种子，一切众生见而舍去，是故一切菩萨不得食一切众生肉，食肉得无量罪。若故食者，犯轻垢罪。

《大方等陀罗尼经》菩萨二十四重戒之第二十一、第二十二：

> 若有菩萨见闻疑杀，即自思惟食此肉者，断大慈种，当获大罪，言不见闻疑杀食都无患者，是名犯第二十一重戒。若有菩萨见闻疑杀作不见闻疑杀，若食此肉者，即遗三世诸佛宝藏，亦遗三世诸佛之

---

① 《大般涅槃经》卷十一，《大正藏》第 12 册，第 432 页下。
② 《大方等陀罗尼经》卷一，第 645 页中。

恩。以此为尊者，是名犯第二十二重戒。①

《大般涅槃经·如来性品第四之一》：

夫食肉者断大慈种……我从今日制诸弟子，不得复食一切肉也。……诸食肉者亦复如是。一切众生闻其肉气，悉皆恐怖生畏死想，水陆空行有命之类悉舍之走，咸言此人是我等怨，是故菩萨不习食肉。②

《圣行品》"息世讥嫌戒"：

不食肉。③

声闻戒中可以食三种或五种净肉，《大方等陀罗尼经》中规定只要怀疑是为自己杀的肉都不能食。《大般涅槃经》规定一切肉不得食。《梵网经》此戒明显来源于《大般涅槃经》，经文表述与《大般涅槃经》也基本相似。不食肉体现了一种彻底的慈悲精神，这也是汉传佛教素食传统形成的基本依据。

四 食五辛戒

若佛子，不得食五辛，大蒜、革葱、慈葱、兰葱、兴蕖，是五种一切食中不得食。若故食者，犯轻垢罪。

《四分律》卷五十二杂揵度之二：

一切不应啖蒜。④

---

① 《大方等陀罗尼经》卷一，第 645 页中。
② 《大般涅槃经》卷四，第 386 页上。
③ 《大般涅槃经》卷十一，第 432 页下。
④ 《四分律》卷五十二，第 956 页中。

《四分律》比丘尼戒本：

　　若比丘尼，啖蒜者，波逸提。①

《大般涅槃经·圣行品》"息世讥嫌戒"：

　　五辛能熏，悉不食之。②

《楞伽阿跋多罗宝经·一切佛语心品之四》：

　　一切肉与葱，及诸韭蒜等，
　　种种放逸酒，修行常远离。③

《文殊师利问经·序品第一》：

　　不得啖蒜。④

此戒，《四分律》只提到不能食蒜，《大般涅槃经》中规定不能食五辛，但没有具体指出五辛的内容，其他经典也只是提到部分内容。《梵网经》关于五辛的内容不知依据何处。

五　不举教忏戒

　　若佛子，见一切众生犯八戒、五戒、十戒，毁禁七逆、八难，一切犯戒罪，应教忏悔。而菩萨不教忏悔，共住同僧利养，而共布萨同一众住说戒，而不举其罪，教悔过者，犯轻垢罪。

---

① 《四分律》卷二十五，第737页中。
② 《大般涅槃经》卷十一，第432页下。
③ 《楞伽阿跋多罗宝经》卷四，《大正藏》第16册，第514页上。
④ 《文殊师利问经》卷一，《大正藏》第14册，第493页上。

《菩萨地持经》轻戒第七戒：

若菩萨于凶恶犯戒众生以瞋恨心，若自舍，若遮他令舍，不教化者，是名为犯众多犯，是犯染污起。若懒堕懈怠，若忘遮他，犯非染污起。何以故？菩萨于恶人所起慈悲心深于善人。不犯者：若狂；若知不说，令彼调伏，如前说；若护他心，若护僧制。①

《菩萨善戒经》轻戒之第三十六戒：

菩萨若受菩萨戒已，见恶众生修行恶法，不能教呵劝勉之者，得失意罪。不犯者：若知是人有善知识能教呵责；若知为说，不随其语；若到解语；若有害心。②

《优婆塞戒经》二十八失意罪之第六戒：

若优婆塞受持戒已，若见比丘、比丘尼、优婆塞、优婆夷毁所受戒，心生骄慢，言：我胜彼，彼不如我，是优婆塞得失意罪。③

《四分律》波逸提法第六十四覆他粗罪戒：

若比丘，知他比丘犯粗罪，覆藏者，波逸提。④

《大般涅槃经·金刚身品》：

迦叶，众有三种：一者犯戒杂僧，二者愚痴僧，三者清净僧。破戒杂僧则易可坏，持戒净僧利养因缘所不能坏。云何破戒杂僧？若有

---

① 《菩萨地持经》卷五，第914页上。
② 《菩萨善戒经》卷一，第1017页中。
③ 《优婆塞戒经》卷三，第1049页下。
④ 《四分律》卷十七，第678页下。

比丘虽持禁戒，为利养故与破戒者坐起行来，共相亲附，同其事业，是名破戒，亦名杂僧。云何愚痴僧？若有比丘在阿兰若处，诸根不利暗钝聋瞽，少欲乞食，于说戒日及自恣时，教诸弟子清净忏悔，见非弟子多犯禁戒，不能教令清净忏悔，而便与共说戒自恣，是名愚痴僧。①

《大般涅槃经·寿命品》：

我涅槃已，随其方面有持戒比丘，威仪具足护持正法，见坏法者，即能驱遣呵责惩治。当知是人得福无量，不可称计。……持法比丘亦复如是，见有破戒坏正法者，即应驱遣呵责举处。若善比丘见坏法者，置不呵责驱遣举处，当知是人佛法中怨。若能驱遣呵责举处，是我弟子，真声闻也。②

《大方等陀罗尼经》菩萨二十四重戒之第八、第九戒：

若有菩萨，若见有人，若闻有人犯于重罪，若是菩萨应密呼彼人，来诣其所：我有良药溉汝戒根，能令还生。彼若不来，汝应三呼，若不至三，是名犯第八重戒。若有菩萨闻见有人犯于五逆，应往彼所，作如是言：此非正法，汝非梵行，莫作是行。若不尔者，是名犯第九重戒。③

《梵网经》此戒包含三项内容：一是菩萨对犯戒者应教忏悔；二是菩萨不应与犯戒没有忏悔者共住同利养；三是菩萨与犯戒者布萨说法时应举其罪。第一项内容，《瑜伽》系菩萨戒有大致相似的规定，但其教化对象为作恶者（包括没有受戒的人），《梵网经》此戒需要教化的主要是犯戒者，但不仅是指人，还包括一切众生。《优婆塞戒经》规定不能轻视犯戒

---

① 《大般涅槃经》卷三，第384页中。
② 同上书，第381页上。
③ 《大方等陀罗尼经》卷一，第645页中。

四众，没有要求菩萨去教化四众。《大方等陀罗尼经》要求菩萨对犯重罪和五逆的人都要耐心教导。比较经文，此处《梵网经》与《大方等陀罗尼经》更为密切。第三项内容与《四分律》基本相似。《大般涅槃经》中的《金刚身品》和《寿命品》对犯戒杂僧、愚痴僧、持戒比丘、持法比丘的描述，基本上包含了《梵网经》中的三项内容。《大般涅槃经》中，明确说明这是对比丘的要求，《梵网经》经文中虽说是对所有菩萨的要求，但考察此戒条的具体内容，主要还是适用于出家众。

六　不敬请法戒

若佛子，见大乘法师、大乘同学同见同行，来入僧坊、舍宅、城邑，若百里千里来者，即起迎来送去，礼拜供养，日日三时供养，日食三两金，百味饮食、床座、医药供事法师。一切所须，尽给与之，常请法师三时说法，日日三时礼拜，不生嗔心、患恼之心，为法灭身，请法不懈。若不尔者，犯轻垢罪。

《大般涅槃经·师子吼菩萨品》：

菩萨摩诃萨成就十法，则能明见涅槃无相至无所有。何等为十？……九者菩萨摩诃萨见有同学同戒有所乏少，转从他乞熏钵染衣，瞻病，所须衣服、饮食、卧具、房舍而供给之。①

此戒包括两项内容：一是见大乘法师、大乘同学同见同行，来入僧坊、舍宅、城邑，应迎来送去，礼拜供养。二是常请法师三时说法，日日三时礼拜，不生嗔心、患恼之心，为法灭身，请法不懈。《瑜伽》系菩萨戒没有涉及此条内容，《大般涅槃经》菩萨成就十法中有相似内容，但只涉及第一项，而且是指同学同戒者有乏少时供给所需。《梵网经》的规定虽然缺少可操作性，但体现了对法师、同学者的极度尊重。

---

① 《大般涅槃经》卷三十一，第 548 页下。

七　不听经律戒

若佛子，一切处有讲毗尼经律，大宅舍中讲法处，是新学菩萨应持经律卷至法师所，听受谘问。若山林、树下、僧地房中，一切说法处，悉至听受。若不至彼听受者，犯轻垢罪。

《菩萨地持经》轻戒之第三十一戒：

若菩萨闻说法处，若决定论处，以憍慢心、瞋恨心，不往听者，是名为犯众多犯，是犯染污起。若懒堕懈怠，是犯非染污起。不犯者：若不解；若病若无力；若彼颠倒说法；若护说者心；若数数闻已受持，已知义；若多闻；若闻持；若如说行；若修禅定，不欲暂废；若钝根难悟、难受、难持，不往者，皆不犯。①

《菩萨善戒经》轻戒之第三十戒：

若菩萨闻说法处，乃至一由旬，不往听者得罪。若轻说者不往得罪。是罪因烦恼犯。若懈怠不往者得失意罪。不犯者：若不觉、不知、不闻；若病，若病初差气力未足；若知说者颠倒不正法，虑说者生羞愧心；若说一法更无异义；若修善法；若化众生；若不解彼说；若不能忆念。②

《优婆塞戒经》二十八不如意罪之第八戒：

若优婆塞受持戒已，四十里中，有讲法处所，不能往听，是优婆塞得失意罪，不起堕落，不净有作。③

---

① 《菩萨地持经》卷五，第915页上。
② 《菩萨善戒经》卷一，第1017页上。
③ 《优婆塞戒经》卷三，第1049页下。

《梵网经》此戒与《瑜伽》系菩萨戒内容大致相同，但《瑜伽》系有详细的开遮，《优婆塞戒经》虽比较简单，但也规定了讲法之地的范围，相比之下，《梵网经》要求一切说法处都要前往听受，作为一种原则体现了菩萨对佛法的重视，但实践中却缺乏可操作性。

八　背正向邪戒

若佛子，心背大乘常住经律，言非佛说，而受持二乘声闻、外道恶见一切禁戒邪见经律者，犯轻垢罪。

《菩萨地持经》轻戒之第二十九戒：

若菩萨闻菩萨法藏甚深义、真实义，诸佛菩萨无量神力，诽谤不受，言非利益，非如来说，是亦不能安乐众生，是名为犯众多犯，是犯染污起。或自心不正思惟故谤，或随顺他故谤，是菩萨闻第一甚深义不生解心。是菩萨应起信心，不谄曲心，作是学：我大不是，盲无慧目，如来慧眼如是随顺说，如来有余说，云何起谤？是菩萨自处无知处，如是如来现知见法，正观正向，不犯非不解谤。①

《妙法莲华经》卷五《安乐行品第十四》：

（菩萨摩诃萨）不亲近诸外道、梵志、尼犍子等，及造世俗文笔、赞咏外书，及路伽耶陀、逆路伽耶陀者；……又不亲近求声闻比丘、比丘尼、优婆塞、优婆夷，亦不问询。若于房中，若经行处，若在讲堂中，不共住止。时或来者，随宜说法，无所悕求。②

《梵网经》此戒包括两个方面：一是心背大乘经律，言非佛说；二是受持二乘、外道戒律。《菩萨地持经》则只涉及第一个层次。这体现了两

---

① 《菩萨地持经》卷五，第915页上。
② 《妙法莲华经》卷五，第37页上。

个系统的菩萨戒对声闻戒律的不同态度。《妙法莲华经》主张不亲近外道、声闻等，但对声闻、外道等也没有绝对的排斥。

九　不瞻病苦戒

若佛子，见一切疾病人，常应供养如佛无异。八福田中，看病福田第一福田。若父母、师僧、弟子疾病，诸根不具，百种病苦恼，皆养令差。而菩萨以恶心瞋恨，不至僧房中、城邑、旷野、山林、道路中，见病不救者，犯轻垢罪。

《菩萨地持经》轻戒之第三十四戒：

若菩萨见羸病人，以瞋恨心，不往瞻视，是名为犯众多犯，是犯染污起。若懒惰懈怠犯，非染污起。不犯者：若自病；若无力；若教有力，随顺病者；若知彼人自有眷属；若彼有力能自经理；若病数发；若长病；若修胜业，不欲暂废；若暗钝难悟、难受难持，难缘中住；若先看他病。如病穷苦亦尔。①

《菩萨善戒经》轻戒之第三十五戒：

菩萨若受菩萨戒已，见病苦人，不能瞻养，作给使者，得罪。不犯者：若自病；若无事力，应广劝化有事力者；若彼病者多有宗亲；若自急修无上善法；若先瞻他病；若根暗钝。如病贫穷困苦，亦复如是。②

《优婆塞戒经》二十八失意罪之第三戒：

---

① 《菩萨地持经》卷五，第916页上。
② 《菩萨善戒经》卷一，第1017页上。

若优婆塞受持戒已,污恶不能瞻视病苦,是优婆塞得失意罪。①

《优婆塞戒经》二十八失意罪之第二十八戒：

若优婆塞受持戒已,行路之时,遇见病者,不住瞻视,为作方便,付嘱所在,而舍去者,是优婆塞得失意罪。②

《四分律》"衣揵度"：

汝曹比丘自今已去,应看病比丘,不应不看,应作瞻病人,不应不作瞻病人。若有欲供养我者,当供养病人。③

《瑜伽》系菩萨戒只要求瞻视病苦之人,且开遮明确,详细列出了各种特殊情况。《优婆塞戒经》也只要求瞻视病苦,其规定虽不够明确,但比较灵活。《四分律》戒条中没有此种规定,但在"揵度"部分要求比丘瞻视病苦比丘。《梵网经》则提出了更高的要求：对一切疾病人都要供养救护。此戒中又特别提到父母、师僧、弟子疾病的情况,与其普遍性的要求似乎矛盾。

十 蓄诸杀具戒

若佛子,不得畜一切刀杖、弓箭、矛斧斗战之具,及恶网罗杀生之器,一切不得畜。而菩萨乃至杀父母尚不加报,况余一切众生?若故畜一切刀杖者,犯轻垢罪。

此戒在其他戒经和主要大乘经典中没有类似的规定,却很容易让人联想到北魏太武帝的灭佛事件。据《魏书·释老志》："(太武)帝入观马,

---

① 《优婆塞戒经》卷三,第1049页下。
② 同上书,第1050页中。
③ 《四分律》卷四十一,第861页中。

沙门饮从官酒，从官入其便室，见大有弓矢矛盾，出以奏闻。帝怒曰：'此非沙门所用，当与盖吴通谋规害人耳！'命有司案诛一寺。阅其财产，大得酿酒具及州郡牧守、富人所寄藏物，盖以万计。又为屈室，与贵室女私行淫乱。帝既忿沙门非法，浩时从行，因进其说。诏诛长安沙门，焚破佛像。敕留台下四方，令一依长安行事，又诏曰：'……有司宣告征镇诸军、刺史，诸有佛图形象及胡经尽皆破击焚烧，沙门无少长，悉坑之。'是岁，太平真君七年三月也。……四方沙门多亡匿获免，而土木宫塔，声教所及，莫不毕毁矣。"太武帝灭佛有着错综复杂的政治、社会背景，是各种势力冲突、较量的结果。这一事件对佛教的发展破坏极大，对后世中国佛教某些基本特征的形成也影响深远。寺院藏匿武器正是这一事件的直接导火索，对此，佛教界不能不有所忌惮。《梵网经》作者很可能就是认识到这一问题的严重性，所以要专门将其列在戒律之中。除此之外，《梵网经》轻戒第三十二戒"蓄作非法戒"中又再次强调"不得蓄刀杖、弓箭"，可见佛教界对藏匿武器的危害有多么深刻的印象。

十一　通国入军戒

佛言：佛子，不得为利养恶心故，通国使命军阵合会，兴师相伐杀无量众生。而菩萨不得入军中往来，况故作国贼？若故作者，犯轻垢罪。

《四分律》波逸提法第四十八：

若比丘，往观军阵，除时因缘，波逸提。①

第四十九：

若比丘，有因缘，听至军中二宿，三宿过者，波逸提。

---

① 《四分律》卷十五，第 669 页中。

第一章 《梵网经》菩萨戒的源流与特色

第五十:

若比丘,二宿三宿军中住,或时观军阵斗战,若观游军象马力势者,波逸提。

卷五十三"杂揵度之三":

比丘不应为白衣作使,若作,突吉罗。
……如余沙门婆罗门食他信施,但作方便,求为使命。若为王、王大臣、婆罗门,若居士通信,从此处往彼处,从彼还此,持此信往彼,持彼信来此;自作是,教他作是,能远离如是使命事。①

《大般涅槃经·圣行品》"息世讥嫌戒":

不作王家往返使命,以此语彼,以彼语此。②

《大般涅槃经·光明遍照高贵德王菩萨品》:

受使邻国,通致信命。③

《佛垂般涅槃略说教诫经》:

不得参预世事,通致使命。④

《四分律》规定不得入军中往来,"揵度"中又规定不得为他使命,《大般涅槃经》等大乘经典规定不得通国使命,《梵网经》此戒正是综合了这些内容。

---

① 《四分律》卷五十三,第 962 页上。
② 《大般涅槃经》卷十一,第 433 页上。
③ 《大般涅槃经》卷二十五,第 517 页上。
④ 《佛垂般涅槃略说教诫经》卷一,《大正藏》第 12 册,第 1110 页下。

十二 伤慈贩卖戒

若佛子,故贩卖良人、奴婢、六畜,市易棺材板木盛死之具,尚不自作,况教人作?若故作者,犯轻垢罪。

《佛说菩萨内戒经》四十七戒之第二十一戒:

菩萨不得掠去良民作奴婢。

第二十二戒:

菩萨不得贩卖奴婢。

第二十三戒:

菩萨不得卖妻子与人。①

第四十二戒:

菩萨不得至担死人种家。

第四十三戒:

菩萨不得入死丧家。②

《佛垂般涅槃略说教诫经》:

---

① 《佛说菩萨内戒经》卷一,第1029页中。
② 同上书,第1029页下。

持净戒者不得贩卖贸易，安置田宅，畜养人民、奴婢、畜生，一切种殖及诸财宝，皆当远离，如避火坑。①

此戒与第三十二戒蓄作非法戒多有重合，待下文一起讨论。

十三　无根谤人戒

若佛子，以恶心故无事谤他良人、善人、法师、师僧、国王、贵人，言犯七逆十重。于父母兄弟六亲中，应生孝顺心、慈悲心，而反更加于逆害，堕不如意处者，犯轻垢罪。

《四分律》僧残法第八：

若比丘，瞋恚所覆故，非波罗夷比丘，以无根波罗夷法谤，欲坏彼清净行。若于异时，若问若不问，知此事无根说，我瞋恚故，作是语。若比丘，作是语者，僧伽婆尸沙。②

僧残法第九：

若比丘，以瞋恚故，于异分事中取片，非波罗夷比丘，以无根波罗夷法谤，欲坏彼清净行。彼于异时，若问若不问，知是异分事中取片；是比丘自言：我瞋恚故，作是语。作是语者，僧伽婆尸沙。③

波逸提第八十：

若比丘，瞋恚故，以无根僧伽婆尸法谤者，波逸提。④

---

① 《佛垂般涅槃略说教诫经》卷一，第 1110 页下。
② 《四分律》卷四，第 588 页上。
③ 同上书，第 589 页中。
④ 《四分律》卷十八，第 689 页中。

《梵网经》此戒提到的毁谤对象实际上有三类：良人、善人，这是与自己平等的；法师、师僧，这是自己所尊重的；国王、贵人，这是世俗社会所尊重的。其中，法师、师僧属于三宝中的僧宝，所以此戒与十重戒之谤三宝戒有重合。毁谤的内容，仅限于七逆十重，反而比"谤三宝戒"范围要小。《四分律》对于毁谤的内容作了详细区分，内容不同，所犯戒律的轻重也不同。《梵网经》此戒后半部分提到"于父母兄弟六亲中，应生孝顺心、慈悲心"，与上面所说毁谤对象缺少直接关联，似乎是在解释不能毁谤的原因，可以理解为：菩萨心中应该经常想到一切众生都是自己的父母兄弟，所以不能毁谤。这正体现了对孝的特别重视。

十四　放火损烧戒

若佛子，以恶心故放大火，烧山林、旷野，四月乃至九月，放火若烧他人家屋宅、城邑、僧房、田木及鬼神官物，一切有主物不得故烧。若故烧者，犯轻垢罪。

《四分律》波逸提法第五十七：

若比丘，无病，自为炙身故，在露地然火，若教人然，除时因缘，波逸提。①

《四分律》要求：除非有特殊情况，不能在露地燃火。烧有主物，在《四分律》中应属于偷盗的范围。《梵网经》强调两个层次：一是不得放火烧山林、旷野；二是一切有主物不得故烧。山林、旷野既可以是有主物，也可以是无主物，这里体现出《梵网经》缺乏逻辑，戒条多有交叉重合的特点。

十五　法化违宗戒

若佛子，自佛弟子，及外道人，六亲一切善知识，应一一教受持

---

① 《四分律》卷十六，第 675 页上。

大乘经律。应教解义理，使发菩提心，十发心、十长养心、十金刚心，三十心中一一解其次第法用。而菩萨以恶心、瞋心，横教他二乘声闻经律、外道邪见论等，犯轻垢罪。

此戒与第八戒、第二十四戒结合起来理解（参后）。

十六　为利倒说戒

若佛子，应好心先学大乘威仪经律，广开解义味。见后新学菩萨有从百里、千里来求大乘经律，应如法为说一切苦行，若烧身、烧臂、烧指，若不烧身、臂、指供养诸佛，非出家菩萨。乃至饿虎、狼、师子，一切饿鬼，悉应舍身肉、手足而供养之。后一一次第为说正法，使心开意解。而菩萨为利养故应答不答，倒说经律文字，无前无后，谤三宝说者，犯轻垢罪。

《菩萨地持经》轻戒之第六戒：

若菩萨众生往至其所，欲得闻法，若菩萨嗔恨悭嫉不为说者，是名为犯众多犯，是犯染污起。①

《梵网经》此戒包括三个层次：一是菩萨自身应该具备的素质：应好好学习大乘威仪经律，理解其深刻的内涵。二是菩萨为新学菩萨说法的次序：先说苦行，后说正法。三是菩萨犯戒的情况：为利养故应答不答，倒说经律文字，无前无后，谤三宝说。这三个层次体现了《梵网经》对大乘经律和苦行的高度重视。与《菩萨地持经》相比，《梵网经》是不为求法者说法犯戒，此处是为利倒说犯戒，大体上都属于障碍法施。《菩萨地持经》轻戒第六戒与四波罗夷之第二波罗夷（有欲闻法，吝惜不说）有重复。《梵网经》此戒与其十重之第八戒（不为说一句一偈一微尘许法）内容虽相关，但是分别从不同角度（十重第八戒是指知而不说，此戒是

---

① 《菩萨地持经》卷五，第914页上。

指知而倒说或不知而说）论述，并不重复。

十七　依官强乞戒

若佛子，自为饮食钱物利养名誉故，亲近国王、王子、大臣、百官，恃作形势，乞索、打拍、牵挽、横取钱物一切求利，名为恶求、多求，教他人求，都无慈心、无孝顺心者，犯轻垢罪。

《虚空藏菩萨经》"初发心菩萨八根本罪"①之第七、第八：

复次，善男子，未来恶世，初发心菩萨造作诸杂旃陀罗行。……何等名为旃陀罗义？彼谓造作诸恶心业。此恶比丘自言智慧，自恃财宝行于布施，放逸憍慢，嗔嫌憎嫉余善比丘，共相斗诤，恃王臣力，取善比丘物以奉大臣，大臣得已传以上王。佛、法、僧物亦复如是。善男子，王与大臣及恶比丘犯根本罪。余如上说。是名初发心菩萨犯于第七根本重罪。

复次，善男子，未来恶世，初发心菩萨造作诸杂旃陀罗行。……此恶比丘恃怙国王及大臣力，自言智慧，自恃财宝行于布施，轻戏毁辱诸善比丘，斗诤恼乱，法说非法，非法说法，舍正经律，颠倒义论，断学般若，离慈悲心，不信如来所说经典巧方便戒，违法立制，令诸清净善行比丘废于坐禅读诵经典，无苦恼者生其苦恼，有苦恼者复令增长，恒怀恶心坏善威仪，行住坐卧无复时节，毁禁破戒，实非沙门自言沙门，实非梵行自称梵行，不解经典为他解说，邀致四众供养恭敬。善男子，王与大臣及恶比丘犯根本罪。余如上说。是名初发心菩萨犯于第八根本重罪。②

《妙法莲华经·安乐行品第十四》（菩萨亲近处）：

---

① 依据《虚空藏菩萨经》，菩萨犯根本罪，要发露忏悔，请求虚空藏菩萨为其去除。
② 《虚空藏菩萨经》卷一，第653页下。

第一章 《梵网经》菩萨戒的源流与特色

菩萨不亲近国王、王子、大臣、官长。①

《佛垂般涅槃略说教诫经》：

结好贵人，亲厚媒嫚。②

《大般涅槃经·金刚身品》：

迦叶，言护法者，谓具正见能广宣说大乘经典，终不捉持王者宝盖、油瓶、谷米、种种果蓏，不为利养亲近国王、大臣、长者，于诸檀越心无谄曲，具足威仪，摧伏破戒诸恶人等，是名持戒护法之师，能为众生真善知识，其心弘广，譬如大海。迦叶，若有比丘以利养故为他说法，是人所有徒众眷属，亦效是师贪求利养，是人如是便自坏众。迦叶，众有三种：一者犯戒杂僧，二者愚痴僧，三者清净僧。破戒杂僧则易可坏。③

《大般涅槃经·光明遍照高贵德王菩萨品》：

有诸弟子不为涅槃，但为利养，亲近听受十二部经，招提僧物及僧鬘物，衣着食噉，如自己有，悭惜他家，及以称誉亲近国王及诸王子。④

此戒涉及佛教与政治的关系，声闻戒中没有类似规定，《梵网经》继承了大乘经典的基本态度，要求菩萨与政治保持一定距离。

十八　无知为师戒

若佛子，学诵戒者，日夜六时持菩萨戒，解其义理佛性之性。而

---

① 《妙法莲华经》卷五，第37页上。
② 《佛垂般涅槃略说教诫经》卷一，第1110页下。
③ 《大般涅槃经》卷三，第384页中。
④ 《大般涅槃经》卷二十五，第517页上。

菩萨不解一句一偈戒律因缘，诈言能解者，即为自欺诳，亦欺诳他人。一一不解一切法，而为他人作师授戒者，犯轻垢罪。

此戒总体上是要求菩萨不能有欺罔之心，具体说来有两个方面：一是对学戒者的要求：应在一切时间认真学习菩萨戒，了解其义理和因缘，不能不解说解，不懂装懂；二是对授戒者的要求：如果不解一切法，就不能为他人作师授戒。其中第一个层次与十重戒之妄语戒有重复。

十九　斗谤欺贤戒

若佛子，以恶心故，见持戒比丘手捉香炉行菩萨行，而斗构两头，谤欺贤人，无恶不造。若故作者，犯轻垢罪。

《四分律》波逸提法第三：

若比丘，两舌语，波逸提。①

《梵网经》此戒基本内容与《四分律》"两舌语"戒相同，但表述方式很有特点：一是强调发心，"以恶心故"，二是对象仅限于持戒比丘。"持戒比丘"的表述体现了其受声闻戒的影响，菩萨行又体现了大乘佛教的要求。

二十　不能救生戒

若佛子，以慈心故行放生业，一切男子是我父，一切女人是我母，我生生无不从之受生，故六道众生皆是我父母，而杀而食者，即杀我父母，亦杀我故身。一切地水是我先身，一切火风是我本体，故常行放生，生生受生常住之法，教人放生。若见世人杀畜生时，应方便救护，解其苦难。常教化讲说菩萨戒救度众生。若父母兄弟死亡之

---

① 《四分律》卷十一，第 636 页下。

日，应请法师讲《菩萨戒经》，福资亡者，得见诸佛，生人天上。若不尔者，犯轻垢罪。

此戒包括四个方面的内容：一是常行放生，并教人放生；二是若见世人杀畜生时，应方便救护，解其苦难；三是常教化讲说菩萨戒救度众生；四是若父母兄弟死亡之日，应请法师讲《菩萨戒经》，福佑亡者。其中第二个方面与重戒中杀戒有重复。第三、第四个方面体现了《梵网经》树立菩萨戒权威地位的倾向。《梵网经》强调讲《菩萨戒经》时应该请专门的法师，则表明《梵网经》设置的佛教信众中仍然存在着出家众与在家众的区别。这种含混的表述表明《梵网经》一方面想混一僧俗，摆脱出家与在家的区分，另一方面又没有完全摆脱声闻戒的影响。

二十一　无慈酬怨戒

佛言：佛子，不得以瞋报瞋，以打报打。若杀父母、兄弟、六亲，不得加报。若国主为他人杀者，亦不得加报。杀生报生，不顺孝道。尚不畜奴婢，打拍骂辱，日日起三业口罪无量，况故作七逆之罪？而出家菩萨无慈报仇，乃至六亲中故报者，犯轻垢罪。

《菩萨地持经》轻戒之第十五戒：

若菩萨骂者报骂，瞋者报瞋，打者报打，毁者报毁，是名为犯众多犯，是犯染污起。①

《大方等陀罗尼经》菩萨二十四重戒之第十三、十四：

若有菩萨视他怨家作怨家想者，是名犯第十三重戒。若有菩萨见他视怨如赤子想，往彼人所，作如是言：善哉！善哉！何能视此人如

---

① 《菩萨地持经》卷五，第915页上。

赤子？此非吉相。是名犯第十四重戒。①

此戒主要要求菩萨不得"以瞋报瞋，以打报打"，与《菩萨地持经》《大方等陀罗尼经》基本相同，但具体论述却反映了当时中国社会的一些现实或观念。第一个层次强调不能为父母、兄弟、六亲、国主报仇，在第十戒"蓄诸杀具戒"中也提到"而菩萨乃至杀父母尚不加报，况余一切众生"。可见为尊亲复仇的现象在当时应该比较普遍。第二个层次解释不能报仇的原因，"杀生报生，不顺孝道"，而且是属于"七逆"之罪，这种理解应该是基于"六道众生，皆为父母"的观念。为尊亲报仇是中国传统社会极为看重的事情，也被认为是忠孝的行为，《梵网经》却认为报仇"不顺孝道"，这是试图运用佛教观念改变现实伦理的一种努力。第三个层次提到"乃至六亲中故报者"，似乎反映了当时统治阶级权力争夺激烈，家族成员内部互相残杀的事实。

二十二　慢人轻法戒

若佛子，初始出家未有所解，而自恃聪明有智，或恃高贵年宿，或恃大姓高门、大解大福、饶财七宝，以此憍慢，而不谘受先学法师经律。其法师者，或小姓年少、卑门贫穷、诸根不具，而实有德，一切经律尽解。而新学菩萨不得观法师种姓，而不来谘受法师第一义谛者，犯轻垢罪。

《菩萨地持经》轻戒之第三十二戒：

若菩萨轻说法者，不生恭敬，嗤笑毁呰，但著文字，不依实义，是名为犯众多犯，是犯染污起。②

《菩萨善戒经》轻戒之第二十三戒：

---

① 《大方等陀罗尼经》卷一，第645页中。
② 《菩萨地持经》卷五，第916页上。

若菩萨㤭慢心故,不咨问师,不受师教,得罪。不犯者:若病,若狂,若痴,若大聪明多闻有智为调众生,若入定时。①

第三十一戒:

若菩萨轻说法者,不生恭敬,不赞其德,嗤笑所说辞义不正者,得罪。②

第三十三戒:

菩萨若轻说法之人,骂辱打掷,嗤笑所说,但依文辞不依义者,得罪。是罪因烦恼犯。③

《瑜伽》系菩萨戒只指出不能轻视说法之人,《梵网经》却特别强调不能看重说法者的门第,而且严格区分"大姓高门""小姓""卑门",这种对门第的高度重视正是魏晋南北朝门阀社会的主要特点之一。综合二十一戒、二十二戒所提到的内容,可以看出:一方面《梵网经》非常关注社会现实,试图用观念反映社会的一些基本问题;另一方面《梵网经》的基本精神是符合佛教基本原则的,它试图对现实社会中存在的一些突出问题有所纠正,构建一种超越政治、家庭、社会门第的平等的伦理模式。

二十三 轻新求学戒

若佛子,佛灭度后,欲心、好心受菩萨戒时,于佛菩萨形像前自誓受戒,当七日佛前忏悔,得见好相便得戒。若不得好相,应二七、三七,乃至一年,要得好相。得好相已,便得佛菩萨形像前受戒。若

---

① 《菩萨善戒经》卷一,第 1016 页下。
② 同上书,第 1017 页上。
③ 同上。

不得好相，虽佛像前受戒，不得戒。若现前先受菩萨戒法师前受戒时，不须要见好相。何以故？以是法师师师相授故，不须好相。是以法师前受戒，即得戒，以生重心，故便得戒。若千里内无能授戒师，得佛菩萨形像前受戒，而要见好相。若法师自倚解经律、大乘学戒，与国王、太子、百官以为善友，而新学菩萨来问若经义、律义，轻心、恶心、慢心，不一一好答问者，犯轻垢罪。

《菩萨地持经》卷四（说四波罗夷处法前）：

菩萨欲学菩萨律仪戒、摄善法戒、摄众生戒，若在家若出家，发无上菩提愿已，于同法菩萨，已发愿者，有智有力，善语善义，能诵能持，如是菩萨所先礼足已作是言，我于大德乞受菩萨戒。……①

（轻戒之后，说完犯戒后的处置）若无如是具足功德人可从受菩萨戒者，是菩萨应与佛像前自受。②

《菩萨善戒经》轻戒之第八戒：

若有众生为解义故，欲得闻法住菩萨所咨启未闻，菩萨轻心慢心不为说者得罪。是罪因烦恼犯。不犯者：若知前人是恶邪见求觅过罪，若病，若病始差，若狂，若知不说令彼调伏，若佛未制，若知前人于三宝所不生敬重，若举动粗疏，若知钝根闻深义已生于邪见，若忍邪见，若知闻已转向恶人宣说其事破坏正法。③

《梵网经》此戒包括两项内容：一是获得菩萨戒的途径：佛像前自誓；从菩萨戒法师前受戒。二是法师如果不回答新学菩萨关于经律的问题，即为犯戒。第一项内容，关于授戒师，声闻沙弥戒需要一位戒师；具足戒需要三师七证（十僧或十师），要有严格庄严的仪式，不能自誓受；

---

① 《菩萨地持经》卷五，第912页中。
② 同上书，第916页下。
③ 《菩萨善戒经》卷一，第1015页下。

在家众的五戒，则比较宽松，既可以在出家众前受，也可以在白衣前受，还可以向非佛弟子及傍生异趣受。总之，在声闻戒中，受戒必须在其他众生面前受。《菩萨地持经》对于受戒，与《梵网经》一样，也认为既可以从师受戒，也可以在佛像前自誓受，不同的是，《菩萨地持经》没有将这些内容放在戒条中，而是将从师受戒的内容放在所有戒条之前，并详细介绍了受戒的仪式。关于自誓受的内容放在介绍完戒条之后，但没有说需要见好相才能受戒，要求不像《梵网经》那样严格。这种差别表明：在《菩萨地持经》看来从师受戒是主要的，自誓受是不得已的情况下的一种选择（没有合格的授戒师）；《梵网经》将在佛像前自誓受戒放在前面，说明其重视的是自誓受戒，这与其混一僧俗的倾向是一致的。第二项内容与《菩萨善戒经》第八戒大致相同，这里又提到了法师，也是对声闻戒传统的一种保留，《梵网经》特别强调法师不能因与国王、太子、百官为善友，而轻视新学菩萨，这应是对现实中佛徒过分依附政治权贵的一种反对，是要提醒菩萨法师不要心存高下，接近权贵，轻慢普通求法之人。对权贵的态度与第十七戒基本一致。

二十四　背大向小戒

若佛子，有佛经律大乘正法、正见、正性、正法身，而不能勤学修习，而舍七宝，反学邪见二乘、外道俗典、阿毗昙、杂论、书记，是断佛性障道因缘，非行菩萨道。若故作者，犯轻垢罪。

《菩萨地持经》轻戒之第二十五戒：

若菩萨如是见如是说言：菩萨不应听声闻经法，不应受，不应学。菩萨何用声闻法为？是名为犯众多犯，是犯染污起。何以故？菩萨尚听外道异论，况复佛语？不犯者，专学菩萨藏未能周及。①

第二十六戒：

---

① 《菩萨地持经》卷五，第915页中。

若菩萨于菩萨藏不作方便，弃舍不学，一向修集声闻经法，是名为犯众多犯，是犯非染污起。

《菩萨善戒经》轻戒之第二十六戒：

若菩萨言不应受声闻戒，不应读声闻经。何以故？声闻经律不能利益诸众生故。若作是言，犯重不名八重。不犯者，为贪著小乘经律者。①

第二十七戒：

若菩萨不读不诵菩萨法藏，一向读诵声闻经律，得罪。不犯者：若不闻知有菩萨藏，若菩萨不读不诵如来正经，读诵世典文颂书疏者，得罪。不犯者：若为论议破于邪见；若二分佛经，一分外书。何以故？为知外典是虚妄法佛法真实故，为知世事故，不为世人所轻慢故。

《大般若波罗蜜多经·净戒波罗蜜多分之五》：

如我解佛所说义者，诸菩萨众若暂起心，欣赞声闻或独觉地，应知毁犯菩萨净戒；诸菩萨众若暂起心，厌毁声闻或独觉地，应知毁犯菩萨净戒。②

《妙法莲华经·安乐行品第十四》（菩萨亲近处）：

（菩萨）不亲近诸外道、梵志、尼犍子等，及造世俗文笔、赞咏

---

① 《菩萨善戒经》卷一，第1016页下。
② 《大般若波罗蜜多经》卷五八十八，《大正藏》第7册，第1039页中。

外书,及路伽耶陀,逆路伽耶陀者。①

《大般涅槃经·师子吼菩萨品》：

> 戒复有二：一声闻戒,二菩萨戒。从初发心乃至得成阿耨多罗三藐三菩提,是名菩萨戒。若观白骨乃至证得阿罗汉果,是名声闻戒。若有受持声闻戒者,当知是人不见佛性及以如来。若有受持菩萨戒者,当知是人得阿耨多罗三藐三菩提,能见佛性、如来、涅槃。②

此戒与第八戒"背正向邪戒"、第十五戒"法化违宗戒"应结合起来理解,分别从学和教的方面要求佛子应受持大乘经律,不能学和教二乘声闻经律、外道俗典。《瑜伽》系菩萨戒对声闻戒律没有完全否认,只是认为不能只学声闻戒律。《大般若经》持一种中道观,认为对声闻和独觉（小乘）既不能欣赞,也不能厌毁；《法华经》强调不能亲近外道；《大般涅槃经》认为只有受持菩萨戒,才能得阿耨多罗三藐三菩提。相比之下,《梵网经》对声闻经律的态度更为排斥。

二十五　为主失仪戒

> 若佛子,佛灭后,为说法主,为僧房主、教化主、坐禅主、行来主,应生慈心善和斗讼,善守三宝物,莫无度用,如自己有。而反乱众斗诤,恣心用三宝物者,犯轻垢罪。

《菩萨地持经》轻戒之第三十九戒：

> 若菩萨摄受徒众,以嗔恨心,不如法教授,不能随时从婆罗门居士所求衣食卧具医药房舍,随时供给。③

---

① 《妙法莲华经》卷五,第37页上。
② 《大般涅槃经》卷二十八,第528页下。
③ 《菩萨地持经》卷五,第916页中。

此戒包括对说法主、僧房主、教化主、坐禅主、行来主的两方面要求：一应善和斗讼；二应善守三宝物。《菩萨地持经》也有对僧主的要求，但具体内容与《梵网经》有所不同。

二十六　待宾乖式戒

若佛子，先在僧房中住，后见客菩萨比丘来入僧房、舍宅、城邑、国王宅舍中，乃至夏坐安居处及大会中，先住僧应迎来送去，饮食供养房舍、卧具、绳床，事事给与。若无物应卖自身及以男女供给，所须悉以与之。若有檀越来请众僧，客僧有利养分，僧房主应次第差客僧受请。而先住僧独受请，不差客僧，僧房主得无量罪，畜生无异，非沙门、非释种姓。若故作者，犯轻垢罪。

《四分律》卷四十九"法揵度"：

自今已去，为旧比丘制法。旧比丘应随顺，应作如是随顺。旧比丘闻有客比丘来，应出外迎，为捉衣钵；若有温室重阁经行处安置中，与客比丘坐；与洗足水、水器、拭足巾；为捉革屣著左面，看莫令泥水污；若泥水污，应移著余处。彼为客比丘洗足已，应还收洗足具还本处，应问：长老欲饮水不？若言饮，彼应持瓶为取水。彼不洗手持瓶，余比丘恶之，应两臂抱瓶。若以衣角钩耳至水边净洗手。若是池水、流水，应手拨除上，取下净水。彼担水日中行，水热，佛言：应以若草若树叶覆作荫持去。彼不洗器过水，佛言：应净洗。彼饮已，不洗器，过与余人，余比丘恶之，佛言：应洗然后与。彼与水时并语，口中有溃唾堕水中，佛言：不应并语，若有所语，应回面语。彼不洗器便举，余比丘见皆恶之，佛言：不应尔。彼应问：大德长老几岁？若言若干岁，应语言：此是房，此是绳床、木床、褥枕、毡被、地敷，此是唾器，此是小便器，此是大便处，此是小便处，此是净处，此是不净处，此是佛塔，此是声闻塔，此是第一上座房，此是第二、第三、第四上座房，此是众僧大食处、小食处、夜集处、布萨处，僧差食乃至次到某处，某甲檀越，明日请僧与小食大食。某甲家，僧与作覆钵羯磨。某甲家，僧与作学家羯磨。某甲处狗恶，某甲处好，某甲处恶。我今为旧比丘制法，旧比丘应随顺。若不随顺应如法治。①

《杂阿含经》卷十九"五二六"：

> 为知事比丘，有檀越送油，应付诸比丘。时，有众多客比丘，知事比丘不时分油待客，比丘去然后乃分，缘斯罪故，已地狱中受无量苦。②

此戒包括两项内容：一是先住僧应迎接、供养客菩萨比丘；二是僧房主应次第差客僧受请。《四分律》"法揵度"中详细规定了旧住比丘应该对客比丘所尽的种种义务，《梵网经》第一项内容是对"法揵度"中烦琐细致内容的概括、提升，显然也是对出家众的要求。但接下来，《梵网经》要求"若无物应卖自身及以男女供给，所须悉以与之"，却似乎是对在家众的要求。第二项是要求僧房主对待客僧应一视同仁，次第差遣，否则获罪无量，这与《杂阿含经》对于知事比丘的要求是一致的。

二十七 受别请戒

若佛子，一切不得受别请利养入己，而此利养属十方僧，而别受请即取十方僧物入己。八福田诸佛圣人、一一师僧、父母病人物自己用故，犯轻垢罪。

《菩萨地持经》轻戒之第四戒：

> 若菩萨檀越来请，若至自舍，若至寺内，若至余家，若施衣食，

---

① 《四分律》卷四十九，第930页下。
② 《杂阿含经》卷十九，《大正藏》第2册，第138页上。

种种众具，菩萨以瞋慢心不受不往，是名为犯众多犯，是犯染污起。①

《大般涅槃经·圣行品》"息世讥嫌戒"：

若行乞食及僧中食，常知止足，不受别请。②

《仁王般若波罗蜜护国经·嘱累品第八》（五浊恶世中破灭佛法的行为中有）：

受别请法。③

《四分律》"受戒揵度"：

自今已去，听受别请。请有两种，有僧次请，有别请。④

《四分律》中允许受别请的因缘是耶输伽出家后，其母"极怀愁忧，乃欲自害"，他的父亲想请世尊及耶输伽等到家中供养，耶输伽不同意，认为这是别请，不能接受。世尊因此允许在一定情况下，可以受别请。⑤在一般情况下，《四分律》是要求"僧次请"的，其在特殊情况下的开许，正体现了佛陀慈悲为怀的精神。《杂阿含经》中也体现了这一基本立场，所以对于提婆达多带领五百比丘受别请，佛陀指出："别受利养，今则自坏，他世亦坏。"⑥《菩萨地持经》比《四分律》特殊情况下的开许更进一步，强调如果不受请，犯戒。《大般涅槃经》和《仁王般若波罗蜜护国经》指出不能受别请，体现了对戒律更为严格的要求，这当与破戒

---

① 《菩萨地持经》卷五，第914页上。
② 《大般涅槃经》卷十一，第432页下。
③ 《仁王般若波罗蜜护国经》卷二，《大正藏》第8册，第833页中。
④ 《四分律》卷三十二，第790页上。
⑤ 同上。
⑥ 《杂阿含经》卷三十八，《大正藏》第2册，第276页下。

行为更为普遍有关。《梵网经》与《大般涅槃经》和《仁王般若波罗蜜护国经》的要求相似,又特别提到了"利养",更反映了当时佛教界的情况。按照声闻戒律的规定,僧人受请获得的供养属于僧团共有,个人需要的物品由僧团根据每位僧人的僧腊和实际需要统一分配。在汉传佛教中,这一规定却很难执行,名僧、高僧对僧团的发展至关重要,世俗社会在请僧时非常看重僧人的名气、地位,所以"别请僧"的现象非常普遍,那些受请的僧人也往往将施主的供养归为己有。《梵网经》的规定正是对这一现实的纠正。

二十八 故别请僧戒

若佛子,有出家菩萨、在家菩萨,及一切檀越,请僧福田求愿之时,应入僧房问知事人。今欲次第请者,即得十方贤圣僧。而世人别请五百罗汉菩萨僧,不如僧次一凡夫僧。若别请僧者,是外道法。七佛无别请法,不顺孝道。若故别请僧者,犯轻垢罪。

《增一阿含经》卷四十五:

佛告罗云:"今施五百罗汉之功德,若从众中僧次请一沙门,请已,供养;计此众中差人之福,及与五百罗汉之福;百倍、千倍、巨亿万倍、不可以譬喻为比。所以然者,众中所差,其福难限,获甘露灭尽之处。"①

《梵网经》此戒与上一戒结合起来,分别是对受请者和请僧者的要求。《增一阿含经》中着力强调僧次请僧供养的福德之大,与《梵网经》此戒基本精神是一致的,应是《梵网经》此戒的主要依据。《梵网经》此戒区分出家菩萨和在家菩萨,还区分了五百罗汉菩萨僧和凡夫僧,但对于出家、在家却没有具体的区分标准,应该还是沿用声闻戒的称谓。

---

① 《增一阿含经》卷四十五,《大正藏》第 2 册,第 791 页下。

二十九　恶技损生戒

若佛子，以恶心故，为利养故，贩卖男女色，自手作食，自磨自舂，占相男女，解梦吉凶，是男是女，咒术工巧调鹰方法，和合百种毒药、千种毒药、蛇毒、生金银蛊毒，都无慈心。若故作者，犯轻垢罪。

《四分律》舍堕法第二十：

若比丘，种种贩卖，尼萨耆波逸提。①

《长阿含经》卷十三《阿摩昼经》：

行遮道法，邪命自活，占相男女，吉凶好丑，及相畜生，以求利养。②

《佛说菩萨内戒经》第四十七戒之四十：

菩萨不得贩卖经法。③

《大般涅槃经·如来性品第四之一》：

尔时复有诸沙门等，贮聚生谷，受取鱼肉，手自作食，执持油瓶、宝盖、革屣，亲近国王大臣长者，占相星宿，勤修医道，畜养奴婢，金银、琉璃、车璩、马瑙、颇梨、真珠、珊瑚、虎珀、璧玉、珂贝，种种果蓏，学诸伎艺，画师泥作造书教学，种植根栽蛊道咒幻，

---

① 《四分律》卷八，第621页上。
② 《长阿含经》卷十三，第84页中。
③ 《佛说菩萨内戒经》卷一，第1029页中。

和合诸药作倡伎乐,香花治身,樗蒱、围棋,学诸工巧。①

《大般涅槃经·如来性品第四之四》:

若有说言佛在舍卫祇陀精舍,听诸比丘受畜奴婢、仆使、牛、羊、象、马、驴、骡、鸡、猪、猫、狗、金银、琉璃、真珠、颇梨、车磲、马瑙、珊瑚、虎珀、珂贝、璧玉、铜铁、釜镬、大小铜盘所须之物,耕田种植,贩卖市易,储积谷米,如是众事,佛大慈故,怜愍众生皆听畜之。如是经律悉是魔说。若有说言佛在舍卫祇陀精舍那梨楼鬼所住之处,尔时如来因婆罗门字殺羝德,及波斯匿王说言:比丘不应受畜金银、琉璃、颇梨、真珠、车磲、玛瑙、珊瑚、虎珀、珂具、璧玉、奴婢、仆使、童男、童女、牛、羊、象、马、驴、骡、鸡、猪、猫、狗等兽,铜铁、釜镬、大小铜盘,种种杂色床敷卧具,资生所须,所谓屋宅、耕田、种殖、贩卖、市易,自手作食,自磨自舂,治身咒术,调鹰方法,仰观星宿,推步盈虚,占相男女,解梦吉凶,是男是女,非男非女。六十四能,复有十八,惑人咒术,种种工巧,或说世间无量俗事。散香、末香、涂香、熏香,种种花鬘治发方术,奸伪谄曲贪利无厌,爱乐愦闹,戏笑谈说,贪嗜鱼肉,和合毒药,治押香油,捉持宝盖及以革屣,造扇箱箧,种种画像,积聚谷米,大小麦豆,及诸果蓏,亲近国王王子大臣及诸女人,高声大笑或复默然,于诸法中多生疑惑,多语妄说,长短好丑,或善不善,好着好衣。如是种种不净之物,于施主前躬自赞叹。出入游行不净之处,所谓沽酒、淫女、博弈。如是之人,我今不听在比丘中,应当休道还俗役使,譬如稗莠悉灭无余。当知是等经律所制,悉是如来之所说也。②

《大般涅槃经·光明遍照高贵德王菩萨品》:

及以称誉亲近国王及诸王子,卜筮吉凶、推步盈虚,围棋、六

---

① 《大般涅槃经》卷三,第386页中。
② 《大般涅槃经》卷七,第644页上。

博、攘蒱、投壶，亲近比丘尼及诸处女，畜二沙弥，常游屠猎酤酒之家，及旃陀罗所住之处，种种贩卖，手自作食。①

《大般涅槃经·师子吼菩萨品》：

> 复次，善男子，云何复名修集于戒？若能破坏一切众生十六恶律仪。何等十六？一者为利饯养羔羊，肥已转卖。二者为利买已屠杀。三者为利饯养猪豚，肥已转卖。四者为利买已屠杀。五者为利饯养牛犊，肥已转卖。六者为利买已屠杀。七者为利养鸡，令肥，肥已转卖。八者为利买已屠杀。九者钓鱼。十者猎师。十一者劫夺。十二者魁脍。十三者网捕飞鸟。十四者两舌。十五者狱卒。十六者咒龙。能为众生永断如是十六恶业，是名修戒。②

《佛垂般涅槃略说教诫经》：

> 不得斩伐草木，垦土掘地，合和汤药，占相吉凶，仰观星宿，推步盈虚，历数算计，皆所不应。节身时食，清净自活。③

《梵网经》此戒包括：一是贩卖男女色。二是自手作食，自磨自舂。三是占相男女，解梦吉凶。四是咒术工巧。五是调鹰方法。六是和合毒药。此戒内容基本来自《四分律》《长阿含经》和《大般涅槃经》，《佛垂般涅槃略说教诫经》也有类似的规定。此戒具体文字表述与《大般涅槃经》非常相似。

三十 违禁行非戒

若佛子，以恶心故自身谤三宝，诈现亲附，口便说空，行在有

---

① 《大般涅槃经》卷二十九，第 517 页上。
② 《大般涅槃经》卷三，第 538 页中。
③ 《佛垂般涅槃略说教诫经》卷一，第 1110 页下。

中，为白衣通致男女交会，淫色缚著，于六斋日、年三长斋月，作杀生、劫盗、破斋、犯戒者，犯轻垢罪。

《优婆塞戒经》二十八失意罪之第七戒：

> 若优婆塞受持戒已，月月之中，不能六日受持八戒，供养三宝，是优婆塞得失意罪，不起堕落，不净有作。①

《四分律》僧伽婆尸沙第五之媒人戒：

> 若比丘往来彼此媒嫁，持男意语女，持女意语男。若为成妇事，若为私通，乃至须臾顷，僧伽婆尸沙。②

《梵网经》此戒包括三项内容：一是密谤三宝，诈现亲附；二是为白衣通致男女交会；三是于六斋日、年三长斋月，作杀生、劫盗、破斋、犯戒。其中第一项与十重之第十条内容有重合，其他两项与《四分律》《优婆塞戒经》大致相同。

三十一　见厄不救戒

> 佛言：佛子，佛灭度后于恶世中，若见外道一切恶人、劫贼卖佛菩萨、父母形像，贩卖经律，贩卖比丘、比丘尼，亦卖发心菩萨道人，或为官使，与一切人作奴婢者，而菩萨见是事已，应生慈心，方便救护，处处教化，取物赎佛菩萨形像，及比丘、比丘尼、发心菩萨、一切经律。若不赎者，犯轻垢罪。

此戒提到"佛灭度后于恶世中"，在第二十三戒、第二十五戒也有类似的表述，体现了一种强烈的忧患意识。此戒描述的具体内容，非常符合

---

① 《优婆塞戒经》卷三，第1049页下。
② 《四分律》卷三，第582页下。

大规模灭佛之后，佛教遭受巨大打击后的情景：三宝被贩卖，僧众沦为官使或奴婢。或许，此戒要求菩萨方便救护、赎回三宝，正是对复兴佛法的期许。此戒提到比丘、比丘尼和发心菩萨道人，似乎也是将菩萨分为出家和在家。

三十二　蓄作非法戒

若佛子，不得畜刀仗、弓箭，贩卖轻秤小斗，因官形势，取人财物，害心系缚，破坏成功，长养猫、狸、猪、狗。若故作者，犯轻垢罪。

《优婆塞戒经》二十八失意罪之第十九戒：

优婆塞受持戒已，为于身命，若作市易，斗秤卖物，一说价已，不得前却，舍贱取贵；斗秤量物，任前平用，如其不平，应语令平，若不如是，是优婆塞得失意罪，不起堕落，不净有作。①

第十五戒：

若优婆塞受持戒已，若畜狸猫，是优婆塞得失意罪，不起堕落，不净有作。

第十六戒：

若优婆塞受持戒已，畜养象、马、牛、羊、驼、驴一切畜兽，不作净施未受戒者，是优婆塞得失意罪，不起堕落，不净有作。

《佛说菩萨内戒经》四十七戒之二十八—三十三：菩萨不得持重称、

---

① 《优婆塞戒经》卷三，第1050页上。

轻称、大斗、小斗、长尺、短尺欺人。①

三十五戒—三十九戒：

> 菩萨不得卖牛马、象驼、骡驴、猪羊、鸡犬畜生。

《四分律》舍堕法之第二十戒：

> 若比丘，种种贩卖，尼萨耆波逸提。②

《中阿含经》卷十二《鞞婆陵耆经》：

> ……难提波罗陶师离受奴婢，断受奴婢，彼于受奴婢净除其心。阿难！难提波罗陶师离受象、马、牛、羊，断受象、马、牛、羊，彼于受象、马、牛、羊净除其心。阿难！难提波罗陶师离受鸡、猪，断受鸡、猪，彼于受鸡、猪净除其心。阿难！难提波罗陶师离受田业、店肆，断受田业、店肆，彼于受田业、店肆净除其心。阿难！难提波罗陶师离受生稻、麦、豆，断受生稻、麦、豆，彼于受生稻、麦、豆净除其心……③

《长阿含经》卷十三《阿摩昼经》：

> 不娶妻妾，不蓄奴婢、象马、车牛、鸡犬、猪羊、田宅、园观，不为虚诈斗秤欺人，不以手拳共相牵拽，亦不抵债，不诬罔人，不为伪诈。④

《大萨遮尼乾子所说经·王论品第五之二》：

---

① 《佛说菩萨内戒经》卷一，第1029页中。
② 《四分律》卷八，第621页上。
③ 《中阿含经》卷十二，《大正藏》第1册，第499页下。
④ 《长阿含经》卷十三，第83页下。

大王当知！邪行众生者，谓无戒众生。何等无戒？所谓：具足诸恶律仪，屠儿、猎师，畜养猪、羊、鸡、犬、鹅、鸭、猫、狸、鹰、鹞，钓射鱼鳖，造诸罗网、火坑、毒箭，劫夺虫兽，断害他命，自恣作恶，如是名为邪行众生。①

《妙法莲华经·安乐行品第十四》：

又不亲近旃陀罗，及蓄养羊鸡狗，畋猎渔捕。②

《大般涅槃经·圣行品》：

不作贩卖轻秤小斗欺诳于人，因他形势，取人财物，害心系缚，破坏成功，然明而卧，田宅种植，家业坐肆，不畜象、马、车、乘、牛、羊、驼、驴、鸡、犬、猕猴、孔雀、鹦鹉、共命及拘枳罗，豺狼、虎豹、猫狸、猪豕及余恶兽。③

《大般涅槃经·如来性品》：

善男子，若有人言如来怜愍一切众生善知时宜，以知时故，说轻为重，说重为轻。如来观知所有弟子有诸檀越供给所须，令无所乏。如是之人，佛则不听受畜奴婢、金银、财宝，贩卖市易不净物等。若诸弟子无有檀越供给所须，时世饥馑，饮食难得，为欲建立护持正法，我听弟子受畜奴婢、金银、车乘、田宅、谷米，卖易所须。虽听受畜如是等物，要当净施笃信檀越。④

《梵网经》此戒包括五项内容：一是不得畜刀仗、弓箭；二是不得贩卖轻秤小斗；三是不得因官形势，取人财物；四是不得害心系缚，破坏成

---

① 《大萨遮尼乾子所说经》卷四，《大正藏》第9册，第334页上。
② 《妙法莲华经》卷五，第37页上。
③ 《大般涅槃经》卷十一，第432页下。
④ 《大般涅槃经》卷六，第402页中。

功；五是不得长养猫、狸、猪、狗。第一项内容与轻戒第十戒有重复，其他几项基本上是综合大小乘经律而成，与《大般涅槃经》关系尤其密切，很多词句与其相同。关于此戒，还有一点值得注意，在《中阿含经》《长阿含经》及《大般涅槃经》中都提到不能蓄养奴婢，《梵网经》中却没有提到，在轻戒第二十一戒中，又说："尚不蓄奴婢打拍辱骂，日日起三业口罪无量，况故作七逆之罪？"这里似乎不是反对蓄养奴婢，而是反对对奴婢进行打骂。结合这两戒，或许正反映了南北朝时期寺院大量蓄养奴婢的社会现实。①

三十三 观听作恶戒

若佛子，以恶心故观一切男女等斗，军阵兵将劫贼等斗，亦不得听吹贝、鼓角、琴瑟、筝笛、箜篌、歌叫、伎乐之声，不得摴蒲、围棋、波罗赛戏、弹棋、六博、拍球、掷石、投壶八道行城、爪镜、蓍草、杨枝、钵盂、髑髅，而作卜筮，不得作盗贼使命，一一不得作。若故作者，犯轻垢罪。

《佛说菩萨内戒经》四十七戒之二十五：

菩萨不得至博戏淫女舍。②

《四分律》波逸提法第四十八：

若比丘，往观军阵，除余时因缘，波逸提。③

第五十：

---

① 参见王仲荦《魏晋南北朝史》，上海人民出版社1979年版，第867页。
② 《佛说菩萨内戒经》卷一，第1029页中。
③ 《四分律》卷十五，第669页下。

> 若比丘，二宿、三宿军中住，或时观军阵斗战，若观游军、象、马力势者，波逸提。①

《长阿含经》卷十三《阿摩昼经》：

> 摩纳！如余沙门、婆罗门食他信施，专为嬉戏，碁局博奕，八道、十道、百道，至一切道，种种戏笑；入我法者，无如此事。……摩纳！如余沙门、婆罗门食他信施，但习战阵斗诤之事，或习刀杖、弓矢之事，或斗鸡犬、猪羊、象马、牛驼诸畜，或斗男女，及作众声：贝声、鼙声、歌声、舞声，缘幢倒绝，种种伎戏。……摩纳！如余沙门、婆罗门食他信施，行遮道法，邪命自活，召唤鬼神，或复驱遣，或能令住，种种祅祷，无数方道，恐吓于人，能聚能散，能苦能乐，又能为人安胎出衣，亦能咒人使作驴马，亦能使人盲聋瘖痖，现诸技术，叉手向日月，作诸苦行以求利养；入我法者，无如是事。摩纳！如余沙门、婆罗门食他信施，行遮道法，邪命自活，为人咒病，或诵恶术，或为善咒，或为医方、针灸、药石，疗治众病；入我法者，无如是事。摩纳！如余沙门、婆罗门食他信施，行遮道法，邪命自活，或咒水火，或为鬼咒，或诵刹利咒，或诵鸟咒，或支节咒，或是安宅符咒，或火烧、鼠啮能为解咒，或诵别死生书，或读梦书，或相手面，或诵天文书，或诵一切音书；入我法者，无如是事。摩纳！如余沙门、婆罗门食他信施，行遮道法，邪命自活，瞻相天时，言雨不雨，谷贵谷贱，多病少病，恐怖安隐，或说地动、彗星、日月薄蚀，或言星蚀，或言不蚀，如是善瑞，如是恶征；入我法者，无如是事。②

《妙法莲华经·安乐行品第十四》：

---

① 《四分律》卷十六，第 671 页中。
② 《长阿含经》卷十三，第 84 页。

亦不亲近诸有凶戏、相叉相扑及那罗等种种变现之戏。①

《大般涅槃经·圣行品》"息世讥嫌戒"：

> 终不观看象斗、马斗、车斗、兵斗、男斗、女斗、牛斗、羊斗、水牛、鸡雉、鹦鹉等斗；亦不故往观看军阵；不应故听吹贝、鼓角、琴瑟、筝笛、箜篌、歌叫、伎乐之声，除供养佛；摴蒲、围棋、波罗塞戏、师子象斗、弹棋、六博、拍毬、掷石、投壶、牵道、八道行成，一切戏笑悉不观作；终不瞻相手脚面目，不以爪镜、芝草、杨枝、钵盂、髑髅而作卜筮；亦不仰观虚空星宿，除欲解睡。②

《梵网经》此戒包括五项内容：一是不得观一切男女等斗，军阵兵将劫贼等斗；二是不得听吹贝、鼓角、琴瑟、筝笛、箜篌、歌叫、伎乐之声；三是不得摴蒲、围棋、波罗赛戏、弹棋、六博、拍球、掷石、投壶、八道行城；四是不得用爪镜、蓍草、杨枝、钵盂、髑髅作卜筮；五是不得作盗贼使命。《四分律》《长阿含经》《法华经》《菩萨内戒经》等都涉及相关内容，但很明显《梵网经》此戒直接来源于《大般涅槃经》，其表述几乎完全相同。

三十四 坚持守心戒

> 若佛子，护持禁戒，行、住、坐、卧日夜六时读诵是戒，犹如金刚，如带持浮囊欲度大海，如草系比丘，常生大乘善信，自知我是未成之佛，诸佛是已成之佛，发菩提心，念念不去心。若起一念二乘外道心者，犯轻垢罪。

《大般涅槃经·圣行品》：

---

① 《妙法莲华经》卷五，第37页上。
② 《大般涅槃经》卷十一，第432页下。

护戒之心，犹如金刚。善男子，譬如有人带持浮囊欲渡大海。①

《梵网经》此戒包含两项内容：一是要坚持护持、读诵此戒；二是要常生大乘善信，不能起二乘外道心。其中第一项与第十八"无知为师戒"第一项内容有重复，与《大般涅槃经》语句相似；第二项与第八戒、第十五戒、第二十四戒相关。

三十五　不发大愿戒

若佛子，常应发一切愿，孝顺父母、师僧、三宝，愿得好师同学善友知识，常教我大乘经律，十发趣、十长养、十金刚、十地，使我开解，如法修行坚持佛戒，宁舍身命念念不去心。若一切菩萨不发是愿者，犯轻垢罪。

《优婆塞戒经》二十八失意罪之第一戒：

善男子，如佛说言：若优婆塞受持戒已，不能供养父母、师长，是优婆塞得失意罪，不起堕落，不净有作。②

《梵网经》此戒的誓愿有三项内容：一是孝顺父母、师僧、三宝；二是得好师同学善友知识教大乘经律；三是如法修行，坚持佛戒。其中第一项与《优婆塞戒经》有相似处。

三十六　不自作誓戒

若佛子，发十大愿已，持佛禁戒，作是愿言：宁以此身投炽然猛火、大坑、刀山，终不毁犯三世诸佛经律，与一切女人作不净行。

复作是愿：宁以热铁、罗网千重周匝缠身，终不以破戒之身受于

---

① 《大般涅槃经》卷十一，第 432 页下。
② 《优婆塞戒经》卷三，第 1049 页下。

信心檀越一切衣服。

复作是愿：宁以此口吞热铁丸，及大流猛火，经百千劫，终不以破戒之口食信心檀越百味饮食。

复作是愿：宁以此身卧大猛火罗网热铁地上，终不以破戒之身受信心檀越百种床座。

复作是愿：宁以此身受三百矛刺，经一劫、二劫，终不以破戒之身受信心檀越百味医药。

复作是愿：宁以此身投热铁镬，经百千劫，终不以破戒之身受信心檀越千种房舍屋宅园林田地。

复作是愿：宁以铁锤打碎此身从头至足令如微尘，终不以破戒之身受信心檀越恭敬礼拜。

复作是愿：宁以百千热铁刀矛挑其两目，终不以破戒之心视他好色。

复作是愿：宁以百千铁锥遍劖刺耳根，经一劫、二劫，终不以破戒之心听好音声。

复作是愿：宁以百千刃刀割去其鼻，终不以破戒之心贪嗅诸香。

复作是愿：宁以百千刃刀割断其舌，终不以破戒之心食人百味净食。

复作是愿：宁以利斧斩斫其身，终不以破戒之心贪著好触。

复作是愿：愿一切众生悉得成佛。

而菩萨若不发是愿者，犯轻垢罪。

《大般涅槃经·圣行品》：

菩萨摩诃萨受持如是诸禁戒已，作是愿言：宁以此身投于炽然猛火深坑，终不毁犯过去未来现在诸佛所制禁戒，与刹利女、婆罗门女、居士女而行不净。复次，善男子，菩萨摩诃萨复作是愿：宁以热铁周匝缠身，终不敢以破戒之身受于信心檀越衣服。复次，善男子，菩萨摩诃萨复作是愿：宁以此口吞热铁丸，终不敢以毁戒之口食于信心檀越饮食。复次，善男子，菩萨摩诃萨复作是愿：宁卧此身大热铁上，终不敢以破戒之身受于信心檀越床敷卧具。复次，善男子，菩萨摩诃萨复作是愿：我宁以身受三百矛，终不敢以毁戒之身受于信心檀越医药。复次，善男子，菩萨摩诃萨复作是愿：宁以此身投热铁镬，不以破戒受于信心檀越房舍屋宅。复次，善男子，菩萨摩诃萨复作是愿：宁以铁挝打碎此身从头至足令如微尘，不以破戒受诸刹利、婆罗门居士恭敬礼拜。复次，善男子，菩萨摩诃萨复作是愿：宁以热铁挑其两目，不以染心视他好色。复次，善男子，菩萨摩诃萨复作是愿：宁以铁锥遍身挽刺，不以染心听好音声。复次，善男子，菩萨摩诃萨复作是愿：宁以利刀割去其鼻，不以染心贪嗅诸香。复次，善男子，菩萨摩诃萨复作是愿：宁以利刀割裂其舌，不以染心贪著美味。复次，善男子，菩萨摩诃萨复作是愿：宁以利斧斩斫其身，不以染心贪著诸触。何以故？以是因缘能令行者堕于地狱、畜生、饿鬼。迦叶，是名菩萨摩诃萨护持禁戒。菩萨摩诃萨护持如是诸禁戒已，悉以施于一切众生，以是因缘愿令众生护持禁戒，得清净戒、善戒、不缺戒、不析戒、大乘戒、不退戒、随顺戒、毕竟戒，具足成就波罗蜜戒。①

《梵网经》此戒有十三誓愿：（1）终不毁犯三世诸佛经律，与一切女人作不净行；（2）不以破戒之身受信心檀越一切衣服，（3）百味饮食，（4）百种床座，（5）百味医药，（6）千种房舍、屋宅、园林、田地，（7）恭敬礼拜；（8）不以破戒之心视他好色，（9）听好音声，（10）贪嗅诸香，（11）食人百味净食，（12）贪著好触；（13）愿一切众生悉得成佛。《大般涅槃经》在讲完"性重戒"和"息世讥嫌戒"之后有菩萨十二誓愿，并在最后指出菩萨应将这些誓愿施与一切众生，愿众生具足成就波罗蜜戒。可以看出，《梵网经》十三誓愿正是将《大般涅槃经》的十二誓愿与最后的要求合并到一起形成的。无论从形式上看（先受持禁戒，再发愿），还是发愿的具体文字，《梵网经》此戒内容都与《大般涅槃经》基本相同。

三十七　故入难处戒

若佛子，常应二时头陀，冬夏坐禅，结夏安居，常用杨枝、澡

---

① 《大般涅槃经》卷十一，第433页上。

豆、三衣、瓶钵、坐具、锡杖、香炉、漉水囊、手巾、刀子、火燧、镊子、绳床、经律、佛像、菩萨形像，而菩萨行头陀时及游方时，行来百里、千里，此十八种物常随其身。头陀者，从正月十五日至三月十五日，八月十五日至十月十五日，是二时中，此十八种物常随其身，如鸟二翼。若布萨日，新学菩萨，半月半月布萨，诵十重四十八轻戒。时于诸佛菩萨形像前，一人布萨即一人诵，若二人三人，乃至百千人，亦一人诵。诵者高座，听者下坐，各各披九条、七条、五条袈裟。结夏安居一一如法。若头陀时，莫入难处。若国难恶王，土地高下，草木深邃，师子虎狼，水火风难，及以劫贼、道路、毒蛇，一切难处，悉不得入。若头陀行道，乃至夏坐安居，是诸难处悉不得入。若故入者，犯轻垢罪。

《优婆塞戒经》二十八失意罪第十七戒：

若优婆塞受持戒已，若不储蓄僧伽梨衣、钵盂、锡杖，是优婆塞得失意罪。①

第十一戒：

若优婆塞受持戒已，险难之处，无伴独行，是优婆塞得失意罪。②

《四分律》"受戒揵度"：

佛言，自今已去，有八难事及余因缘二人、三人听一时作羯磨不得过。所谓难处者，一、王，二、贼，三、火，四、水，五、病，六、人，七、非人，八、失梨［沙/虫］虫。③

---

① 《优婆塞戒经》卷三，第1050页上。
② 同上书，第1049页下。
③ 《四分律》卷三十四，第805页中。

《四分律》悔过法第四：

　　有难兰若受食戒。

《四分律》"说戒揵度"：

　　自今已去，听布萨日说戒。①

《大般涅槃经·圣行品》"息世讥嫌戒"：

　　所受衣服才足覆身，进止常与三衣钵具，终不舍离，如鸟二翼。②

《大方等陀罗尼经》菩萨二十四重戒之二十：

　　若有菩萨于栴陀罗处，若恶人处，若恶狗处，声闻、二乘人处，如是诸难悉不得往，除已急事，是名犯第二十重戒。③

　　《梵网经》此戒有四项内容：一是头陀时十八物随身；二是布萨时诵《梵网经》菩萨戒，及布萨的仪式；三是结夏安居时一一如法；四是头陀时、夏坐安居时不得入难处。这四项内容声闻戒中都有涉及，只是具体要求不同。按声闻戒要求，比丘随身携带的物品有六种：僧伽梨（大衣）、郁多罗僧（上衣）、安陀会（中衣）、钵、尼师坛（敷布坐卧之具）、饮水所用之漉水囊。《梵网经》却提到了头陀时需要随身携带十八种物的说法，比较独特。十八种物中除了比丘六物，还增加了比丘生活中需要的其他一些物品，更为重要的是增加了经律、佛、菩萨形象，体现了大乘佛教的特色。布萨，据丁福保《佛学大辞典》："原为

---

① 《四分律》卷三十五，第 817 页下。
② 《大般涅槃经》卷十一，第 432 页下。
③ 《大方等陀罗尼经》卷一，第 645 页中。

梵语 Upavasatha，变于巴利 Uposatha，失梵语之原形，而为 Posadha。具曰布沙他，布洒他，逋沙他，襃沙陀，布萨陀婆，译曰净住，善宿，又曰长养。出家之法，每半月（十五日与廿九日或三十日），集众僧说戒经，使比丘住于净戒中。能长养善法，又在家之法，于六斋日持八戒而增长善法，谓之布萨。"也就是说，对于出家众，每半月要布萨，那时要说戒经（对比丘而言应为声闻戒经）；对于在家人，六斋日要布萨，这时要持八戒。《梵网经》强调布萨时诵菩萨戒，正体现了以《梵网经》菩萨戒取代声闻戒的意向。

三十八　众坐乖仪戒

若佛子，应如法次第坐，先受戒者在前坐，后受戒者在后坐，不问老、少，比丘、比丘尼，贵人、国王、王子，乃至黄门奴婢，皆应先受戒者在前坐，后受戒者次第而坐。莫如外道痴人，若老若少，无前无后，坐无次第，兵奴之法。我佛法中先者先坐，后者后坐。而菩萨不次第坐者，犯轻垢罪。

《四分律》卷五十九"毗尼增一"：

若复不能随顺教化居士令信者，诸比丘不与汝同羯磨说戒自恣共住同一坐，于小食、大食上不以次坐，无迎逆、执手、礼拜问讯；若汝能随顺教化彼居士令信者，当与汝同羯磨乃至礼拜问讯。①

声闻律中一项基本的规定就是按照受戒的次序依次而坐。《梵网经》此戒吸取了声闻戒的基本精神。在声闻戒中不同的戒是有高低次第的，所受的戒若相同，按受戒时间排次第；若所受戒不同则按比丘戒、比丘尼戒、沙弥戒、沙弥尼戒等次序。《梵网经》中所指的戒当然是指十重四十八轻的菩萨戒，这里似乎取消了声闻戒中不同种类的层次，也取消了世俗社会的等级贵贱，要求统一按照受菩萨戒的先后来排座次。这是一项具有

---

① 《四分律》卷五十九，第1002页上。

革命精神的规定，必将引起很大的争论，在后面的章节中我们会看到这些争论的具体情况及其所涉及的主要问题。

三十九　应讲不讲戒

若佛子，常应教化一切众生，建立僧房、山林、园田、立作佛塔，冬夏安居，坐禅处所，一切行道处，皆应立之。而菩萨应为一切众生讲说大乘经律，若疾病、国难、贼难、父母、兄弟、和尚、阿阇梨亡灭之日，及三七日，乃至七七日，亦应读诵讲说大乘经律，斋会求福，行来治生。大火所烧，大水所漂，黑风所吹船舫，江河、大海罗刹之难，亦应读诵讲说此经律。乃至一切罪报、三报、七逆、八难，杻械、枷锁系缚其身，多淫、多瞋、多愚痴、多疾病，皆应读诵讲说此经律。而新学菩萨若不尔者，犯轻垢罪。

《菩萨地持经》轻戒之第七戒：

若菩萨于凶恶犯戒众生以嗔恨心，若自舍、若遮他令舍不教化者，是名为众多犯，是犯染污起。

《梵网经》此戒包括两项内容：一是菩萨常应教化一切众生，建立僧房、山林、园田、佛塔等；二是菩萨应为一切众生讲说大乘经律。第二项中又列举了各种情况，其中需要注意的是这里提到父母、兄弟、和尚、阿阇梨亡灭之日，及三七日，乃至七七日，应读诵讲说大乘经律。第二项与《菩萨地持经》轻戒之第七戒有相似处，第三项与第二十戒有重复，但也有差异。第二十戒提到"若父母兄弟死亡之日应请法师讲《菩萨戒经》"，此戒将需要讲经的时间扩大为"亡灭之日，及三七日，乃至七七日"，讲经超度的对象增加了"和上、阿阇离"。讲经者似乎也不同，二十戒需要请法师来讲，此戒却是指受了菩萨戒的人自己讲。这些不同和差异表明《梵网经》一方面试图建立一种新的规范，另一方面又经常受到已有规范影响的情形。

四十　受戒非仪戒

佛言：佛子，与人受戒时，不得简择一切国王、王子、大臣、百官、比丘、比丘尼、信男、信女、淫男、淫女、十八梵天、六欲天子、无根、二根、黄门、奴婢，一切鬼神尽得受戒。应教身所著袈裟，皆使坏色，与道相应，皆染使青、黄、赤、黑、紫色一切染衣。乃至卧具，尽以坏色。身所著衣，一切染色。若一切国土中国人所著衣服，比丘皆应与其俗服有异。若欲受戒时，师应问言：汝现身不作七逆罪耶？菩萨法师不得与七逆人现身受戒。七逆者，出佛身血、杀父、杀母、杀和上、杀阿阇梨、破羯磨转法轮僧、杀圣人。若具七遮，即现身不得戒。余一切人尽得受戒。出家人法不向国王礼拜，不向父母礼拜，六亲不敬，鬼神不礼。但解师语，有百里、千里来求法者，而菩萨法师，以恶心而不即与授一切众生戒者，犯轻垢罪。

《四分律》波逸提法第六十：

若比丘，得新衣，应三种坏色；一一色中随意坏：若青、若黑、若木兰。若比丘，不以三种坏色：若青、若黑、若木兰，著余新衣者，波逸提。①

《四分律》卷五十"房舍揵度"：

不应礼白衣。②

《四分律》"受戒揵度"：

自今已去，听问十三难事，然后授具足戒，白四羯磨，当作如是

---

① 《四分律》卷十六，第676页下。
② 《四分律》卷五十，第940页上。

问：汝不犯边罪？汝不犯比丘尼？汝非贼心入道？汝非坏二道？汝非黄门？汝非杀父、杀母？汝非杀阿罗汉？汝非破僧？汝不恶心出佛身血？汝非是非人？汝非畜生？汝非有二形耶？①

《大般涅槃经·如来性品》：

出家人不应礼敬在家人。②

《梵网经》此戒包括四项内容：一是与人授戒时，不得拣择身份地位；二是授戒时，受戒者应著坏色衣服、卧具；三是犯七逆罪者不得受戒；四是出家人法不向国王礼拜，不向父母礼拜，六亲不敬，鬼神不礼。这几项内容，在《四分律》中都有相关规定。第一、第三项涉及受戒者的资格。第一项是规定哪些众生可以受戒，第三项是规定准备受戒者不能犯有的罪过。与《四分律》相比，《梵网经》的授戒对象要求更为严格，不得受戒者范围更广，不仅包括了《四分律》所排斥的一些人（黄门、二形等），还包括了天和鬼神。《四分律》规定犯了五逆就没有资格受戒，《梵网经》却提出"七逆"的说法。七逆，是在原有的五逆之外，增加杀和上、杀阿阇梨。和尚、阿阇梨是师僧，对其重视，正体现了中国社会中尊重"师"长的传统。第一、第四项都与政治有关。第四项，将印度佛教中"不礼敬在家人"的规定具体化为"不向国王礼拜，不向父母礼拜，六亲不敬"，正体现了中国社会君、亲所具有的重要位置。

四十一　无德诈师戒

若佛子，教化人起信心时，菩萨与他人作教诫法师者，见欲受戒人，应教请二师和上、阿阇梨。二师应问言：汝有七遮罪不？若现身有七遮，师不应与受戒。无七遮者得受。若有犯十戒者，应教忏悔，在佛、菩萨形像前，日夜六时诵十重四十八轻戒。若到礼三世千佛，

---

① 《四分律》卷三十五，第814页下。
② 《大般涅槃经》卷六，第399页下。

得见相。若一七日、二、三七日，乃至一年要见好相。好相者，佛来摩顶，见光见华，种种异相，便得灭罪。若无好相，虽忏无益。是人现身，亦不得戒，而得增受戒。若犯四十八轻戒者，对首忏，罪灭，不同七遮。而教诫师于是法中一一好解。若不解大乘经律若轻若重是非之相，不解第一义谛，习种性、长养性、不可坏性、道种性、正性，其中多少、观行出入、十禅支一切行法，一一不得此法中意，而菩萨为利养故、为名闻故，恶求、多求贪利弟子，而诈现解一切经律，为供养故，是自欺诈，亦欺诈他人。故与人受戒者，犯轻垢罪。

《四分律》卷三十三"受戒揵度"：

  自今已去，听满十人当受具足戒，白四羯磨，当如是授具足戒：欲受戒者，偏露右臂，脱革屣，礼僧足，右膝着地，合掌作如是白：大德僧听，我某甲，从某甲求受具足戒。我某甲，今从众僧乞受具足戒，某甲为和尚。愿僧济度我，慈愍故。如是第二、第三说。众中当差堪能羯磨者，如上当作如是白：大德僧听，此某甲，从某甲求受具足戒，此某甲今从众僧乞受具足戒，某甲为和尚。若僧时到僧忍听，与某甲受具足戒，某甲为和尚。白如是：大德僧听，此某甲，从某甲求受具足戒。此某甲，今从众僧乞受具足戒，某甲为和尚。谁诸长老忍，僧与某甲受具足戒，某甲为和尚者默然；谁不忍者说。此是初羯磨。第二、第三亦如是说。僧已与某甲受具足戒，某甲为和尚竟，僧忍默然故，是事如是持。①
  自今已去，听十岁智慧比丘授人具足戒（受戒师为和上）。②

卷三十四"受戒揵度"：

  自今已去，听十岁智慧比丘受人依止（依止师为阿阇梨）。③

---

① 《四分律》卷三十三，第799页下。
② 同上书，第800页下。
③ 《四分律》卷三十四，第803页下。

《菩萨地持经·菩萨地持方便处戒品之余》：

佛于处处修多罗中说律仪戒、摄善法戒、摄众生戒。律仪戒摄，此是菩萨藏摩得勒伽和合说。菩萨当精勤受持，起上恭敬，专心修学，从他正受。已极清净欲学心、菩提心、利众生心，从初受戒专精护持。若有所犯，即如法忏悔。此一切菩萨犯，当知突吉罗摄，当向大小乘人能解语，能受悔者如法忏悔。若菩萨以增上烦恼犯波罗夷处法者，失律仪戒，应当更受。若中烦恼犯波罗夷处法者，当向三人，若过三人，长跪合掌作突吉罗忏悔，称先所犯罪名，作是说言：大德忆念，我某甲，舍菩萨毗尼。如前所说事，犯突吉罗罪。余如比丘突吉罗忏悔法说。若下烦恼犯波罗夷处法及余所犯，向一人忏悔。若无如法人，当起清净心念言：我终不重犯此罪，于未来世中常摄持律仪戒。若能如是，所犯即除。若无如是具足功德人可从受菩萨戒者，是菩萨应于佛像前自受。应如是受，整衣服偏袒右肩，右膝着地曲身合掌，作如是言：我某甲白十方世界一切诸佛及入大地诸菩萨众，我今于诸佛菩萨前受一切菩萨戒，律仪戒、摄善法戒、摄众生戒。此诸戒是过去一切菩萨已学，未来一切诸菩萨当学，现在一切菩萨今学。第二第三亦如是说。说已应起，余如前说。若菩萨所犯无无余犯，如世尊说菩萨起瞋烦恼，犯应更受，非贪欲起。当知此意，菩萨起爱念众生为增上，凡有所作一切能作菩萨所作非作所作，犯应更受。菩萨瞋众生者，不能自度度他，亦不能作菩萨所作。如是不作所作，犯应当更受。当知菩萨软中上犯，如四摄品说。①

《大般涅槃经·如来性品》：

又解脱者，名曰虚寂，无有不定。不定者，如一阐提究竟不移，犯重禁者不成佛道无有是处。何以故？是人若于佛正法中心得净信，

---

① 《菩萨地持经》卷五，第 917 上—中。

尔时即便灭一阐提。若复得作优婆塞者，亦得断灭于一阐提。犯重禁者，灭此罪已，则得成佛。是故若言毕定不移不成佛道无有是处，真解脱中都无如是灭尽之事。又虚寂者堕于法界，如法界性即真解脱，真解脱者即是如来。又一阐提若尽灭者则不得称一阐提也。何等名为一阐提耶？一阐提者断灭一切诸善根，本心不攀缘一切善法，乃至不生一念之善。真解脱中都无是事，无是事故即真解脱，真解脱者即是如来。①

《大般涅槃经·一切大众所问品》：

尔时，纯陀复白佛言：世尊，所言破戒，其义云何？答言：纯陀，若犯四重及五逆罪诽谤正法，如是等人名为破戒。纯陀复问：如是破戒可拔济不？答言：纯陀，有因缘故则可拔济。若被法服，犹未舍远，其心常怀惭愧恐怖而自考责：咄哉！何为犯斯重罪？何期怪哉造斯苦业！其心改悔，生护法心，欲建正法，有护法者我当供养，若有读诵大乘典者我当咨问。受持读诵既通利已，复当为他分别广说。我说是人不为破戒。何以故？善男子，譬如日出能除一切尘翳暗冥，是大涅槃微妙经典出兴于世亦复如是，能除众生无量劫中所作众罪，是故此经说护正法得大果报拔济破戒。若有毁谤是正法者，能自改悔还归于法，自念所作一切不善。如人自害心生恐怖惊惧惭愧，除此正法更无救护，是故应当还归正法。若能如是如说归依布施，是人得福无量。②

《虚空藏菩萨经》（初发心菩萨八根本罪）：

复次，善男子，未来世中，初发心菩萨语在家、出家初发心菩萨言：修多罗中甚深空义，及以三昧诸陀罗尼忍辱之地种种庄严，是大明智诸菩萨等所可观行，受持读诵大乘经典，又能为他分别演说。我

---

① 《大般涅槃经》卷五，第393页中。
② 《大般涅槃经》卷十，第425页中。

自解了以慈悲故为汝等说，汝等亦当随所说行，于深妙法而得知见。彼初发心菩萨不作是言：我读诵思惟从他闻解，而言自得，皆是贪求利养因缘而自炫卖，违负三世诸佛菩萨及众贤圣，犯于大乘最深重罪，失人天路，尚不能得声闻、辟支佛乘，何由渐进到于大乘？……彼初发心菩萨亦复如是。人身难得，今已得之，遇善知识发大乘心，而贪利养轻自炫卖，犯重根本罪，违负三世诸佛菩萨，为诸贤圣之所弃舍，堕于恶趣。是故婆罗门、刹利、毗舍、首陀罗，不应亲近此恶菩萨。若亲近者，亦皆得罪。余如上说。是名初发心菩萨犯于第六根本重罪。①

《梵网经》此戒包括五项内容：一是作教诫法师者，见欲受戒人，应教请二师和尚、阿阇梨；二是受戒条件，无七遮罪；三是犯十戒的忏悔方法；四是犯四十八轻戒灭罪方法；五是教诫师应该具备的资格。其中，第二项与上一戒内容有重复。这几项内容实际上包含授戒师（从文意看教诫师就是授戒师，相当于声闻律中提到的和尚）人数、资格，受戒者具备的条件，犯戒后的处置方式。这些都是戒律中的重要问题，《四分律》《菩萨地持经》都有涉及，但都不属于戒律条文，具体规定也有很大差异。关于授戒师，在声闻律中，受戒时除了有一位直接从其受戒法的和上，还需要有九位受戒十年以上的比丘担任戒师。受戒之后还可以找一位阿阇梨作为依止师。《梵网经》却将和尚和阿阇梨放在一起，作为受戒时的戒师。关于犯戒后的处置方式，《四分律》中根据犯戒的不同类型在相应的位置做了规定，与《梵网经》中关于犯十戒、四十八轻戒的处置有很大差异（参见第三章第四节）。《大般涅槃经》对犯戒后的处置方式也有不少论述，体现了很大的灵活性，似乎重罪都可以通过忏悔除灭，这个问题后文将详细论述。《梵网经》第五项内容与《虚空藏菩萨经》所说有相似处，但前者是针对教诫师，后者则针对初发心菩萨；前者是不解经律，诈言解，后者是从他闻解，而言自解。但二者所说的目的基本相同，都是为贪求利养而说谎，其实都可以归入妄语戒。

---

① 《虚空藏菩萨经》卷一，《大正藏》第13册，第653页下。

四十二　非处说戒戒

若佛子，不得为利养故，于未受菩萨戒者前，若外道恶人前，说此千佛大戒。邪见人前，亦不得说。除国王，余一切不得说。是恶人辈不受佛戒，名为畜生，生生不见三宝，如木石无心，名为外道邪见人辈，木头无异。而菩萨于是恶人前说七佛教戒者，犯轻垢罪。

《菩萨地持经》：

菩萨受菩萨戒者，诽谤违逆菩萨藏者，不向其说，亦不教义。何以故？彼闻已不信，无知覆障故而生诽谤。如是谤者，如受菩萨戒，无量功德聚。谤者罪报，亦复如是。乃至不舍恶言、恶见、恶觉，终不舍离，如是罪业菩萨欲受菩萨戒时，智者应先为说菩萨摩得勒伽藏，说菩萨戒及犯戒相，令受戒者自心观察，智慧思惟：我堪受戒，非效他受。是名坚固菩萨，如是人者，应受菩萨戒。①

《菩萨善戒经》：

既受戒已，不应向彼不信者说，乃至不向谤大乘者说。何以故？若不信者，以是因缘，堕地狱故。是故菩萨不应向说。②

《四分律》波逸提法第六：

与未受具人同诵戒。③

波逸提法第八：

---

① 《菩萨地持经》卷五，第913页上。
② 《菩萨善戒经》卷一，第1014页下。
③ 《四分律》卷十一，第638页下。

若比丘知比丘犯粗恶罪，向未受大戒人说者，波逸提。①

《四分律》"说戒揵度"：

不应在未受大戒人前作羯磨说戒。②

《妙法莲华经·譬喻品》：

又舍利弗，憍慢懈怠，计我见者，莫说此经。凡夫浅识，深著五欲，闻不能解，亦勿为说。若人不信，毁谤此经，则断一切，世间佛种。③

《虚空藏菩萨经》：

复次，善男子，初发心菩萨趣向大乘，有八根本罪犯波罗夷，先所修习一切善根皆悉烧然，堕于恶趣，离安隐处，失人天乐，亦失大乘境界之乐，久在生死离善知识。何等为八？谓彼菩萨宿业因缘生五浊世，有余善根近善知识，归趣甚深大乘之法，发无上心，智慧微浅，是初发心菩萨，又从他闻甚深空法，读诵受持，复于少智愚痴人前读诵解说，余人闻已，惊疑怖畏，于阿耨多罗三藐三菩提心生退没，乐声闻乘，是名初发心菩萨犯于第一根本重罪，先所修习一切善根皆悉烧然，堕于恶趣，离安隐处，失人天乐，及以大乘境界之乐，坏菩提心。④

《梵网经》此戒主要规定不得为了利养，向未受菩萨戒者（主要是指外道恶人、邪见人）说此大戒。《瑜伽》系菩萨戒对此也有规定，但不属于戒律条文，强调的是不得向诽谤违逆菩萨藏者说。《四分律》有类似规

---

① 《四分律》卷十一，第 639 页上。
② 《四分律》卷三十六，第 829 页下。
③ 《妙法莲华经》卷二，第 15 页中。
④ 《虚空藏菩萨经》卷一，第 652 页下。

定，但所说戒是指具足戒，且只是不准在未受具足戒人面前羯磨说戒，因为只有受具足戒者才有羯磨法。《虚空藏菩萨经》初发心菩萨八根本罪中第一根本罪就是不得向少智愚痴人说大乘法。《法华经》也有类似规定。《梵网经》的规定中特别指出"除国王"，也就是说这一菩萨戒可以向国王讲说，这体现了其对政治的一种态度。

四十三　故毁禁戒戒

若佛子，信心出家，受佛正戒，故起心毁犯圣戒者，不得受一切檀越供养，亦不得国王地上行，不得饮国王水，五千大鬼常遮其前。鬼言大贼，若入房舍、城邑、宅中，鬼复常扫其脚迹，一切世人骂言佛法中贼，一切众生眼不欲见。犯戒之人畜生无异，木头无异。若毁正戒者，犯轻垢罪。

此戒并没有提出新的规定，只是强调不得毁犯正戒，指出毁戒会引来人神共愤。

四十四　不敬经律戒

若佛子，常应一心受持读诵大乘经律，剥皮为纸，刺血为墨，以髓为水，析骨为笔，书写佛戒。木皮、谷纸、绢素、竹帛，亦应悉书持。常以七宝无价香花一切杂宝，为箱囊盛经律卷。若不如法供养者，犯轻垢罪。

《菩萨地持经》轻戒之第一戒：

若菩萨住律仪戒，于一日一夜中，若佛在世，若佛塔庙，若法，若经卷，若菩萨修多罗藏，若菩萨摩得勒伽藏，若比丘僧，若十方世界大菩萨众，若不少多供养乃至一礼，乃至不以一偈赞叹三宝功德，乃至不能一念净心者。是名为犯众多犯。①

《大方广佛华严经》卷四十：

> 复次，善男子！言常随佛学者：如此娑婆世界毗卢遮那如来，从初发心精进不退，以不可说不可说身命而为布施；剥皮为纸，折骨为笔，刺血为墨，书写经典，积如须弥，为重法故，不惜身命。②

《大般涅槃经》卷十四：

> 世尊我于今者实能堪忍。剥皮为纸，刺血为墨，以髓为水，折骨为笔。书写如是大涅盘经。书已读诵令其通利。然后为人广说其义。③

《梵网经》此戒包括三项内容：一是受持读诵大乘经律；二是以各种苦行书写受持佛戒；三是常以七宝、无价香花、一切杂宝如法供养经律。此戒是在强调菩萨对待大乘经律应有的态度，其中第一项与第三十九戒，第二项与第十六戒多有重复，其文字与《大方广佛华严经》，尤其是《大般涅槃经》基本一致。第三项与《菩萨地持经》有相似处。

四十五 不化众生戒

> 若佛子，常起大悲心，若入一切城邑、舍宅，见一切众生，应当唱言：汝等众生尽应受三归、十戒。若见牛、马、猪、羊一切畜生，应心念口言：汝是畜生，发菩提心。而菩萨入一切处山林川野，皆使一切众生发菩提心。是菩萨若不教化众生者，犯轻垢罪。

---

① 《菩萨地持经》卷五，第913页下。
② 《大方广佛华严经》卷四十，《大正藏》第10册，第845页下。
③ 《大般涅槃经》卷十四，第449页上。

《菩萨善戒经》轻戒之第六戒：

若菩萨无伴独行至白衣家，得错谬罪。若到白衣舍不能说法开示教化令其供养佛法僧宝，是名犯重，不名八重。不犯者，若病，若暗钝，若狂，若远请，若道路恐难知不受请令彼调伏，若先受请，若勤修善法时，若未闻义为欲闻故，若知请主心不真实，若受彼请恐多人嗔，若僧制。①

《梵网经》此戒教化的对象是一切众生，教化的内容是三皈、十戒（应指十重戒），这项规定极难做到。《菩萨善戒经》只要求到白衣舍应该教化，令其供养三宝，要求比较合理。

四十六　说法乖仪戒

若佛子，常行教化，起大悲心，入檀越贵人家，一切众中，不得立为白衣说法，应白衣众前高座上坐。法师比丘不得地立为四众说法。若说法时，法师高座，香花供养，四众听者下坐。如孝顺父母，敬顺师教，如事火婆罗门。其说法者若不如法，犯轻垢罪。

《菩萨善戒经》：

菩萨坐时见王长者，起者得罪。若先加趺见王长者，跪者得罪。若先衣不整见王长者，毁容整服者得罪。若王长者说恶语时，随意称赞者得罪。②

《四分律》众学法第八十六：

人坐己立，不得为说法，除病，尸叉罽赖尼。

---

① 《菩萨善戒经》卷一，第 1015 页下。
② 同上书，第 1017 页下。

第八十七：

人卧己坐，不得为说法，除病，尸叉罽赖尼。

第八十八：

人在座，己在非座，不得为说法，除病，尸叉罽赖尼。

第八十九：

人在高坐，己在下坐，不得为说法，除病，尸叉罽赖尼。①

《仁王般若波罗蜜护国经·嘱累品第八》：

比丘地立，白衣高坐。②

此戒，《四分律》《菩萨善戒经》《仁王般若波罗蜜护国经》等都有论述，体现了佛教的尊贵性和相对于王权、世俗社会的独立性。《梵网经》的特别之处在于将这种做法与孝联系在一起。

四十七　非法立制戒

若佛子，皆以信心受佛戒者，若国王、太子、百官四部弟子，自恃高贵，破灭佛法戒律，明作制法，制我四部弟子，不听出家行道，亦复不听造立形像、佛塔、经律，破三宝之罪。而故作破法者，犯轻垢罪。

---

① 《四分律》卷二十一，第712页下。
② 《仁王般若波罗蜜护国经》卷二，《大正藏》第8册，第833页中。

《仁王般若波罗蜜护国经·嘱累品第八》：

> 后五浊世，比丘、比丘尼、四部弟子，天龙八部，一切神王，国王大臣太子王子，自恃高贵，灭破吾法，明作制法，制我弟子比丘、比丘尼：不听出家、行道，亦复不听造作佛像形、佛塔形；立统官制众，安籍记僧；比丘地立，白衣高坐；兵奴为比丘；受别请法；知识比丘共为一心，亲善比丘为作斋会，求福如外道法，都非吾法。当知尔时正法将灭不久。①

《虚空藏菩萨经》"国王所犯五根本罪"：

> 善男子，所谓灌顶刹利王，领国土有自在力，取兜婆物及四方僧物，或教人取，是则名犯初根本罪。复次，善男子，灌顶刹利王领国土有自在力，毁谤正法，舍声闻乘、辟支佛乘，舍无上乘，又制他人不令修学，是名第二犯根本罪。复次，善男子，灌顶刹利王领国土有自在力，若复有人以如来故，剃除须发，身被法服，持戒毁戒，有戒无戒，脱其袈裟，逼令还俗，或加杖捶，或复系缚，或截手足，乃至断命，自作使他，造如此恶，是名第三犯根本罪。复次，善男子，灌顶刹利王领国土，有自在力，作五逆罪。何等为五？一者杀母，二者害父，三者杀阿罗汉，四者破和合僧，五者出佛身血。如是五无间罪若犯一者，是则名为犯根本罪，是名第四犯根本罪。复次，善男子，灌顶刹利王领国土有自在力，谤无因果，不畏未来，造十恶业道，亦教他人令行十恶，是名第五犯根本罪。

"大臣所犯五根本罪"：

> 复次，善男子，大臣亦有五根本罪犯波罗夷。若有犯者，先所修习一切善根皆悉烧然，堕于恶趣，离安隐处，永失一切天人之乐。何等为

---

① 《仁王般若波罗蜜护国经》卷二，《大正藏》第8册，第833页中。

五？谓彼大臣统理国土，依倚王力，取兜婆物及四方僧物，或教人取，是则名犯初根本罪。复次，善男子，若彼大臣统理国土依倚王力，破坏村邑、城郭、国土，或教人破，是名第二犯根本罪。复次，善男子，若彼大臣统理国土依倚王力，毁谤正法，舍声闻乘、辟支佛乘，舍无上乘，亦制他人不令修学，是名第三犯根本罪。复次，善男子，若彼大臣统理国土依倚王力，若见有人以如来故，剃除须发，身被法服，持戒毁戒，有戒无戒，脱其袈裟，逼令还俗，或加杖捶，或复系缚，或截手足，乃至断命，自作使他，造如此恶，是名第四犯根本罪。复次，善男子，若彼大臣统理国土依倚王力作五逆罪。何等为五？一者杀母，二者害父，三者杀阿罗汉，四者破和合僧，五者出佛身血。如是五无间罪若犯一者，是则名为犯根本罪，是名第五犯根本罪。①

《大萨遮尼乾子所说经·王论品第五之二》：

　　大王！有五种罪，名为根本。何等为五？一者、破坏塔寺，焚烧经像，或取佛物、法物、僧物，若教人作、见作助喜，是名第一根本重罪。若谤声闻、辟支佛法及大乘法，毁訾留难、隐蔽覆藏，是名第二根本重罪。若有沙门信心出家，剃除须发，身着染衣，或有持戒、或不持戒，系闭牢狱、枷锁打缚，策役驱使、责诸发调，或脱袈裟逼令还俗，或断其命，是名第三根本重罪。②

《梵网经》此戒包括五项内容：一是不得自恃高贵破灭佛法戒律；二是不得制定规定限制佛教四众弟子；三是不得限制学佛者出家；四是不得限制制作佛像、佛塔、经律；五是不得破坏三宝。这些内容基本上与《仁王般若波罗蜜护国经》的规定相同，目的是为了防止权贵毁坏或限制佛法。《虚空藏菩萨经》和《大萨遮尼乾子所说经》都涉及第三、第四项内容。

---

① 《虚空藏菩萨经》卷一，第651页下。
② 《大萨遮尼乾子所说经》卷四，第336页中。

四十八　自坏内法戒

若佛子，以好心出家，而为名闻利养，于国王百官前说七佛戒，横与比丘、比丘尼、菩萨弟子作系缚事，如师子身中虫自食师子肉，非外道天魔能破。若受佛戒者，应护佛戒如念一子，如事父母。而菩萨闻外道恶人以恶言谤佛戒时，如三百矛刺心，千刀万杖打拍其身等无有异，宁自入地狱经百劫，而不用一闻恶言破佛戒之声，而况自破佛戒？教人破法因缘，亦无孝顺之心。若故作者，犯轻垢罪。

《仁王般若波罗蜜护国经·嘱累品第八》：

大王！我灭度后，未来世中四部弟子，诸小国王太子王子，乃是住持护三宝者，转更灭破三宝，如师子身中虫，自食师子，非外道也。多坏我佛法，得大罪过，正教衰薄，民无正行，以渐为恶，其寿日减，至于百岁。人坏佛教，无复孝子，六亲不和，天神不佑，疾疫恶鬼日来侵害，灾怪首尾，连祸纵横，死入地狱、饿鬼、畜生，若出为人，兵奴果报，如响应声；如人夜书，火灭字存。三界果报，亦复如是。

……

大王！未来世中，诸小国王四部弟子，自作此罪破国因缘，身自受之，非佛法僧。大王！未来世中流通此经，七佛法器，十方诸佛常所行道。诸恶比丘，多求名利，于国王太子王子前，自说破佛法因缘，破国因缘。其王不别，信听此语，横作法制，不依佛戒，是为破佛破国因缘。当尔之时，正法不久。①

《大宝积经·宝梁聚会第四十四》：

迦叶，多有恶比丘坏我佛法。迦叶，非九十五种外道能坏我法，

---

① 《仁王般若波罗蜜护国经》卷二，第 833 页下。

亦非诸余外道能坏我法，除我法中所有痴人。此痴人辈能坏我法。迦叶，譬如师子兽中之王，若其死已，虎狼鸟兽无有能得食其肉者。迦叶，师子身中自生诸虫还食其肉。迦叶，于我法中出如是等诸恶比丘，贪惜利养，为贪利所覆，不灭恶法，不修善法，不离妄语。迦叶，如是比丘能坏我法。①

《梵网经》此戒与《仁王般若波罗蜜护国经》的表述基本一致，《大宝积经·宝梁聚会》也有类似表述，都提到恶比丘对佛法的破坏作用，但前两部经典重点防范的是恶比丘通过政权破坏佛法的行为。《梵网经》第四十七、第四十八戒集中谈到了佛教与政权的关系，是很多人认为《梵网经》形成于汉地的重要依据，后文将详细论述。

综合上列条目，我们可以看出《梵网经》四十八轻戒的内容主要涉及五个方面：一是个人生活方面的要求，如饮食方面（第2戒、3戒、4戒），着衣方面（第40戒）。二是个人不得具有的各种恶行（第10、11、12、13、14、17、18、19、21、29、30、32、33戒），这些内容主要针对当时社会存在的一些现象（如强调复仇、注重门第等）和僧尼容易引起社会讥嫌的行为（如蓄兵器、亲近国王大臣等）。三是僧团生活中应该遵守的规范，如受戒的仪式、犯戒后的忏悔（第23、40、41戒），为僧主时的作为（第25、26戒），请僧的次序（第27、28戒），头陀、布萨、夏安居时的要求（第37戒），座位的次序（第38戒）等。四是救助众生，如供养、救护病人（第9戒），放生（第20戒），救护被贩卖的三宝（第31戒）等。五是维护大乘佛法，如愿学大乘佛法（第35戒），供养大乘法师、请其说法（第6、7、22、24戒），受持读诵菩萨戒（第1、44戒），护持禁戒、不能毁犯（第36、第43戒），教一切众生大乘经律（第15、16、39、45戒），教犯戒众生忏悔（第4戒），不能在未受戒人前说菩萨戒（第42戒），不能地立为白衣说法（第46戒），不能破灭佛法戒律（第47、48戒），不起二乘外道心（第8、34戒）等。

总之，《梵网经》轻戒既包括了个人修行和僧团生活的一些基本

---

① 《大宝积经》卷一百一十三，《大正藏》第11册，第640页中。

方面，也反映了社会上存在的一些不合理现象。重点在于要求受戒者处理好与他人或其他众生的关系，在于树立大乘戒律的独立地位。从对象上看，四十八轻戒涉及与父母师友、国王官员、奴婢仆从、仇敌、一般人等人伦关系中的各个层面，还涉及对其他众生的态度，具有极大的包容性。从要求上看，四十八轻戒体现了对不同众生的不同要求，具有很大的灵活性。如对父母师长要孝顺、恭敬，对同学法友要善意帮助，对国王官员要保持适当距离，对病苦危恶之人要慈悲救护，对奴婢仆从要和善以待，对仇怨之人要宽恕、大度，对一般众生要主动教化，等等。

我们再来看一下四十八轻戒与其他经典中相关内容的关系，看一下哪些戒条是《梵网经》和其他经典都涉及的，哪些戒条是《梵网经》独有的。首先，我们先来看第一方面，这一方面又可以细分为几种不同情况：一是哪些戒条是《瑜伽》系菩萨戒（以《菩萨地持经》和《菩萨善戒经》为依据）涉及的，二是哪些是《优婆塞戒经》[①]涉及的，三是哪些是声闻经律（以《四分律》《阿含经》为依据）涉及的。四是哪些是其他大乘经典涉及的。《梵网经》轻戒虽列有四十八条，但涉及的内容远过于此，唐代法藏法师认为"若寻此文细内，或有一戒中有多种戒，总论向将百种"，接着又列出了轻中带重的有六条（第11、14、17、25、30、32戒），一中含多的有十条（第12、20、23、29、30、32、33、37、39、40戒），则共有79条。[②] 日本学者大野法道将轻戒的内容分为57项。本书为了更清楚看出《梵网经》相关戒条与其他经典的关系，区分得更为详细，同时由于轻中带重的情况涉及对所犯戒律程度的区分，比较复杂，这里先不涉及，而只按照戒条涉及的内容大致区分为101项。兹先根据前面的分析列表如下。

---

① 圣严法师将菩萨戒分为三类：《璎珞经》及《梵网经》为一类，《瑜伽论》《地持经》《善戒经》为另一类，《优婆塞戒经》独成一类（《菩萨戒纲要》，第343页）。此处依据圣严法师的划分，进行比较。

② 参见法藏《梵网经菩萨戒本疏》。

表 1.2　　　　　　　　　《梵网经》与其他经典轻戒对照

《梵网经》		《瑜伽》系	《优婆塞戒经》	《四分律》波罗提木叉部分①	《四分律》揵度部分	四部《阿含经》	《佛说菩萨内戒经》	《大般涅槃经》	《佛垂般涅槃略说教诫经》	《法华经》	《虚空藏菩萨经》	《仁王般若波罗蜜护国经》	《大方等陀罗尼经》	其他
第一戒	1													
	2	有	有	有										
	3			有										
二	1		有	有				有				有		
三	1							有						
四	1			（比丘尼戒条）有	有			有						有
五	1	有	有					有				有		
	2							有						
	3			有				有						
六	1				有			有						
	2													
七	1	有	有											

---

① 广律的内容通常分为两个部分。第一部分根据部派不同称为"经分别"（suttavibhaṅga），"波罗提木叉分别"（Pratimokṣavibhaṅga），汉译广律中有时称为"毗尼"或"毗奈耶"（vinaya）。这一部分内容为律典的基本条文，包括所禁事项与处罚规则，以及对制立因缘、文句释义及运用实例的详细分别。第二部分是揵度（skandha），意为蕴聚，即分类汇编，是关于僧团仪式、作法、生活等方面的规定。有些广律还包含有附录部分。将第一部分的基本条目单辑的文献，称为"波罗提木叉经"（Pratimokṣasutra），意为别解脱经，又称戒本、戒经或戒心。

续表

《梵网经》		《瑜伽》系	《优婆塞戒经》	《四分律》波罗提木叉部分	《四分律》捷度部分	四部《阿含经》	《佛说菩萨内戒经》	《大般涅槃经》	《佛垂般涅槃略说教诫经》	《法华经》	《虚空藏菩萨经》	《仁王般若波罗蜜护国经》	《大方等陀罗尼经》	其他
八	1	有							有					
	2													
九	1	有	有		有									
十	1													
十一	1							有	有					
	2			有										
十二	1						有	有						
十三	1			有										
十四	1			有										
	2													
十五	1													
十六	1													
	2													
	3	有												
十七	1							有	有	有				
十八	1													
	2								有					

续表

		《梵网经》	《瑜伽》系	《优婆塞戒经》	《四分律》波罗提木叉部分	《四分律》犍度部分	四部《阿含经》	《佛说菩萨内戒经》	《大般涅槃经》	《佛垂般涅槃略说教诫经》	《法华经》	《虚空藏菩萨经》	《仁王般若波罗蜜护国经》	《大方等陀罗尼经》	其他
十九	1				有										
二十	1														
	2														
	3														
	4														
二一	1		有											有	
二二	1		有												
二三	1		有												
	2		有												
二四	1		有						有	有					有
二五	2		有												
二六	1				有										
	2														
二七	1		有						有			有			
二八	1						有								

续表

《梵网经》		《瑜伽》系	《优婆塞戒经》	《四分律》波罗提木叉部分	《四分律》捷度部分	四部《阿含经》	《佛说菩萨内戒经》	《大般涅槃经》	《佛垂般涅槃略说教诫经》	《法华经》	《虚空藏菩萨经》	《仁王般若波罗蜜护国经》	《大方等陀罗尼经》	其他
二九	1			有			有							
	2						有							
	3				有		有	有						
	4						有							
	5						有							
	6						有	有						
三十	1													
	2		有											
	3	有												
三一	1													
三二	1													
	2		有	有			有	有						
	3							有						
	4							有						
	5		有				有				有			有
三三	1			有				有						
	2						有	有						
	3						有	有			有			
	4						有	有						
	5													

续表

《梵网经》		《瑜伽》系	《优婆塞戒经》	《四分律》波罗提木叉部分	《四分律》揵度部分	四部《阿含经》	《佛说菩萨内戒经》	《大般涅槃经》	《佛垂般涅槃略说教诫经》	《法华经》	《虚空藏菩萨经》	《仁王般若波罗蜜护国经》	《大方等陀罗尼经》	其他
三四	1							有						
	2													
三五	1		有											
	2													
	3													
三六	1							有						
三七	1		有	有				有						
	2													
	3		有	有								有		
三八	1			有										
三九	1													
	2													
	3													
四十	1			有										
	2			有										
	3			有										
	4			有										

第一章 《梵网经》菩萨戒的源流与特色

续表

《梵网经》		《瑜伽》系	《优婆塞戒经》	《四分律》波罗提木叉部分	《四分律》犍度部分	四部《阿含经》	《佛说菩萨内戒经》	《大般涅槃经》	《佛垂般涅槃略说教诫经》	《法华经》	《虚空藏菩萨经》	《仁王般若波罗蜜护国经》	《大方等陀罗尼经》	其他
四一	1	有			有									
	2	有			有									
	3	有			有									
	4	有			有		有							
	5										有			
四二	1	有		有	有				有		有			
四三	1										有			
四四	1	有												
	2													
	3													
四五	1	有												
四六	1	有		有								有		
四七	1											有	有	有
	2											有		
	3											有		有
	4											有		
	5													
四八	1											有		有

通过上表，结合前面的内容，我们可以看出：一是《梵网经》四十八轻戒所涉及的内容中，《瑜伽》系菩萨戒①涉及的大概有 10 戒 21 项。其中只有第一戒第二项、第五戒第一项、第七戒、第九戒、第二十三戒第二项、第四十四戒第一项与《梵网经》相关戒条意思基本相同，其他戒条内容虽然相关，但具体规定有很大差异，还有一些内容在《梵网经》中属于戒条范围，在瑜伽系菩萨戒中不属于戒条，而是附属的部分。《优婆塞戒经》涉及的有 10 戒 11 项。《四分律》涉及的有 25 戒 29 项（其中两项，波罗提木叉部分与揵度部分都有），其中 14 项属于波罗提木叉部分，16 项属于揵度部分。《阿含经》涉及 3 戒 5 项，都是《四分律》没有涉及的。声闻经律中共涉及 28 戒 34 项。《佛说菩萨内戒经》涉及 5 戒 6 项。《大般涅槃经》涉及 16 戒 28 项。其他主要大乘经典（大概的统计）涉及的还有：《法华经》6 戒 6 项，《佛垂般涅槃略说教诫经》4 戒 5 项，《虚空藏菩萨经》5 戒 5 项，《仁王般若波罗蜜护国经》4 戒 7 项，《大方等陀罗尼经》4 戒 4 项，《大萨遮尼乾子所说经》2 戒 3 项，《大般若经》1 戒，《楞伽阿跋多罗宝经》1 戒，《文殊师利问经》1 戒，《大宝积经》1 戒。总之，四十八轻戒 101 项内容中，其他经典涉及的共有 41 戒 71 项，这些经典包括了《瑜伽》系菩萨戒、声闻经律和大乘经典的主要部类（般若、法华、涅槃、大集、宝积、密部），可见包容性之大。二是《梵网经》四十八轻戒很多内容在声闻戒中都有体现，这表明《梵网经》菩萨戒是以声闻戒为基础形成的，是对声闻戒的继承和扬弃。三是四十八轻戒中，《瑜伽》系菩萨戒戒条涉及的内容都是《四分律》波罗提木叉部分②所没有的，这与重戒的情况一致，正体现了《瑜伽》系菩萨戒与声闻戒的关系：《瑜伽》戒是声闻戒的加行戒，不能单独授受。《梵网经》则是融合了声闻戒中波罗提木叉部分、揵度部分及《瑜伽》系菩萨戒的主要内容，具有完整性和独立性，可以单独授受。四是其他大乘经典中，与

---

① 《瑜伽》系菩萨戒经典主要有《菩萨地持经》《菩萨善戒经》和《瑜伽师地论》，一般认为这三部经典是同本异译。由于《瑜伽师地论》是唐代玄奘翻译的，且其戒条基本同于《菩萨地持经》，这里不引用。关于《菩萨地持经》与《梵网经》轻戒的对比大野法道也列表做了说明，但其只关注具体戒条，且其对于每个戒条的理解与笔者也有很多差异。参考《大乘戒经の研究》，第 271—273 页。

② 《瑜伽》系菩萨戒和《四分律》都涉及的部分，不属于戒条内容，而是揵度的部分。

《梵网经》四十八轻戒关系最密切的是《大般涅槃经》，不仅内容相似的条目最多，很多文字表述也基本相同。《大般涅槃经》是昙无谶于北凉玄始十三年（423）翻译的，《梵网经》既然大量使用了《大般涅槃经》的文字，再次证明其不可能是鸠摩罗什（344—413）所译。以上四点说明四十八轻戒的主要来源为声闻戒、《瑜伽》系菩萨戒和《大般涅槃经》。五是四十八轻戒中，其他经典完全没有涉及的只有第十戒、第十五戒、第二十戒、第二十八戒、第三十一戒、第三十九戒，但把四十八戒细分后，则有很多具体内容其他经典中都没有涉及，这些独有的内容更体现了《梵网经》的特色，后详论。

此外，笔者发现，《梵网经》轻戒与《长阿含经·阿摩昼经》《长阿含经·梵动经》、《四分律·佛说大小持戒揵度》《梵网六十二见经》及《大般涅槃经·圣行品》中关于戒行的部分关系密切。《长阿含经·阿摩昼经》与《长阿含经·梵动经》中关于戒行的部分从内容到文字是基本一致的，《四分律》与《长阿含经》同属于法藏部，这部分内容也基本相同。《梵网六十二见经》是《梵动经》的同本异译，由三国时期支谦于黄武二年至建兴二年（223—253）译出，主要内容是为比丘们解说外道所耽着的六十二种偏邪见解。这六十二种见解，参差交错，就像梵天的罗网，而外道却沉湎其中，如鱼入网，不能出离，故称《梵网六十二见经》，又简称为《梵网经》。[①] 此经在解说六十二见之前介绍了佛教的基本戒行，内容与《长阿含经·梵动经》基本相同，文字存在着不少差异。在此以《阿摩昼经》（因此经在《长阿含经》中位置靠前）为依据，分析其与《梵网经》的关系。

《阿摩昼经》中关于戒行，先说了不杀、不盗、不淫、不妄语、不两舌、不恶口、不绮语（十恶中的前七）、不饮酒、不着香华璎珞，歌舞倡伎不往观听，不坐高床，非时不食，金银七宝不取不用（此六戒与前四戒构成沙弥十戒），然后就是一些细碎的戒行。《梵网经》第十戒、第十一戒、第二十九戒、第三十二戒、第三十三戒的基本内容都包含在《阿

[①] 《梵网六十二见经》与说菩萨戒的《梵网经》名称的含义不同。《梵网经》名称的由来当为："时佛观诸大梵天王网罗幢因为说无量世界犹如网孔，一一世界各各不同，别异无量，佛教门亦复如是。"（《梵网经》卷二，第1003页下）

摩昼经》的戒行之中。《阿摩昼经》这种先说根本戒，后说细碎戒的基本结构也同样体现在《梵网经》十重四十八轻的结构中。

《大般涅槃经·圣行品》集中谈到了菩萨的戒行，将戒分为两种：性重戒和息世讥嫌戒。性重戒是指淫、杀、盗、妄四禁，息世讥嫌戒则与《阿摩昼经》中提到的许多细碎戒行基本一致。根据文字表述及基本内容，我们可以判断《梵网经》轻戒中很大一部分内容应直接来自《大般涅槃经·圣行品》。从这里我们可以看到从《阿含经》到《涅槃经》再到《梵网经》的一种沿袭与变化。大致可以这么说，在戒律方面，从声闻戒到菩萨戒，重要的内容是基本一致的。

《梵网经》下卷其他部分的内容也很有特色。大正藏本《梵网经》上卷与下卷之间有《梵网经菩萨戒序》，这段文字在现存最早的对两卷本《梵网经》做注疏的唐代太贤注本中并不存在，观其形式，与声闻戒本前面"大德僧听"① 部分非常相似，可能是后人根据声闻戒本进行的补充其内容引用了《法句经》《大般涅槃经》和《佛垂般涅槃略说教诫经》的语句。如《佛垂般涅槃略说教诫经》所说："释迦牟尼佛初转法轮，度阿若憍陈如。最后说法，度须跋陀罗。所应度者皆已度讫，于娑罗双树间将入涅槃。是时中夜，寂然无声，为诸弟子略说法要：汝等比丘，于我灭后，当尊重珍敬波罗提木叉，如暗遇明，贫人得宝。当知此则是汝大师，若我住世无异此也。"② 与《梵网经》序中间内容基本相同。

《梵网经》下卷的序分可以分为长行和偈颂两部分。长行包含了三个层次的内容：一是三佛传教（卢舍那佛——千花上佛——千百亿释迦）。二是二佛说法（千花上佛，千百亿释迦），说法地点、内容：妙光堂——十世界海，帝释宫——十住，炎天——十行，第四天——十回向，化乐天——十禅定，他化天——十地，一禅——十金刚，二禅——十忍，三禅——十愿，四禅中摩醯首罗天王宫——卢舍那佛所说心地法门品。此部分内容与《华严经》多有相似处。三是一佛说法（释迦牟尼佛）。根据智顗《菩萨戒义疏》、法藏《梵网经菩萨戒本疏》，这部分内容应该在上卷。偈颂部分，经末"明人忍慧强"偈颂，说持如是法获五种利，与《菩萨

---

① 参见道宣《新删定四分僧戒本》，《卍续藏》第39册。
② 《佛垂般涅槃略说教诫经》卷一，第1110页下。

地持经》戒品末后所说依戒得五种福利相契。此外《梵网经》下卷从偈颂部分到结尾的诵，整体结构与《四分律》戒本也非常相似，这些都表明《梵网经》在综合大小乘戒律的基础上有意模仿并试图取代声闻戒律。

第四节 《梵网经》的特色及真伪

通过以上对《梵网经》内容的分析，我们可以看出，与《瑜伽》系菩萨戒相比，《梵网经》菩萨戒具有以下特点。

第一，《梵网经》是一部兼容并蓄的大乘经典。

《梵网经》菩萨戒是通过概括、简化声闻戒律，并综合《瑜伽》系菩萨戒和各种大乘经典相关论述形成的，既继承了声闻戒律的基本要求，又充分体现了大乘佛教的独特精神，适应了大乘佛教建立独立戒律体系的要求，包含了菩萨行为的基本方面，可以说是一部兼容并蓄的大乘经典。

声闻戒律基本包括两方面的内容，一是戒条部分（戒），主要是对受戒者个人行为的约束；二是揵度部分（律），是对僧团集体生活所涉及的基本问题的规定。《梵网经》菩萨戒表面上对声闻戒律多有批评（后详论），但观其内容，则对声闻戒律采取了综合、简化、舍弃的态度。一方面，《梵网经》菩萨戒基本采用了声闻戒律的主要内容。《梵网经》菩萨戒在形式上极力模仿声闻戒的戒本（戒本是抽出广律中戒条部分简化而成），内容上却将声闻广律中很多属于揵度（律）的部分也纳入戒条之中。也就是说，《梵网经》的戒条既有对受戒者个体的要求，也有对菩萨团体集体的要求，从逻辑上看虽有些混乱，内容上却更为全面。另一方面，《梵网经》菩萨戒舍弃了声闻戒中关于衣、食、住、行等方面过于烦琐的规定。总之，《梵网经》采用声闻戒律的内容大都涉及与他人的关系，基本精神是避免对他人造成伤害；其舍弃的内容主要涉及比丘（尼）个人的威仪、行止。这与小乘佛教注重自度，大乘佛教注重度生的精神是一致的。此外，《梵网经》菩萨戒也吸收了四部《阿含经》中关于戒行的内容，显示了更大的开放性。

在与大乘戒经的关系上，《梵网经》也体现了很大的包容性，这首先表现在其戒相不仅包含了其他大乘戒经中关于戒律的基本条目，一些在其他大乘经典中不属于戒律范围，仅仅是要求菩萨应该做的事情也包含其中，如《菩萨地持经》卷三关于布施有如下要求："二者随他所须，头目、手足、种种支节、血肉、筋骨乃至脑髓，随其所求一切施与。"这与《梵网经》轻戒第十五戒规定就非常相似。《梵网经》的包容性也体现在其戒条适应于不同的层次，既有通用于在家出家的内容，又有明显只适用于出家或在家的内容；既有对初发心菩萨的要求，又有对具有更高修行阶位菩萨的要求。《梵网经》的包容性还表现在很多戒条都包括应做与不应做两方面的内容，受戒的对象又非常广泛。对此近代印光法师有很好的概括："是知此经，虽属出世大法，实为治世良谟，以故一切国王大臣，及出家四众，在家四民，并诸鬼神，皆当受持也。……维我世尊，为诸法王，普令九届，同证真常。所说诸法，各随其机。唯此戒法，凡圣同依。等觉菩萨，六道群萌，无有一人，不堪持行。由众生心，与佛无二，因惑业故，致成殊异。其相虽异，其性原同。故说此经，令证大雄。"① 这种包容性体现了《梵网经》广泛融汇大小乘经律的努力，也表明其形成的时间一定会比较晚。与之相比，《瑜伽》系菩萨戒只是综合了大乘经典中各种大乘戒相而成，在实践中必须与声闻戒配合使用。从上面的列表中可以看出只要是声闻戒条（揵度中内容也有所涉及）中已有的内容，《瑜伽》系菩萨戒都不包括。

第二，强调大乘、斥责小乘。

《梵网经》四十八轻戒中，涉及对小乘态度的有第八戒、第十五戒、第二十四戒、第三十四戒，这些戒条中指出自己受持声闻戒律、教授他人受持声闻戒律、学习声闻经典、起一念二乘心都属于犯戒的行为，而且称声闻为二乘、邪见，这些都反映出《梵网经》菩萨戒虽然采用了声闻戒律的不少内容，但在态度上则是非常排斥声闻戒律的。同时，《梵网经》在很多地方着意强调大乘经律、菩萨戒，如第一戒"应先受菩萨戒"，第八戒说"心背大乘常住经律"，第十五戒"应一一教受持大乘经律"，第十六戒"应好心先学大乘威仪经律"，第十八戒"日夜六时持菩萨戒"，第二十戒"常教化讲说菩萨戒救度众生"，第二十四戒"有佛经律大乘正法"，第三十五戒"常教我大乘经律"，第三十九戒"应为一切众生讲说

---

① 印光：《梵网菩萨戒集证序》，《印光法师文钞续编》卷下，宗教文化出版社2011年版，第401页。

大乘经律",第四十四戒"常应一心受持读诵大乘经律",可见《梵网经》是刻意区分大乘戒与声闻戒,试图通过褒大斥小来确立大乘戒的独立地位,这也反映在其对大乘戒的称呼上,如称大乘戒为"千佛大戒""佛正戒""圣戒""七佛戒""七佛教戒"。这里的大乘戒当然是指《梵网经》的十重四十八轻戒。

比较《瑜伽》系菩萨戒对声闻戒律的态度,我们可以更清楚《梵网经》的立场。《菩萨地持经》将菩萨戒分为三项内容：一是律仪戒,二是摄善法戒,三是摄众生戒,明确指出摄律仪戒就是七众所受戒（即声闻戒）,其四重四十三轻戒显然是在已经受持了律仪戒之后,才能受持,所以所有的戒条与声闻戒都不重复。玄奘翻译的《瑜伽师地论·菩萨地》（与《菩萨地持经》为同本异译）中每条戒律之前都有"菩萨住律仪戒",更是明确说明了受菩萨戒的前提是"住律仪戒"。四十三轻戒之中也有几条涉及对声闻戒的态度,第八轻戒"与声闻共学戒"（应指律仪戒）、第九戒"与声闻不共学戒"（当指摄善法戒、摄众生戒）、第二十五戒"不学声闻法"、第二十六"只学声闻法"。可以看出,《菩萨地持经》虽强调大乘菩萨戒高于声闻戒,但并不否认声闻戒,而是在其基础上提出更高的要求。

为了更清楚展现《梵网经》的这一特点,我们先大致回顾一下大乘佛教对小乘的态度。大乘佛教出现后,为了区分以前的部派佛教,将其称为小乘。大乘佛教对小乘佛教的态度经历了一个不断变化的过程。早期的大乘经典为了确立大乘佛教的独立地位,对小乘佛教充满贬斥。如《大宝积经·普明菩萨会第四十三》：

> 复次,迦叶,菩萨有四非善知识,非善等侣。何谓为四？求声闻者但欲自利,求缘觉者喜乐少事,读外经典路伽耶毗,文辞严饰所亲近者,但增世利不益法利。迦叶,是为菩萨有四非善知识,非善等侣。
>
> ……
>
> 迦叶,譬如刹利大王有大夫人,与贫贱通,怀妊生子。于意云何？是王子不？不也,世尊。如是,迦叶,我声闻众亦复如是,虽为同证以法性生,不名如来真实佛子。迦叶,譬如刹利大王与使人通,

怀妊生子，虽出下姓，得名王子。初发心菩萨亦复如是，虽未具足福德智慧，往来生死，随其力势利益众生，是名如来真实佛子。迦叶，譬如转轮圣王而有千子，未有一人有圣王相，圣王于中不生子想。如来亦尔，虽有百千万亿声闻眷属围绕而无菩萨，如来于中不生子想。……菩萨亦尔，从初发心便胜声闻、辟支佛众。①

经中认为小乘（声闻、缘觉）是非善知识，而且不是如来真实佛子，菩萨只要一发心便远胜声闻、辟支佛众。《维摩诘所说经》更将声闻乘贬为败种，认为他们成佛无期。但是站在大乘的立场，如果不能救度声闻、独觉，佛陀的慈悲便有缺失，不能说是圆满的大乘。因此《法华经》的态度便发生了变化，开始宣说三乘是佛陀针对根机不同的众生的方便说法，三乘各有存在的合理性，但最终的真理只有一个，因而强调"会三归一"。此后出现的佛经基本上也秉持这种态度。

戒律方面也是如此。大乘的戒律被称为菩萨戒，小乘的戒律被称为声闻戒，应该说菩萨戒是为了摆脱声闻戒的呆板烦琐而出现的，在最早的般若类大乘经典中很少涉及声闻戒律，但此后的大乘经典中，对声闻戒并不否认，而是要求在其基础上提倡大乘戒，如《虚空藏菩萨经》："复次，善男子，初发心菩萨语余人言：汝今何用受学波罗提木叉律仪，当速发阿耨多罗三藐三菩提心，受持读诵大乘经典，先所造作身、口、意业诸不善行，当得清净，不受未来诸恶果报。余如上说，是名初发心菩萨犯于第三根本重罪。复次，善男子，初发心菩萨语余人言：汝今不应听受读诵声闻经典，汝当覆蔽声闻经典，声闻法中无大果报，不能断除结使烦恼，汝当听受读诵清净大乘甚深经典，又能消除诸不善业，疾得阿耨多罗三藐三菩提。作此说已，有信受者，二人俱名犯根本罪。余如上说，是名初发心菩萨犯于第四根本重罪。"② 也就是说，对初发心菩萨而言，如果认为可以抛开声闻经律，直接学习大乘经典，是犯重罪的行为。

《瑜伽》系的菩萨戒正是保持这一传统，试图在声闻戒律的基础上建立菩萨戒。按照《菩萨地持经》的受戒方式，受菩萨戒可以有以下组合：

---

① 《大宝积经》卷一百一十二，第631页下。
② 《虚空藏菩萨经》卷一，第653页上。

优婆塞（夷）戒——菩萨戒，沙弥（尼）戒——菩萨戒，式叉摩尼戒——菩萨戒，比丘（尼）——菩萨戒。所以同样受了菩萨戒在佛教中的等次是不同的，而这种等次的高低完全取决于所受声闻戒的等次，这样一来菩萨戒反倒成了一种附属，原来建立独立菩萨戒的努力似乎没有取得多大成功。也许《瑜伽》系经典中也意识到这个问题，所以被认为是从《瑜伽师地论》中异译出来的《菩萨善戒经》（宋罽宾沙门求那跋摩译）中有这样的说法："菩萨摩诃萨成就戒，成就善戒，成就利益众生戒，先当具足学优婆塞戒、沙弥戒、比丘戒。若言不具优婆塞戒得沙弥戒者，无有是处。不具沙弥戒得比丘戒者，亦无是处。不具如是三种戒者得菩萨戒，亦无是处。譬如重楼四级次第，不由初级至二级者，无有是处。不由二级至于三级，不由三级至四级者，亦无是处。菩萨具足三种戒已，欲受菩萨戒，应当至心以无贪著舍于一切内外之物。若不能舍，不具三戒，终不能得菩萨戒也。"[①]将菩萨戒置于比丘戒之上，认为必须受了比丘戒之后才能受菩萨戒，这虽然提高了菩萨戒的地位，却极大缩小了菩萨戒的受戒范围。

可见，在印度形成的《瑜伽》系菩萨戒虽致力于建立独立的菩萨戒，但由于声闻戒的长期影响，实现彻底的改变并非易事。《梵网经》中也有声闻戒律影响的痕迹，如第五戒"不举教忏戒"中，犯戒的内容为"见一切众生犯八戒、五戒、十戒……"，第二十八戒"有出家菩萨、在家菩萨"。但如前所述，总体而言，《梵网经》在态度上对声闻戒律是非常排斥的，它虽采用了不少声闻戒律的内容，但却试图确立新的戒律标准，如第十三戒"无根谤人戒"，所谤的内容为"言犯七逆（不同于声闻律中的五逆）十重（《梵网经》中也称波罗夷）"，已不同于声闻戒中所谤的四波罗夷、十三僧残等。第四十五戒："若佛子，常起大悲心，若入一切城邑舍宅，见一切众生，应当唱言：汝等众生应受三归、十戒。"十戒应该是指前面的十重戒，三归、十戒的受戒次第应该是《梵网经》重新确立的标准。第二十戒，要求"父母兄弟死亡之日，应请法师讲菩萨戒经"。第三十七戒要求新学菩萨"半月半月布萨时诵十重四十八轻戒"。第三十九戒要求遇到求福斋会或灾难，都应该讲此经律（即十重四十八轻）。第

---

① 《菩萨善戒经》卷一，第1013页下。

四十一戒，菩萨犯十重忏悔时，要"日夜六时诵十重四十八轻戒"，足见对这一新标准的重视。这一新的标准不是在声闻戒基础上实行，而是单独授受，受戒的对象扩大到一切众生，"若受佛戒者，国王、王子、百官、宰相，比丘、比丘尼、十八梵天、六欲天子、庶民、黄门、淫男、淫女、奴婢、八部鬼神、金刚神、畜生，乃至变化人，但解法师语，尽受得戒"。新的标准完全排除了声闻戒的次第，所有受菩萨戒的众生一律平等，在座次上完全按照受戒的先后，"先受戒者在前坐，受戒者次第而坐，不问老少、比丘、比丘尼、贵人、国王、王子乃至黄门奴隶"。被称为《梵网经》姊妹篇的《璎珞本业经》直接将十重戒作为菩萨三聚净戒中的摄律仪戒。唐代义寂法师在注疏《梵网经》时也将"前十重戒判为律仪，后四十八分为余二"①。这与《瑜伽》系菩萨戒以声闻戒为律仪戒有很大的不同。正如龙慧在《梵网与瑜伽》一文中所言："《梵网》与《璎珞》为纯粹的大乘戒法，其中流露着大乘佛教最高的理念。即：僧俗浑一的精神。至于瑜伽，虽然亦是大乘戒法，但因以小乘的七聚为准故，无法广摄一切众生。"②

总之，《梵网经》菩萨戒与《瑜伽》系菩萨戒相比更加彻底，也更为严格，《梵网经》菩萨戒是顿立戒，是可以单独授受的，虽然后来在汉传佛教中一般也是附于声闻戒之后授受，但从其本意看并没有要求先受声闻戒，再受菩萨戒。《梵网经》菩萨戒具备了声闻戒的基本要素，在形式上与《四分律戒本》也非常相似，因此具有强烈的取代声闻戒律，建立独立菩萨戒的意向。与之相比，《瑜伽》系菩萨戒必须依附于小乘戒，远没有《梵网经》彻底。

《瑜伽》系菩萨戒在每一戒条之中都详细说明开遮的情况，在《瑜伽师地论》中即使犯了性罪，特殊情况下也可以开许（昙无谶译《菩萨地持经》没有译出），具有很大的灵活性和可操作性。《梵网经》戒条基本上没有开许的情况，这体现了对菩萨的严格要求，但这样一来很多内容就失去了可操作性，在实践中很难遵守（有的戒条区分了行为时的用心，应该是借鉴了《瑜伽》系戒律的方式，但更多戒

---

① 义寂：《菩萨戒本疏》卷下，《大正藏》第40册，第670页上。
② 龙慧：《梵网与瑜伽》，张曼涛主编：《律宗思想论集》，第50页。

条没有区分)。这种严格性可能是对当时僧团破戒现象严重的一种反动,也可能是因为此戒形成仓促,作者还没有来得及仔细斟酌,还不能够把来源不同的各种戒条完全消化。这些都表明,《梵网经》不可能出现在印度。

第三,重视与世俗权力的关系。

《梵网经》中有很多涉及世俗权力的内容,在说十重四十八轻戒之前介绍受戒对象时,首先提出:"国王、王子、百官、宰相",然后才是比丘、比丘尼。说完十重戒后,说:"若有犯者不得现身发菩提心,亦失国王位、转轮王位,亦失比丘、比丘尼位,亦失十发趣、十长养、十金刚、十地佛性常住妙果,一切皆失,堕三恶道中。"也是将国王位、转轮王位放在比丘、比丘尼位之前。轻戒第一条首先指出:"若佛子,欲受国王位时,受转轮王位时,百官受位时,应先受菩萨戒。一切鬼神救护王身百官之身。"这就将统治阶层与菩萨戒紧密联系在一起。轻戒第十戒又说:"不得为利养恶心故,通国使命军阵合会,兴师相伐杀无量众生。"此戒前面似乎针对僧尼,后面则针对拥有权力的在家菩萨。第十三戒"无根谤人戒",诽谤的对象为"良人、善人、法师、师僧、国王、贵人",专门列出国王、贵人。第十七戒规定不得"自为饮食钱物利养名誉故,亲近国王、王子、大臣、百官,恃作形势,乞索打拍牵挽,横取钱物,一切求利"。第二十一戒"无慈酬怨戒"中专门列出"若国主为人杀者"。第二十二戒提到"或恃高贵年宿,或恃大姓高门大解大福饶才七宝"。大姓高门应该是指魏晋南北朝时期形成的世家大族。第二十三戒提到"若法师自倚解经律大乘学戒,与国王太子百官以为善友"。此处专门说到"太子"也似乎与中国的情况符合。第三十二戒说到不得"因官形势,取人财物"。第三十八戒指出受菩萨戒后的座次"不问老少、比丘、比丘尼、贵人、国王、王子,乃至黄门奴婢",都应该按受戒的前后就座。第四十戒指出授戒时,不得"简择一切国王、王子、大臣、百官、比丘、比丘尼、信男、信女、淫男、淫女……"还规定"出家人法不向国王礼拜,不向父母礼拜"。第四十二戒要求不得在未受菩萨戒的人面前说此戒,但又规定国王可以除外。第四十三戒规定犯戒之人"不得受一切檀越供养,亦不得国王地上行,不得饮国王水"。第四十六戒要求"入檀越贵人家一切众中不得立为白衣说法"。第四十七戒"非法立制戒"更是主要防范统治者对佛法的干涉，一般将此戒作为判断《梵网经》形成于中国的主要依据之一。第四十八戒要求出家人不得"为名闻利养，于国王百官前说七佛戒，横与比丘比丘尼菩萨弟子作系缚事"。声闻戒的出现，是在出现了某种不合理的事情之后，才制定相关戒条，所以戒条中越重视的往往就是越容易违犯的。大乘戒的出现应该也是这种情况，所以《梵网经》中涉及越多、越反对的事情，应该就是现实中发生越多、越难以改变的事情。①

形成于印度的《瑜伽》系菩萨戒在对世俗权力的态度上与《梵网经》有着很大差别。《菩萨地持经》第三十八轻戒规定对于违犯王法的人可以不答应他寻求衣食的要求，并指出这是为了"护王意"，对王权表示了一定的尊重。但综观其他戒条，基本上没有将拥有世俗权力的人特殊对待，这体现了印度佛教相对独立于政治的一贯传统。

在与政治权力的关系上，印度佛教也经历过一个不断变化的过程。从理论上讲，早期佛教比较强调个人的修行，在与政权的关系上比较超越，当时的印度社会也没有形成专制王权，国王和贵族，在很大程度上只是僧团较大的供养者而已。②当然一个地方政权的支持对佛教在此地的传播有重要影响，因此早期僧团也很注意调节与世俗政权的关系，对国王和贵族表现了一定的尊重。比丘九十波逸提戒中有一条关于比丘半月以上才能洗一次澡的规定，这条戒律的制戒因缘是瓶沙王因信奉佛法，请比丘在自己所用池水中洗澡，结果比丘经常来洗，致使国王无法洗澡，佛陀知道了这件事情，才作出以上规定。③这正体现了佛教对王权的尊重。在印度，佛教也试图通过一些规定对王权有所补益和限制，如《增一阿含经》中就记载了国王不得久存的十种行为和能够久存的十种行为，这些行为包括了国王个人行为、与

---

① 《菩萨戒义疏》中提到："大小乘戒制法不同，菩萨一时顿制五十八事，声闻持犯随犯随结。"这是在承认《梵网经》为佛说前提下，对《梵网经》戒条存在的矛盾的一种解释，与事实可能并不相符。

② 韦伯也认为："原始佛教根本就是非政治的；与政治权力的内在关系，几乎毫无蛛丝马迹可寻。然而，最先出现变化的，就是最后这一点。"（马克斯·韦伯：《印度的宗教》，康乐、简惠美译，远流出版事业有限公司1996年版，第378页。)

③ 《十诵律》卷十五，《大正藏》第23册，第109页下。

大臣的关系以及对百姓的态度等。①

但总体而言，早期佛教僧团是独立于政权的宗教组织，虽然难免与政权发生关系，但却不受政权的控制。一般说来，国王和贵族是僧团最大的供养者，僧团虽然也向他们说法布道，但僧团以自己的信仰为前提，很注意保持与政权的一定距离。《增一阿含经·结禁品》记载，佛陀告诉比丘，亲近国家有十种非法，即如果沙门亲近国家，下面十种情况发生后，人们就会怀疑是沙门所为：大臣叛逆，国家亡失财宝；国王女年在盛时，犹未出适，身便怀妊；国王身抱重患；中他人药；大臣各共竞诤，共相伤害；二国共斗，各争胜余；国王本好惠施，与民分财，后便各悔，不肯惠施；国王恒以正法，取民财物，后复非法取民财宝；国土人民普得疫病，皆由宿缘。② 可见早期佛教是不赞同僧尼亲近当朝权贵的。

早期佛教经典中有不少关于转轮王统治的记载。这些记载指出统治者如果按照佛法进行统治就会成为转轮王，到时会出现七宝，国泰民安。③ 这体现了佛教对社会政治的一种关注，但早期僧团一般没有主动通过统治

---

① 《增一阿含经》卷四十二："尔时，世尊告诸比丘：若国王成就十法者，不得久存，多诸盗贼。云何为十？于时国王悭贪，以小轻事，便兴瞋恚，不观义理，若王成就初法，则不得久存，国饶盗贼；复次，彼王贪著财物，不肯庶几，是谓国王成就此二法，则不得久存；复次，彼王不受人谏，为人暴虐，无有慈心，是谓第三法，不得久存；复次，彼王枉诸人民，横取系闭，在牢狱中，无有出期，是谓第四法，不得久存；复次，国王非法，相佐不案正行，是谓五法，不得久存；复次，彼王贪著他色，远离己妻，是谓彼王成就六法，不得久存；复次，国王好喜嗜酒，不理官事，是谓成就七法，不得久存；复次，国王好喜歌舞戏乐，不理官事，是谓第八法，不得久存；复次，国王恒抱长患，无有强健之日，是谓第九之法，不得久存；复次，国王不信忠孝之臣，翅羽尠少，无有强佐，是谓国王成就此十法，不得久存。"（《大正藏》第2册，第777页中）

《增一阿含经》卷四十二："若国王成就十法，便得久住于世。云何为十？于是，国王不著财物，不兴瞋恚，亦复不以小事，起怒害心，是谓第一之法，便得久存；复次，国王受群臣谏，不逆其辞，是谓成就第二之法，便得久存；复次，国王常好惠施，与民同欢，是谓第三；以法取物，不以非法，是谓第四之法，便得久存；复次，彼王不著他色，恒自守护其妻，是谓成就第五之法，便得久存；复次，国王亦不饮酒，心不荒乱，是谓成就第六之法，便得久存；复次，国王亦不戏笑，降伏外敌，是谓成就第七之法，便得久存；复次，国王案法治化，终无阿曲，是谓成就第八之法，便得久存；复次，国王与群臣和睦，无有竞争，是谓成就第九之法，便得久存；复次，国王无有病患，气力强盛，是谓第十之法，便得久存。若国王成就此十法者，便得久存，无奈之何。"（第778页上）

② 《增一阿含经》卷四十二，第777页上。
③ 参见《长阿含经》卷六"转轮圣王修行经"，《大正藏》第1册，第39页。

者推行佛教意识形态①的行为，这种状况到部派佛教时期有所改变。著名的阿育王皈依佛教后，在各地建立佛塔，便是以佛教治国的一种行为。

大乘佛教讲究普度众生，具有强烈的社会关怀。在大乘经典中出现了较多涉及政治的内容，这些内容大致可以分为两个层次：一是要求国王或大臣护持正法，二是反对国王大臣干涉僧团事务。前者如《大萨遮尼乾子所说经·王论品》：

> 王言：大师！行法行王云何治彼邪命众生？
>
> 答言：大王！应当随顺如法僧众。大王当知！若彼比丘破戒邪见，不依正法如实修行，邪命自活者，僧当和合，唤令现前，取其自言。彼若自引所作是罪，随犯轻重当如法治。若彼比丘拒违僧命，不从师友善知识语，恼乱众僧不得修道者，若彼国主是法王者，僧当往语令王教勅，顺从僧命。尔时行法行王先应唤彼破戒比丘，善言劝喻，令顺僧命，若其不从，当集二众现前对实。若得其罪，助如法众，治彼比丘，不得断命，不得割坏一切诸根，不得囚闭，不得枷锁，不得挝打，不得脱袈裟，不得夺其资生之物，得呵责，得驱摈。
>
> 大王当知！若有二众朋党诤讼，依破戒、依邪见、依颠倒邪行、依种种邪命，起种种异诤、种种异说、种种异语。行法行王若自知法、若自知义，应当如法断彼诤事。若彼国王暗钝无知，不自知法、不自知义、不知正法、不知邪法、不知如法众、不知非法众、不知如法语、不知非法语，尔时彼王应问国内大德沙门知法、知义、有大智慧、常行正法利益众生、善知断诤、能如法语者，问其正法知犯非

---

① 葛兆光在《中国思想史》（复旦大学出版社1998年版，第372页注释1）中指出了"思想""学说"与意识形态的不同："关于'思想'和'意识形态'的区别，一直是一个争论不休的问题，也许可以写一本书，这里只是简单地作一个临时性的界定。'思想'和'学说'往往只是一种假设，依据与思路要经过检验才能成为人们信仰的真理，而'意识形态'虽然也是一种假设，但它的依据和思路却不容置疑；'思想'和'学说'是思想家或学者的思考，不具强迫性，而'意识形态'则是一个时代占支配地位的观念系统，它虽从思想学说中产生，却要求人们服从，换句话说，思想学说不具备'权力'而'意识形态'则具有权力；'思想'和'学说'与制度法律有思路上的联系，但并不产生直接的因果关系，而'意识形态'则不仅与实际的制度法律、伦理道德有思路上的联系，而且是制定这些制度法律的直接依据，因此它具有很强的操作意味；最后，'思想'和'学说'可以是局部的、片面的、零散的，但意识形态则必须包括终极理想、观念体系、实用策略等等。"

犯。如是知已，然后如法为灭彼诤。大王当知！如是名为行法行王治彼邪命众生之罪。①

这里涉及统治者对破戒邪见众生和僧团内部派系斗争如何处理的问题。对于第一个问题，佛教要求对于犯戒众生首先要由僧团内部处理，处理不了，才可以请求统治者协助。统治者的任务仅仅是劝说犯戒僧尼听从僧团处置，如果仍不听从则应召集僧众确定其犯戒的行为，然后帮助僧团处置，处置的方式只能是呵责驱摈。在这里，佛教在处理僧团内部事务时，虽借助了统治者的权力，但仍然是以僧团为主。在处理僧团派系斗争问题时，统治者拥有一定权力，但前提是这个统治者了解佛法的规定，如果不了解，则要咨询大德沙门，按其意见进行处理。

又如《大方等大集经·护法品第九》：

大王，若未来世有我弟子，饶财多宝，有大力势，王所亲爱，一切大众不能摈治，如是等人汝等当治。……频婆娑罗耳闻是语，悲泣哽咽，收泪而言：世尊，我值如来犹故不能如法治国，况未来世放逸诸王，不能持戒修行精进，治恶比丘护持佛法，不能绍继三宝种性。如是诸王，长夜常行于三恶道。尔时，诸王夫人、太子、大臣、城主、村主、将帅、郡守、宰官，皆白佛言：我等于今现在之世，要当勤心守护佛法，亦当供养受持法者，衣服、饮食、卧具、医药，治恶比丘，绍三宝性。佛言：善男子，汝等若能建立此事，则为供养三世诸佛，亦得无量不可思议诸善功德。②

这里统治者护法的内容：一是自己要守护佛法，二是供养受持法者，三是惩治恶比丘。

《大般涅槃经·寿命品》：

尔时，复有四恒河沙毗耶离城诸离车等，男女、大小、妻子、眷

---

① 《大萨遮尼乾子所说经》卷四，第334页中。
② 《大方等大集经》卷二十四，《大正藏》第13册，第172页下。

> 属,及阎浮提诸王眷属,为求法故,善修戒行,威仪具足,摧伏异学坏正法者,常相谓言:我等当以金银仓库,为令甘露无尽正法深奥之藏久住于世,愿令我等常得修学。若有诽谤佛正法者,当断其舌。复作是愿:若有出家毁禁戒者,我当罢令还俗策使。有能深乐护持正法,我当敬重如事父母。若有众僧能修正法,我当随喜令得势力,常欲乐闻大乘经典,闻已亦能为人广说,皆悉成就如是功德。①

这里提到统治者护法的几个方面:对于诽谤佛法的人,统治者要断其舌;对于毁禁戒的人,统治者要罢使还俗;对于护持佛法的人,要敬如父母;对于能修正法的人,要让他得到势力。

《大般涅槃经·寿命品》:

> 如来亦尔,视坏法者等如一子。如来今以无上正法,付嘱诸王、大臣、宰相、比丘、比丘尼、优婆塞、优婆夷。是诸国王及四部众,应当劝励诸学人等,令得增上戒定智慧。若有不学是三品法懈怠破戒毁正法者,王者大臣四部之众应当苦治。善男子,是诸国王及四部众当有罪不?不也,世尊。善男子,是诸国王及四部众尚无有罪,何况如来?善男子,如来善修如是平等于诸众生同一子想。如是修者,是名菩萨修平等心于诸众生同一子想。善男子,菩萨如是修习此业得寿命长,亦能善知宿世之事。②

这里指出了国王、大臣、四部众惩治破戒毁法之人是如来的付嘱,没有罪过。

佛教在印度具有很强的独立性,在要求统治者支持佛法的同时,对其破坏佛法的行为也坚决反对,在《大萨遮尼乾子所说经·王论品》中规定了统治者破坏佛法的五种根本罪:

> 大王,有五种罪,名为根本。何等为五?一者、破坏塔寺,焚烧

---

① 《大般涅槃经》卷一,第 367 页下。
② 《大般涅槃经》卷三,第 381 页上。

经像，或取佛物、法物、僧物，若教人作、见作助喜，是名第一根本重罪。若谤声闻、辟支佛法及大乘法，毁訾留难、隐蔽覆藏，是名第二根本重罪。若有沙门信心出家，剃除须发，身着染衣，或有持戒、或不持戒，系闭牢狱、枷锁打缚、策役驱使、责诸发调，或脱袈裟逼令还俗，或断其命，是名第三根本重罪。于五逆中若作一业，是名第四根本重罪。谤无一切善恶业报，长夜常行十不善业，不畏后世，自作教人，坚住不舍，是名第五根本重罪。大王，当知，若犯如是根本重罪而不自悔，决定烧灭一切善根，趣大地狱，受无间苦。大王，当知，以王国内行此不善极重业故，梵行罗汉、诸仙圣人出国而去，诸天悲泣，一切善鬼、大力诸神不护其国，大臣相杀，辅相争竞，四方逆贼一时俱起，天王不下，龙王隐伏，水旱不调，风雨失时。诸龙皆去，泉流河池悉皆枯涸，草木焦然，五谷不熟；人民饥饿，劫贼纵横；迭相食啖，白骨满野；疫毒疫病，死亡无数。①

这里规定统治者不能做的行为包括不能破坏三宝物，不能毁谤正法，不能阻止沙门出家学道，不能犯五逆，不能做十恶。经中还指出如果违反了这些根本罪会给个人及国家带来的严重后果。

《虚空藏菩萨经》卷一：

> 善男子，若灌顶刹利王有自在力，犯五根本罪，先所修习皆悉烧然，失安隐处，远人天乐堕于恶趣。何等名为五根本罪？善男子，所谓灌顶刹利王领国土有自在力，取兜婆物及四方僧物，或教人取，是则名犯初根本罪。复次，善男子，灌顶刹利王领国土有自在力，毁谤正法，舍声闻乘、辟支佛乘、舍无上乘，又制他人不令修学，是名第二犯根本罪。复次，善男子，灌顶刹利王领国土有自在力，若复有人以如来故，剃除须发，身被法服，持戒毁戒，有戒无戒，脱其袈裟，逼令还俗，或加杖捶，或复系缚，或截手足，乃至断命，自作使他造如此恶，是名第三犯根本罪。复次，善男子，灌顶刹利王领国土有自在力，作五逆罪。何等为五？一者杀母；二者害父；三者杀阿罗汉；

---

① 《大萨遮尼乾子所说经》卷四，第 336 页上。

四者破和合僧；五者出佛身血。如是五无间罪若犯一者，是则名为犯根本罪，是名第四犯根本罪。复次，善男子，灌顶刹利王领国土有自在力，谤无因果，不畏未来，造十恶业道，亦教他人令行十恶，是名第五犯根本罪。善男子！是名灌顶刹利五根本罪。若犯一者，此则名为犯波罗夷，先所修习一切善根皆悉烧然，离安隐处，失人天乐，堕于恶趣。

……

复次，善男子，大臣亦有五根本罪犯波罗夷。……何等为五？谓彼大臣统理国土，依倚王力取兜婆物及四方僧物，或教人取，是则名犯初根本罪。复次，善男子，若彼大臣统理国土，依倚王力，破坏村邑、城郭、国土，或教人破，是名第二犯根本罪。复次，善男子，若彼大臣统理国土，依倚王力，毁谤正法，舍声闻乘、辟支佛乘、舍无上乘，亦制他人不令修学，是名第三犯根本罪。复次，善男子，若彼大臣统理国土，依倚王力，若见有人以如来故，剃除须发，身被法服，持戒毁戒，有戒无戒，脱其袈裟，逼令还俗，或加杖捶，或复系缚，或截手足，乃至断命，自作使他，造如此恶，是名第四犯根本罪。复次，善男子，若彼大臣统理国土，依倚王力，作五逆罪。何等为五？一者杀母；二者害父；三者杀阿罗汉；四者破和合僧；五者出佛身血。如是五无间罪若犯一者，是则名为犯根本罪，是名第五犯根本罪。善男子！是名大臣五根本罪。若犯一者，此则名为犯波罗夷，先所修习一切善根皆悉烧然，离安隐处，失人天乐，堕于恶趣。①

《虚空藏菩萨经》中的这些内容应该是在《大萨遮尼乾子所说经》相关内容基础上分别出了灌顶刹利王五根本波罗夷罪和大臣五根本罪犯波罗夷，具体内容与《大萨遮尼乾子所说经》基本相同，但对象更明确，并且称违反这些根本罪为"犯波罗夷"，使这些规定更具有了戒律的意味。

大乘佛教的基本精神在于普度众生，统治者自然也在其关注的行列，况且在世俗社会统治者拥有更大的影响力，依靠统治者的护持，更容易推行佛教的事业，因此大乘佛教对统治者给予特别关注也是自然的事情。但

---

① 《虚空藏菩萨经》卷一，第651页下。

由于古代印度社会中政教分离的传统根深蒂固，统治者的护持或干涉对于佛教的发展，远没有僧团自身的因素影响更大，因此对佛教界而言，提升僧尼素质，处理好僧团内部事务远比处理好与统治者的关系更为迫切，所以在大乘经中虽涉及对统治者的一些要求，但在规定菩萨具体行为的大乘戒（主要指《涅槃经》专门讲述菩萨戒的《圣行品》和《瑜伽》系菩萨戒）中却没有专门提到对统治者的要求。中国社会很早就形成了中央集权的国家体制，在这种体制下绝不允许独立的教权存在，因此如果说佛教在印度主要是与其他宗教团体竞争，在中国首先面对的则是统治阶层，没有他们的支持，佛教就不可能在中国社会具有较大的影响力。但支持往往伴随着控制，如何利用政治权力传播佛教，又保持佛教相对的独立性，是佛教传入中国以来要解决的重大问题。从道安法师"不依国主，则法事难立"的感慨，到东晋南朝时期多次沙汰沙门的诏令和不断掀起的"沙门不敬王者"的辩论，可以看出这个问题的重要意义和斗争的激烈程度。《梵网经》中体现出的对政治的高度关注，正反映了佛教在中国不得不与世俗权力过多交涉的现实，而其关注政治的意图则是既排斥政治的干涉，又想吸收统治者做佛法的外护。

第四，重视孝道。

《梵网经》菩萨戒非常重视孝道，在说戒的序分中指出："孝顺父母、师僧、三宝，孝顺至道之法，孝名为戒，亦名制止。"据《菩萨戒义疏》和《摩诃止观》[①]，智𫖮看到的版本此处表述为"戒名为孝，亦名制止"，似乎更合逻辑。如果是这种表述，可以说《梵网经》将戒与孝放到了同等的位置，甚至可以说把孝当成了戒的本质。十重戒第一戒要求菩萨"应起常住慈悲心、孝顺心"，第二戒要求菩萨"应生佛性孝顺、慈悲心"，第三戒要求菩萨"应生孝顺心"。轻戒第一戒要求菩萨得戒后应"生孝顺心、恭敬心，见上座和上、阿阇梨、大同学、同见同行者，应起承迎礼拜问讯"。第九戒要求"若父母师僧弟子疾病，诸根不具百种病苦恼，皆养令差"。第十戒指出："菩萨乃至杀父母尚不加报，况余一切众生？"第十三戒指出："于父母兄弟六亲中，应生孝顺心、慈悲心。"第十五戒，要求菩萨："自佛弟子及外道人，六亲一切善知识，应一一教受持

---

① 《摩诃止观》卷四，《大正藏》第46册，第36页中。

大乘经律。"第十七戒依官强乞戒,构成犯戒的一个重要条件是"无慈心、无孝顺心"。第二十戒,要求放生的依据是"一切男子是我父,一切女人是我母……六道众生皆是我父母"。这一戒还要求菩萨"父母兄弟死亡之日,应请法师讲菩萨戒经福资亡者"。第二十一戒特别强调:"若杀父母、兄弟、六亲,不得加报。……杀生报生,不顺孝道。"第二十七戒受别请戒,不能受别请的理由即是:"八福田:诸佛圣人,一一师僧,父母,病人物自己用故。"第三十一戒要求菩萨看到有人"卖佛菩萨父母形象,贩卖经律,贩卖比丘、比丘尼,亦贩卖发心菩萨道人",应方便救护,将父母放在仅次于佛菩萨的位置。第三十五戒要求菩萨"常发一切愿,孝顺父母师僧三宝",将父母放在首位。第三十九戒要求菩萨应该在父母、兄弟、和上、阿阇梨亡灭之日及三七日乃至七七日,读诵讲说大乘经律。第四十六戒要求对待法师的态度"如孝顺父母,敬顺师教"。第四十八戒要求受佛戒者,应当护佛戒"如念一子,如事父母"。

孝敬父母是任何文化中都具有的基本伦理,但在中国传统的宗法社会中孝是具有核心地位的价值观念,被认为是天地运行的基本原则,是政治运作的基本理念。这种孝具有三个基本特点。

第一,孝与政治紧密相连。在西周宗法社会中,整个国家政治制度就是建立在血缘关系基础上的,孝对于社会秩序的维持起着至关重要的作用。秦汉以后,宗法制度作为一种政治制度虽然消失了,但宗法社会的一些观念却保存下来,对于血缘关系的重视就是其中之一,这不仅体现在此后官僚政治体制下,用人政策方面经常出现"任人唯亲",也表现在统治者经常主动提倡"以孝治国",因而个人"孝"的行为往往会带来极高的荣誉,甚至是政治上的升迁。

第二,"孝"与"礼"不可分割。传统中国是一个礼法社会,礼在社会中占有重要位置,而各种社会伦理都由具体的礼仪来表现。关于孝的礼仪有很多,比如父母丧礼中,有很多细致的规定;平时父母与子女的相处中,子女也要履行各种礼节来尽孝。中国传统社会还将孝与保持身体的完整性结合在一起,认为子女"身体发肤,受之父母,不敢毁伤,孝之始"(《孝经·开宗明义章》)。

第三,孝与家族血脉的延续直接相关。若子女不能延续家族的血缘,就不是真正的孝,所谓"不孝有三,无后为大"。

佛教传入中国后，在孝的问题上与中国社会产生过激烈的矛盾，僧人不拜君亲，与政治保持距离；剃发出家，不遵循儒家的礼制；不娶妻生子，无法为家族繁衍后代，这些都与中国传统对孝的理解和要求有着巨大冲突。从早期佛教文献《牟子理惑论》，到东晋孙绰的《喻道论》，再到晋末慧远的《沙门不敬王者论》，都可以看到世俗社会在孝亲问题上对佛教提出的责难。佛教界人士曾做过多种努力来调和这种矛盾，如从理论上论证出家与孝并不矛盾，出家是更高的孝；从行为上，有的僧尼奉养父母，为父母奔丧等。① 《梵网经》菩萨戒中重视孝道，将孝与戒等同，强调用孝敬父母之心来对待佛、菩萨、师僧、众生等也体现了这种努力。

综上所述，《梵网经》兼容并蓄，其对小乘的排斥和建立彻底独立的大乘戒的追求都表明它的形成一定比较晚，其对世俗权力的高度关注和对孝道的特别提倡表明其受中国文化的影响非常深厚。结合其他方面，如前面提到的《梵网经》与《大般涅槃经》的关系，其所反映的南北朝时期的社会现象，又如其他学者提到过的《梵网经》的用语，没有婆罗门、优婆塞、优婆夷等印度特色的语言，却有很多中国本土的用语等，② 基本上可以判定《梵网经》是在汉地形成的一部菩萨戒经。至于其形成的时间地点，笔者倾向于汤用彤先生的判断，即此经是在太武帝灭佛之后的北方形成。原因有二：一是《梵网经》表现出来的融摄性、简化性和严格的要求，一定是在佛法遭受巨大打击之后，佛教界痛感于佛教的遭遇和僧团的堕落而试图通过激烈的戒律改革来恢复佛教的发展；二是统观《梵网经》戒条，其中包含着要求佛教界严格自律和统治者不能干涉佛法两方面的明确内容，这必然是在严酷的政治现实之下发出的呼吁。

第五节 《梵网经》的地位

《梵网经》即使形成于汉地，也不影响其在佛教中的地位，这可以从两个方面来看：第一，从印度佛教的传统来看，《梵网经》基本继承了大

---

① 参见拙著《南朝僧尼与佛教中国化》，第15—34页。
② 屈大成：《从文本论〈梵网经〉之真伪》，《普门学报》2007年第39期。

乘佛教的进路，完成了大乘佛教在戒律方面的改革，在戒律发展史上具有重要意义；第二，《梵网经》结合了中国社会的特殊情况，逐渐成为汉传佛教菩萨戒的主要依据，在汉传佛教中具有重要地位。第二个方面涉及隋唐以后中国菩萨戒的发展演变，比较复杂，本书将在余论中有所论述，这里主要谈第一个方面。

戒学作为佛教三学之一，被认为是佛教的基础，所谓"佛法三藏教，毗奈耶为首"①。佛教一开始并没有戒律，佛陀成道十二年后，弟子须提那犯了淫行，佛陀开始制定戒律。此后，针对弟子们中不断出现的不如法行为，为了促使其成就净行，也为了僧团的和合，避免世俗的讥嫌，佛陀随犯随制，逐渐形成了越来越多的戒律条目。很多条目会根据不断出现的新情况进行调整，因此佛陀在世时戒律也没有完全固定。佛陀入灭前，特别强调经戒的重要性，他再三叮咛弟子们在佛灭后，应该以佛所说的经戒为依怙。但佛陀对戒律也采取了开放的态度，他曾告知阿难："自今日始，听诸比丘，舍小小戒。"②《五分律》中也记载佛陀曾经说过："虽是我所制，而于余方不以为清净者，皆不应用；虽非我所制，而于余方必应行者，皆不得不行。"③《长阿含经·游行经》中记载的一些故事也能很好地体现佛陀对戒律的态度。佛陀为了考验梵志的道心，曾规定梵志出家前，"当试四月，观其人行，察其志性，具诸威仪、无漏失者，则于我法得受具戒"④。但快要涅槃时，佛陀却特意指出："我般涅槃后，诸释种来，求为道者，当听出家，授具足戒，勿使留难。诸异学梵志来求为道，亦听出家授具足戒，勿试四月。所以者何？彼有异论，若小稽留，则生本见。"⑤ 这种前后的变化，正体现了佛陀因时因事制宜的灵活性。

佛陀入灭后，在摩诃迦叶召集的第一次经律结集中，确立了"若佛所不制，不应妄制；若已制，不得有违"⑥的原则，一方面保持了佛陀时

---

① 《根本说一切有部毗奈耶》卷一，《大正藏》第 23 册，第 627 页上。
② 《长阿含经》卷四，第 26 页上。
③ 《五分律》卷二十二，《大正藏》第 22 册，第 152 页下。
④ 《长阿含经》卷四，第 25 页下。
⑤ 同上书，第 26 页上。
⑥ 《五分律》卷三十，第 191 页上。

期戒律的原貌,并暂时保证了僧团的稳定;另一方面又为戒律的发展设置了障碍。此后一百年,在长老比丘的领导下,佛教僧团基本上还能保持佛陀在世时的面貌,但已经失去了统一的领导中心,随着时间的推移,环境的变化,大家对佛教的教义产生不同的理解,逐渐出现部派分张的局面。部派分张的标志性事件毗舍离结集就是因戒律问题而起。当时,西方波旬国的一位上座长老耶舍到东方的毗舍离城游行,看到当地比丘向民众施舍金钱,耶舍当众指斥这些比丘的行为违反戒律,引起众怒,便回去动员了多位比丘前去论辩,这被称为佛教史上第二次结集。双方围绕十件与戒律有关的事情展开辩论,最后不仅没有形成统一意见,反而导致了上座部与大众部的初步分裂。此后部派进一步分裂,其原因主要也是对戒律的不同理解。我们今天看到的《四分律》《十诵律》《五分律》等就是不同部派留下的戒律。比较这些部派的律藏,可以发现它们大同小异,在基本问题上是一致的,只是在细节上有所区别,所以一般认为律藏是最能保持原始佛教真相的圣典。

公元1世纪左右,出现了大乘佛教。① 大乘佛教的形成是以一批大乘经典的出现为标志的,大乘佛教最终没有形成专门的律藏,但作为佛教三学(戒、定、慧)之一的戒学在大乘经典中也是很受重视的,多部大乘经典中包含有丰富的戒律思想。②

学术界一般认为大乘经典是在不同时期形成的,最早出现的大乘经典是般若类经典。③ 这类经典基本是以六般若蜜作为菩萨应当修行的基本条目,在尸般若蜜(持戒)中以十善道为其基本内容。如《摩诃般若波罗蜜经·问乘品》:

---

① 吕澂:《印度佛学源流略讲》,第75页。
② 与大乘戒律相关的经典非常广泛,日本学者大野法道在《大乘戒经の研究》中列出86部,按系统来分类,则有《大般若经》《遗日摩尼宝经》《维摩经》《法华经》《华严经》《无量寿经》《菩萨地持经》《阿含经》《大般涅槃经》《梵网经》《大集经》《大宝积经》,密教经典,以及单独的经典等十四个系统以上。土桥高秀《戒律の研究》第二章"大乘经典的戒律"中提到的经典有《华严经》《涅槃经》《大方等大集经》《大集大虚空藏菩萨所问经》《虚空藏菩萨经》《虚空藏菩萨神咒经》《虚空孕菩萨经》《观虚空藏菩萨经》《大乘遮尼乾子所说经》等。但专门介绍菩萨戒的经典主要分为两类,一是《瑜伽》系统,二是《梵网经》系统。
③ 关于大乘经典出现的顺序,参照吕澂先生《印度佛学源流略讲》,第76—88页。

> 云何名尸罗波罗蜜？须菩提！菩萨摩诃萨以应萨婆若心，自行十善道，亦教他行十善道，以无所得故，是名菩萨摩诃萨尸罗波罗蜜。①

作为对部派佛教的一种反动，初期大乘佛教虽继承了部派佛教的一些基本思想②，却充斥着对部派佛教的贬斥，将其称为小乘就是明显的例子。所以，在般若类经典中，所谓的尸般若蜜主要指十善道，而很少提到声闻乘的别解脱戒（五戒、八戒、具足戒等）。

十善道，在阿含类经典中也经常被提到，十善作为一个整体，是对社会一般人士的要求，或者说是当时社会的一般道德规范。如《长阿含经·小缘经》："若刹利种中有不杀者，有不盗、不淫、不妄语、不两舌、不恶口、不绮语、不悭贪、不嫉妒、不邪见；婆罗门种、居士、首陀罗种亦皆如是，同修十善。"③ 这里十善是各种姓的人都应该遵守的规范。又如《长阿含经·世纪经·转轮圣王品》："但当以法治化，勿使偏枉，无令国内有非法行，身不杀生，教人不杀生、偷盗、邪淫、两舌、恶口、妄言、绮语、贪取、嫉妒、邪见之人，此即名为我之所治。"④ 在这里，十善是转轮圣王正法治化的基本内容。阿含类经典⑤中对于戒、定、慧三学有着明确的区分，十善中的前七项一般属于戒学的范围。如前引《长阿含经·阿摩昼经》中主要的戒行就是十善中前七项与沙弥十戒的混合。《杂阿含经》更是明确说明十善中前七项属于戒的范畴："受不杀生……

---

① 《摩诃般若波罗蜜经》卷五，《大正藏》第25册。第393页中。
② 大乘佛教是从部派佛教发展而来，一方面是对部派佛教烦琐理论的反动，另一方面也深受部派佛教的影响，其中对大乘佛教影响最大的大众部、正量部等正是对戒律持开放态度的部派。
③ 《长阿含经》卷六，第37页上。
④ 《长阿含经》卷十八，第119页下。
⑤ 《增一阿含经》对待十善的态度有所不同。《增一阿含经·四二九》提到世尊在制定戒律之前，以一偈为禁戒："护口、意清净，身行亦清净；净此三行迹，修行仙人道。十二年中说此一偈，以为禁戒；已生犯律之人，转有二百五十戒。"《增一阿含经·四三〇》中有未来佛弥勒出现后，千岁之中也以一偈为禁戒："口意不行恶，身亦无所犯；当除此三行，速脱生死渊。"也就是把身、口、意三业都看作戒，这与般若类经典以十善为戒是一致的，正体现了《增一阿含经》与大乘佛教有着密切的关系。

绮语，如是七种，名为圣戒。"① 十善中的后三项：贪、恚、邪见，则属于三学中定学（《杂阿含经》中称为意学）、慧学的范畴。般若类经典以原来作为对社会一般人士要求的十善作为基本戒行，表明大乘佛教一开始是以在家人为中心的特点。般若类经典将贪、恚、邪见纳入戒学的范畴，体现了大乘佛教对心（或意）的高度重视，这是菩萨戒一开始就有的重要特点。

对于戒律的态度，般若类经典也不再像阿含类经典那样将戒律作为绝对的修行基础，而主张将其与般若智慧联系起来看。般若类佛经的中心思想是"性空幻有"，认为佛陀所说法，不具有实性，而只是基于实践需要的一种假说，所以对于戒条不必过于执着，而应以般若智慧观察，如《胜天王般若波罗蜜经·通达品》所说："大王！菩萨摩诃萨学般若波罗蜜行尸罗波罗蜜，作是思惟：佛阿含教及毗尼中说波罗提木叉，菩萨摩诃萨应学，不见戒相及我能持，不著戒，不著见，不著我。……菩萨摩诃萨学般若波罗蜜，虽勤持戒，不求生人若作人王，不求生天若作天王，身离三失，无口四过，意免三愆。如此持戒，不见我能持、不见戒相，无二无别，自性离故。是名菩萨摩诃萨学般若波罗蜜通达尸罗波罗蜜。"② 也就是说菩萨通过般若智慧的观照之后，对于持戒在行为上要避免十恶（身三、口四、意三），态度上要能（我）所（戒相）双离。又如《文殊师利所说摩诃般若波罗蜜经》："佛告文殊师利，汝见声闻戒耶？……文殊师利言：我不作凡夫见不作圣人见，不作学见不作无学见，不作大见不作小见，不作调伏见不作不调伏见，非见非不见。……如是逆罪亦无本性，不生天上不堕地狱，亦不入涅槃。何以故？一切业缘皆住实际，不来不去，非因非果。……菩提即五逆，五逆即菩提。何以故？菩提五逆，无二相故。"③ 这里更是要求以平等心对待持戒与犯戒，认为从本质上讲，二

---

① 《杂阿含经》卷三十七，第273页中。《中阿含经》卷四十七"一七九"经："云何不善戒耶？不善身行，不善口行，是谓不善戒。"似乎将意业也作为戒，但在汉译《南传大藏经·中部经典三·沙门文祁子经》中译作："不善口业，恶命。"还是不会把意业作为戒的范畴。《中阿含经》中根据上下文的语义（后面与不善戒并列的不善念的内容明确是指欲念、恚念、害念），此处戒的范围并不包括"意业"，此处的翻译或许正体现了大乘佛教盛行的汉地人们对戒律的看法。

② 《胜天王般若波罗蜜经·通达品》，《大正藏》第8册，第688页中。

③ 《文殊师利所说摩诃般若波罗蜜经》卷一，《大正藏》第8册，第728页上。

者是没有区别的。这种态度有助于破除对烦琐戒条的执着，但对于初学者，也容易导致对戒律的轻视。对此，《文殊师利所说摩诃般若波罗蜜经》也有认识："尔时舍利弗白佛言：'世尊！如文殊师利所说般若波罗蜜，非初学菩萨所能了知。'文殊师利言：'非但初学菩萨所不能知，及诸二乘所作已办者亦未能了知。'"①也就是说，这种平等看待持戒与破戒的态度不是初学菩萨以及二乘之人所能了知的。

继般若类佛经出现的大乘经典是宝积类佛经。宝积类佛经在继承般若思想的基础上，提出了大乘的一个重要思想："根本正观"，即"中道正观"。在对戒律的态度上，宝积类佛经也将中道运用其中。《大宝积经第四十三会》："若无为者则是一切诸圣根本，是中无有持戒，亦无破戒。……复次，迦叶，善持戒者，无我无我所，无作无非作，无有所作，亦无作者，无行无非行，无色无名，无相无非相，无灭无非灭，无取无舍，无可取无可弃，无众生无众生名，无心无心名，无世间无非世间，无依止无非依止，不以戒自高不下他戒，亦不忆想分别此戒，是名诸圣所持戒行，无漏不系，不受三界，远离一切诸依止法。"②《宝积经》还明确将菩萨戒行与声闻戒行、缘觉戒行区分开来："善男子，云何菩萨摩诃萨行成就？善男子，菩萨摩诃萨行成就故，剃除须发，被正法服，舍家出家，既出家已，修学菩萨戒行等事；修学声闻戒行等事，修学缘觉戒行等事。"③而菩萨戒行的基本内容仍然是十善道："善男子，菩萨云何修持于戒？善男子，彼菩萨先自调顺身业，调顺口业，调顺意业。菩萨所有自身恶业一切舍离，所有口恶业一切舍离，所有意恶业一切舍离。持戒不缺、不漏、不杂。菩萨如是持禁戒已，回向阿耨多罗三藐三菩提，而心终不取著于戒，是名菩萨修持于戒。"④至于菩萨持戒应有哪些具体行为？《三律仪会》做了较为详细的说明：

> 如是菩萨具足护持最初净戒，心不贡高，不造无间业，不犯比

---

① 《文殊师利所说摩诃般若波罗蜜经》卷一，《大正藏》第8册，第728页上。
② 《大宝积经》卷一百一十二，第631页下。
③ 《大宝积经》卷二十八，第151页中。
④ 同上。

丘尼，亦不亲近诸俗人家，远离杀生及不与取、欲邪行法，离虚诳语、离间粗恶杂秽语言，远离欲贪、瞋恚、邪见。既不自恼，亦不恼他。不与欲俱，亦不受欲。不为博戏，亦不教化。终不亲近不男之人，不往淫女、寡妇、处女之家，不近他妻，亦不亲近罗捕、鱼鸟、畋猎、魁脍、旃荼罗等，于饮酒人不执其手而与斗诤。离此诸事，如避恶狗、旃荼罗辈。由住慈心，于彼一切所远离者，乃至不起一念恶心。有二十处应当远离。何等二十？谓离女人，亦不与他调戏、粗言、论义、诤讼；于父母处及佛法僧，离不恭敬；若诸女人减二十众不为说法，除有男子；终不往诣比丘尼尼僧说法会处；不应问讯诸比丘尼；不与女人作其书疏，或为他人传书送彼；应付丈夫勿付妇女；于一切时亲族别请，终不受之；不以欲心经须臾顷住女人前；又亦不应舍离本居，往其屏处而与女人共为谈说；不得随逐比丘尼行；若比丘尼所施衣服不应受用，除在四众演说法时，为说法故有施衣者，应生是心犹如大地，然后受之；不应别观施者之面；若闻有尼劝导施衣，不应受用；若比丘尼劝请受食，设令病苦，终不受之，况复无病？若有寡妇而来请食，僧数不满，亦不受之；又亦不应入尼众内；不应唤彼比丘尼来；若比丘尼来唤菩萨，应离住处拱手仰头背而舍去；若说法时有比丘尼来礼其足，无令足动，但应目视双手掌中。①

此处所言菩萨，很显然是指受过具足戒的比丘，对其行为的要求首先列出了从不杀生到不邪见的十善道，然后又列出应该远离的诸种行为，比较散乱，但主要涉及与女性，尤其是与比丘尼的关系，与声闻戒律中对这一问题的格外关注是一致的。还有一点值得注意，此处所提到的戒行结构与《长阿含经·阿摩昼经》等是一致的，具体的要求也多有重合，但这里在重要的戒行处列举的是十善，而与《阿摩昼经》中将十善前七项与沙弥十戒相混合有所不同。而将十善作为主要的戒行，重视心法的作用，正是大乘戒的显著标志之一。此外，为了达到戒行清净，《宝髻菩萨会》

---

① 《大宝积经》卷一，第4页下。

中又列举了从一种到十种的行为，丰富了戒行的内容。①

与宝积类佛经大致同时，华严类经典也出现了。《华严经·金刚幢菩萨十回向品》中提出了三种戒、如来三种净戒的说法，但对于三种戒的具体内容没有详细说明。《十地品》中，列举住于欢喜地的菩萨行为时，提到了"不舍菩萨戒"②，对菩萨戒的内容也没有说明。在第二地离垢地中，列举了十善道为这一阶位菩萨的行为，并指出了十恶道的果报和行十善道的功德，在最后指出："诸佛子，是菩萨如是随顺持戒力，善能广生大慈悲心。"③ 可见《华严经》也继承了般若类经典的观点，以十善道为菩萨戒的基本内容。《华严经》在戒律方面也体现了以十法来组织的特色，提出了几种菩萨十种戒。《离世间品》：

---

① 《大宝积经·宝髻菩萨会第四十七之一》："佛告族姓子：菩萨行戒度无极，有一事致于清净。何谓为一？解菩萨心而无等伦。其心超过一切世间，最尊无比，越诸声闻、缘觉之意。心能降伏一切诸魔，入于众生，所名德为无量宝诸遵习法，普有所护，心未曾忘，是为一。复有二事戒度无极，为清净行。何谓为二？一曰常怀慈愍，无害众生；二曰心志于道，调柔性行，是为二。复有三事，戒无极净。何谓为三？一曰身净，净身三事，戒无阙漏，究竟备悉；二曰言净，一切所说无有谀谄；三曰意净，蠲除诸秽贪欲危害，是为三。复有四事，戒无极净。何谓为四？一曰其戒清净，二曰奉禁不毁，三曰以此戒法教化众生，四曰见持戒人敬之如佛，是为四。复有五事，戒无极净。何谓为五？一曰不叹己身，二曰不毁他人，三曰舍声闻志，四曰离缘觉意，五曰无所贪著，是为五。复有六事，戒无极净。何谓为六？一曰常念于佛，不毁禁戒；二曰常念经法，顺修其行；三曰常念圣众，不违佛教；四曰常念于施，普舍尘欲；五曰常念禁戒，不复贪慕一切五趣；六曰常念诸天，宣众德本，是为六。复有七事，戒无极净。何谓为七？一曰笃信，乐诸佛法；二曰常自念惭，为众重任；三曰念愧，思道品法而不自大；四曰仁和，不恼彼我；五曰无害，畏于后世殃罪之患；六曰不烦扰人，止心忧戚；七曰见诸众生在苦恼者，而愍哀之，是为七。复有八事，戒无极净。何谓为八？一曰无有谀谄；二曰无希冀心；三曰不贪利养；四曰舍于悭嫉，无所依倚；五曰己身所有而知止足；六曰行贤圣禅，具足澹泊；七曰处于闲居，不惜身命；八曰乐于独处，远离众会，好于道法，畏惧三界，不取无为，是为八。复有九事，戒无极净。何谓为九？一曰究所趣律，教化众生而令得度；二曰稍渐习定，修治其原；三曰令心究竟，不怀恼热；四曰求于静漠，止心所念；五曰习行威仪礼节之正，六曰超度禁戒，不见己身；七曰未曾欺惑，愍哀群生，具足大乘；八曰究竟成就戒法之业，使不缺漏；九曰心常怀念，劝助德本，是为九。复有十事，戒无极净。何谓为十？一曰净身三事；二曰净口四事；三曰净意三事；四曰念弃谀谄，志性质直而不细碎，五曰心性普入，靡不蒙度；六曰一切所觉而知节限，愍哀为本，悉解诸结；七曰心无刚鞭，教化众生，悉调和业；八曰常修己身，见藏等类恂恂恭敬；九曰于诸众佑劝示法事；十曰奉以衣食，使离世业，是为十。复有二事，戒无极净。何谓为二？一曰有毁辱者，宁失身命终不毁戒，不兴想念，不慕财业；二曰无所周旋，亦不贪求，一切诸法戒空无像。复有二事。何谓为二？一曰内净，除诸衰人；二曰外净，舍诸境界，是为二。复有二事：一曰净其道心，解自然相故；二曰戒品清净，无诸相故。佛告族姓子，是为菩萨戒度无极清净之行。"（《大正藏》第 11 册，第 3659 页上）

② 《大方广佛华严经》卷二十三，第 545 页上。

③ 《大方广佛华严经》卷二十四，第 548 页下。

佛子，菩萨摩诃萨，有十种戒。何等为十？所谓不坏菩提心戒，离声闻缘觉地戒，饶益观察一切众生戒，令一切众生住佛法戒，一切菩萨学戒戒，一切无所有戒，一切善根回向戒，不著一切如来身戒。①

《离世间品》：

菩萨摩诃萨，有十种净戒。何等为十？所谓身净戒，防护身三恶故；口净戒，远离口四过故；心净戒，永离贪恚诸邪见故；具一切净戒，于天人中最胜妙故；守护菩提心净戒，不乐小智故；守护如来所说净戒，乃至微细罪大怖畏故；微密净戒，善拔犯戒诸众生故；不作一切恶净戒，积集一切诸善法故；远离一切有见净戒，于戒无著故；守护一切众生净戒，出生大悲故。佛子，是为菩萨摩诃萨十种净戒。若菩萨摩诃萨，安住此戒，则得一切诸佛远离众恶无上净戒。②

《入法界品》提到了19种戒：

（善财童子到善住比丘所，比丘为其说无碍法门）善男子，我唯知此一无碍法门，云何能说菩萨修大悲戒，诸波罗蜜戒，乘大乘戒，不舍菩萨道戒，灭障碍戒，菩萨藏戒，不舍菩提心戒，一切佛法深心戒，念一切智不忘失戒，如虚空戒，一切世间无所依戒，不可坏戒，无譬喻戒，不浊戒，不杂戒，离疑戒，清净戒，离尘戒，离垢净戒？善男子，菩萨有如是等无量功德，我岂能知如实解说？③

上述三种说法中，第三种是列举了菩萨戒的19种名称，与内容没有直接的关系。第一、第二种侧重于从不同的方面来说明菩萨戒的内容。第

---

① 《大方广佛华严经》卷三十七，第633页下。
② 《大方广佛华严经》卷四十一，第660页上。
③ 《大方广佛华严经》卷四十八，第692页下。

二种似乎是将十善道（身三、口四、意三）与第一种十戒综合在一起，其内容又涵盖后来的菩萨三聚戒（摄律仪戒、摄善法戒、饶益有情戒）。《华严经·十地品》第二离垢地中，要求菩萨远离十不善业，行十善业，发起利益心、安乐心、慈悲心于一切众生，开正智，弃舍邪见。能够做到这三个方面的菩萨，就能善持戒律。① 不难看出，这三个方面的内容与后来的三聚净戒密切相关：第一条就是摄律仪戒，第二条是摄善法戒，第三条是摄众生戒。可见，《华严经》在菩萨戒发展过程中是一个承上启下的重要阶段。

《维摩诘所说经》也是在般若经之后出现的经典，其中心思想是"弹偏斥小""叹大褒圆"，主要从破斥小乘的立场建立对"诸法实相"的看法。《维摩诘所说经》强调无上菩提心的开发，认为涤除心垢即是解脱，所谓"心垢故，众生垢，心净故，众生净"。因此对于戒律不必斤斤计较于具体的条文，只要心净就可以"示行毁禁而安住净戒"②。《维摩诘所说经》所说的净戒也是指十善道："持戒是菩萨净土，菩萨成佛时，行十善道满愿众生来生其国。"③

这一时期还出现了一类重要的经典《法华经》。《法华经》涉及戒律的内容不多，其中《安乐行品》④ 提到菩萨四种安乐行，介绍了菩萨不应该做和应该做的事情，基本上属于戒律的范围。《法华经》在对戒律的态度上，与以上经典基本一致，比较灵活，如《药草喻品》中，佛陀说法时，要"贵贱上下，持戒毁戒，威仪具足，及不具足，正见邪见，利根钝根，等雨法雨，而无懈倦"⑤。

随着这些大乘经的流行，出现了一批佛教学者，他们试图对大乘经的义理进行系统的组织，其中最有影响的应该是龙树。龙树的著作很多，在其解释《大般若经》的《大智度论》中较多谈到了对戒律的看法，在《释初品中尸罗波罗蜜义》中列举了声闻戒的各种类型，认为出家更为难

---

① 《大方广佛华严经》卷二十四，第 548 页下。
② 《维摩诘所说经》卷二，《大正藏》第 14 册，第 548 页下。
③ 《维摩诘所说经》卷一，第 538 页上。
④ 参见《妙法莲华经》卷五，第 37 页上。
⑤ 《妙法莲华经》卷三，第 19 页下。

得①，基本依据了声闻戒的观点，在《释摩诃衍品》中又说：

> 十善为总相戒，别相有无量戒。不饮酒，不过中食，入不贪中；杖不加众生等，入不瞋中；余道随义相从戒名。身业、口业，七善道所摄。②

其中显示出以十善道统摄一切戒（包括声闻戒）的努力。《大智度论》还有意识地去比较声闻戒和菩萨戒的不同，指出："声闻禁戒以贪为先，菩萨禁戒治瞋为先；声闻尽形，菩萨尽未来际；声闻局于身口，菩萨亘于三业。"③也就是说声闻戒与菩萨戒存在着三个方面的不同：一是从对治的对象看，声闻戒首先对治贪欲，而菩萨戒则首先对治瞋恚。二是从戒存在的时间看，声闻戒只局限于一期生命，也就是说随着一期生命的终结，戒体也会失去。三是从行为的主体看，声闻戒只限于身口的行为，菩萨戒则包括身、口、意三业。

总之，大乘佛教初期出现的几类经典已经继承小乘三藏的传统，对于大乘菩萨应该遵守什么样的戒律进行了探讨。大致说来，早期大乘经所提倡的菩萨戒，与声闻戒相比，体现了两种倾向：一是对戒条的简化。以十善道为总戒相，统摄其他一切戒条就充分体现了这一点。二是对意业的重视。声闻戒主要涉及身口的行为，菩萨戒却包括了意业，而且实际上更为强调人的思想、内心的想法，认为只要从善的心念出发，具体的行为反倒可以不必太拘谨，这就使戒律具有了相当大的灵活性。这正体现了大乘佛教重视发心，重视对意业进行防护的特点。以十善道作为菩萨戒律的总纲，就使菩萨戒不仅包含律仪戒，也包含了摄善法戒的内容。到《华严经》的时代，菩萨戒的内容进一步完备，摄生方面的要求也列入其中，从而具备了三聚净戒的雏形，进一步体现了大乘佛教普度众生的精神。但这时大乘佛教还没有形成专门的戒经，大乘佛教的信徒还是依声闻戒受戒。④

---

① 参见《大智度论》卷十三，《大正藏》第 25 册。
② 《大智度论》卷四十六，第 395 页中。
③ 同上。
④ 参见吕澂《印度佛学源流略讲》，第 164 页。

可以说，初期的菩萨戒是由繁而约，由注重外在的戒条而转向注重发心，但心戒不容易持守，尤其对于初发心的菩萨，如果没有具体的规范，很容易徒托空言，不切实际，所以随着大乘佛教的发展，对戒律的要求也越来越迫切。公元 3 世纪左右出现的《大般涅槃经》中便具有了丰富的大乘戒律思想，体现了大乘佛教对戒律的新要求。一般认为《大般涅槃经》不是一时所出，前后两分，主体虽同，解释却有出路。① 在较早出现的前分中，对于菩萨持戒更多继承以前大乘经心戒的原则，对具体行为采取了融通的态度，如《大般涅槃经·金刚身品》：

> 善男子，以是因缘故，比丘、比丘尼、优婆塞、优婆夷，应当勤加护持正法，护法果报广大无量。善男子，是故护法优婆塞等，应执刀杖拥护如是持法比丘。若有受持五戒之者，不得名为大乘人也。不受五戒，为护正法，乃名大乘。护正法者，应当执持刀剑器仗侍说法者。
>
> 迦叶白佛言：世尊，若诸比丘与如是等诸优婆塞持刀杖者，共为伴侣，为有师耶？为无师乎？为是持戒？为是破戒？
>
> 佛告迦叶：莫谓是等为破戒人。善男子，我涅槃后，浊恶之世，国土荒乱，互相抄掠，人民饥饿。尔时，多有为饥饿故发心出家，如是之人，名为秃人。是秃人辈见有持戒威仪具足清净比丘护持正法，驱逐令出，若杀若害。
>
> 迦叶菩萨复白佛言：世尊，是持戒人，护正法者，云何当得游行村落城邑教化？
>
> 善男子，是故我今听持戒人，依诸白衣持刀杖者以为伴侣。若诸国王、大臣、长者、优婆塞等，为护法故，虽持刀杖，我说是等名为持戒。虽持刀杖，不应断命。若能如是，即得名为第一持戒。②

又如《大般涅槃经·如来性品》：

---

① 参见吕澂《印度佛学源流略讲》，第 157 页。
② 《大般涅槃经》卷三，第 384 页上。

善男子，我涅槃后，护持正法诸菩萨等亦复如是，以方便力与彼破戒假名，受畜一切不净物僧同其事业。尔时，菩萨若见有人虽多犯戒能治毁禁诸恶比丘，即往其所，恭敬礼拜，四事供养，经书什物悉以奉上。如其自无，要当方便从诸檀越求觅而与。为是事故，应畜八种不净之物。何以故？是人为治诸恶比丘，如彼童子驱游陀罗。尔时，菩萨虽复恭敬礼拜是人，受畜八种不净之物，悉无有罪。何以故？以是菩萨为欲摈治诸恶比丘，令清净僧得安隐住，流布方等大乘经典，利益一切诸天人故。善男子，以是因缘我于经中说是二偈，令诸菩萨皆共赞叹护法之人。如彼居士婆罗门等称赞童子善哉善哉，护法菩萨正应如是。若有人见护法之人与破戒者同其事业说有罪者，当知其人自受其殃，是护法者实无有罪。善男子，若有比丘犯禁戒已，憍慢心故覆藏不悔，当知是人名真破戒。菩萨摩诃萨为护法故，虽有所犯，不名破戒。何以故？以无憍慢发露悔故。善男子，是故我于经中覆相说如是偈。①

也就是说菩萨是否破戒，关键看其用心，如果是为了调服破戒比丘，或者为了护持正法，可以在具体行为上不必按照戒律的要求。

《大般涅槃经》后分中，对戒律的态度有了很大不同。后分集中体现戒律思想的是《圣行品》，在这一品中，首先提出了菩萨对于禁戒的态度："既出家已，奉持禁戒，威仪不缺，进止安详，无所触犯，乃至小罪，心生怖畏。护戒之心，犹如金刚。善男子，譬如有人带持浮囊欲渡大海。……菩萨摩诃萨于是微小诸戒律中，护持坚固，心如金刚。菩萨摩诃萨持四重禁及突吉罗，敬重坚固，等无差别。"②"四重禁""突吉罗"等说法表明这里所谓的禁戒就是指声闻戒，这里要求菩萨等持诸戒，对待非常轻微的突吉罗罪要和四重罪一样看待。这种对于禁戒的严肃态度应该是对此前大乘佛教忽视戒律的一种反动，也是对小乘注重持戒精神的一种回归。声闻律藏中将不同的戒律，划分为波罗夷、僧残、偷兰遮、波逸提、提舍尼、恶作、恶说等轻重不同的等次，犯不同等次的戒，受到的惩罚果

---

① 《大般涅槃经》卷六，第400页中。
② 《大般涅槃经》卷十一，第432页上。

报各不相同。但在阿含类经典中，却经常能够看到要求修行者对于小罪也要生大恐怖，要等学诸戒等说法，如《杂阿含经》卷二十四："乃至如是出家已，住于静处，摄受波罗提木叉，律仪、行处具足，于微细罪生大怖畏，受持学戒，离杀断杀，不乐杀生……"①《中阿含经·成就戒经》："长老比丘修习禁戒，守护从解脱，又复善摄威仪礼节，见纤芥罪常怀畏怖，受持学戒。"②《长阿含经·十上经》："一者比丘二百五十戒具，威仪亦具，见有小罪，生大怖畏。平等学戒，心无倾斜。"③对此，似乎可以这样理解：经是从理想的角度来谈对戒律的看法，要求对所有戒律持有一种敬畏；律是依据现实中犯戒的情况进行惩治，需要对不同的情况有所区分。但对一个真正修行的比丘，无疑应该用最严格的标准来要求自己。《大般涅槃经》正是对阿含经所要求的持戒精神的一种回归。

讲完了菩萨对待戒律应该持有的态度，《大般涅槃经》中又说到如果菩萨能坚持禁戒，就能具足五根诸戒，所谓"具足菩萨根本业清净戒，前后眷属余清净戒，非诸恶觉觉清净戒，护持正念念清净戒，回向阿耨多罗三藐三菩提戒"④。然后，经中列举了两种菩萨戒的分类：一种根据获得戒的方式，即："一者受世教戒，二者得正法戒。菩萨若受正法戒者，终不为恶；受世教戒者，白四羯磨，然后乃得。"⑤此处没有指出受正法戒的获得方式，但根据受世教戒是白四羯磨获得，也就是从师受戒，似乎受正法戒是指自誓得戒。这与《梵网经》提到的两种得戒方式颇为相似。另一种菩萨戒的划分根据内容，"复次，善男子，有二种戒：一者性重戒，二者息世讥嫌戒"。性重戒是指四禁，也就是声闻戒中的四波罗夷。息世讥嫌戒，则包括了贩卖、种植、蓄养、积蓄财物、衣食住行等诸多能够引起世俗社会讥嫌的规定。这些内容与声闻戒基本是一致的，在对待戒律的态度上，也像声闻戒一样要求"菩萨摩诃萨坚持如是遮制之戒，与性重戒等无差别"。

在介绍完戒的种类后，《大般涅槃经》还提出了要发十二个非常严酷

---

① 《杂阿含经》卷二十四，第176页中。
② 《中阿含经》卷五，第449页上。
③ 《长阿含经》卷九，第57页上。
④ 《大般涅槃经》卷十一，第432页上。
⑤ 同上。

的大愿来护持禁戒，还应以此大愿"悉以施于一切众生，以是因缘，愿令众生护持禁戒，得清净戒、善戒、不缺戒、不析戒、大乘戒、不退戒、随顺戒、毕竟戒、具足成就波罗蜜戒"①。可见《大般涅槃经》后分基于对戒律的急迫需求，对声闻戒重新给予了高度重视，其要求菩萨遵守的戒律内容基本同于声闻戒，在持戒态度上与声闻戒基本相同，或更为严格。此外，后分也体现了建立独立菩萨戒的要求，如《迦叶菩萨品》中认为优婆塞戒、沙弥戒、比丘戒、菩萨戒是逐渐深入的戒律，也就是说菩萨戒是最高的戒法。《师子吼菩萨品》中对菩萨戒与声闻戒的区别和持戒所得成效进行了简单的区分："戒复有二：一声闻戒，二菩萨戒。从初发心乃至得成阿耨多罗三藐三菩提，是名菩萨戒。若观白骨乃至证得阿罗汉果，是名声闻戒。若有受持声闻戒者，当知是人不见佛性及以如来。若有受持菩萨戒者，当知是人得阿耨多罗三藐三菩提，能见佛性如来涅槃。"②也就是说，菩萨所持的戒就是菩萨戒，声闻所持的戒就是声闻戒，受持菩萨戒才能见佛性。这里虽然强调了菩萨戒要高于声闻戒，但却没有指出菩萨戒与声闻戒内容的具体不同。或者在《大般涅槃经》看来，菩萨戒与声闻戒从具体条目上看是没有多大差别的，二者的真正区别在于持戒者是否发菩提心、行菩萨道。

《大般涅槃经》后分中也有不少地方继承了大乘戒重视发心的原则，为在一些特殊情况下破戒留下了余地，如《圣行品》："若有菩萨知以破戒因缘，则能令人受持爱乐大乘经典，又能令其读诵通利书写经卷广为他说，不退转于阿耨多罗三藐三菩提。为如是故，故得破戒。菩萨尔时应作是念：我宁一劫若减一劫堕于阿鼻地狱受罪，要必当令如是之人不退转于阿耨多罗三藐三菩提。迦叶，以是因缘菩萨摩诃萨得毁净戒。"③ 又如《迦叶菩萨品》："杀害蚊子犹得杀罪，杀一阐提无有杀罪。"④ 再如对阿阇世王的态度，经中就认为即使犯了杀父、杀母、杀阿罗汉的大逆之罪，只要深心忏悔，也可以得阿耨多罗三藐三菩提。⑤

---

① 《大般涅槃经》卷十一，第433页上。
② 《大般涅槃经》卷二十八，第528页下。
③ 《大般涅槃经》卷十二，第433页下。
④ 《大般涅槃经》卷三十三，第562页上。
⑤ 参见《大般涅槃经》卷十九《梵行品》。

《大集经》中虽然有一部分经典形成的时间较早，属于早期大乘①，但其中较多体现菩萨戒思想的《虚空藏菩萨品》《陀罗尼自在王菩萨品》具有浓厚的密教色彩，似乎是较晚出现的经典。《虚空藏菩萨品》所涉及的菩萨对于戒律的态度，有的地方与般若类经典相似，如要求菩萨"行尸罗波罗蜜与虚空……喻如虚空离诸悕望，菩萨以无求心能护于戒亦复如是"②。有的地方却与《大般涅槃经》相似，要求菩萨严持禁戒："善男子，云何菩萨不离如来所许念戒者？若菩萨持戒至解脱处威仪行成就，乃至微戒，畏如金刚，恒修净命，善护持戒。"③又说：

> 菩萨自念戒摄身口，是无作相而谨慎奉行，修胜正命，于萨婆若心终不废舍，纯至不动，亦终不舍大慈大悲，摄取教诲破戒众生，宁舍身命不求余乘，是名为戒。菩萨念胜戒，不瑕缺戒，不荒秽戒，不求戒，不染戒，无浊戒，智者所叹戒，菩萨念如是等戒，不恃持戒，不毁破戒，不称己德，不讥彼过，终不舍戒，亦不依戒，亦不住戒，虽舍一切诸所恃著而行色行，是为菩萨不离如来所许念戒。④

这里对于戒的含义赋予了多方面的内容："摄身口"，是指修身业和口业；"是无作相而谨慎奉行"是指对待身业和口业的态度，要知道其是无作，却要谨慎奉行。"修胜正命"，是指要有正当、正确的生活来源。"于萨婆若心终不废舍，纯至不动"是指要坚持菩萨心，不被贪、嗔、痴所转，这是要求修意业，到此为止，基本上是在说十善道，包括了摄律仪和摄善法的内容。"不舍大慈大悲，摄取教诲破戒众生"体现了摄众生的内容，因此这里的要求实际上体现了三聚戒的三个方面。"宁舍身命，不求余乘"体现的是对大乘佛教的坚持。在说明了戒的基本内容后，又从七个方面对戒进行描述，然后提出了一种般若类经典中常见到的不着两边、中道持戒的态度。《陀罗尼自在王菩萨品》在讲到戒律时，体现了一些新特点：

---

① 参见平川彰《印度佛教史》，商周出版社2002年版，第247页。
② 《大方等大集经》卷十四《虚空藏菩萨品第八之一》，第96页下。
③ 《大方等大集经》卷十五《虚空藏菩萨品第八之二》，第101页中。
④ 同上。

佛言：善男子，菩萨有四璎珞庄严，一者戒璎珞庄严，二者三昧璎珞庄严，三者智慧璎珞庄严，四者陀罗尼璎珞庄严。戒璎珞庄严有一种，谓于众生无有害心。菩萨若无恶害之心，一切众生常所乐见。复有二种：一者闭塞恶道，二者能开善门。复有三种：一者身净，二者口净，三者意净。复有四种：一者所求悉得，二者所愿具足，三者所愿成就，四者所欲能作。复有五种：一者信，二者戒，三者定，四者念，五者慧。复有六种：一不破戒，二不漏戒，三不杂戒，四不悔戒，五自在戒，六无属戒。复有七种：所谓七净，一者施净，二者忍净，三者精进净，四者禅定净，五者智慧净，六者方便净，七者善方便净。复有八种：谓八具足，一者无作具足，二者地具足，三者不忘心具足，四者不缓具足，五者诸根具足，六者佛世具足，七者离难具足，八者善友具足。复有九种：一者不动，二者不畏，三者定智，四者寂静，五者至心，六者清净，七者结缓，八者调心，九者住调伏地。复有十种：一者净身，为三十二相故。二者净口，为言无二故。三者净意，为解脱故。四者净田，为令众生福德增故。五者净心，为调众生故。六者净有，为行化众生故。七者菩萨名净，为得如来诸功德故。八者净慧，大神通故。九者净方便，破诸魔众故。十者净戒，为不共法故。善男子，如是等事，名戒璎珞庄严。①

这段话的背景是：陀罗尼自在王菩萨向佛陀询问菩萨应该如何行为，佛陀做出了这样的回答。这里佛陀将菩萨的行为分为四类：戒、三昧（定）、慧、陀罗尼。在传统的三学之外又加了陀罗尼，体现了密教的特色。对于戒，这里使用了十种分法，其中前三种和最后一种比较有特点，第一种分法"于众生无有害心"，概括了戒的本质特征。第二种分法，"一者闭塞恶道，二者能开善门"。概括了戒止恶、行善的两个方面，体现了菩萨戒与声闻戒的不同。第三种，"一者身净，二者口净，三者意净"，将十善作为戒的内容，则沿袭了大乘经典的一贯说法。第十种分法中前三种戒净身、净口、净意，既是十善业，又体现了三聚戒中的摄律仪

---

① 《大方等大集经》卷一，第5页下。

戒和摄善法戒，第四种戒净田、第五种戒净心、第六种戒净有则体现了摄众生的要求，第七种戒是说持戒的目的，第八种戒、第九种戒是指持戒的功用，第十种戒则是指戒的性质。

同属于大集类的《虚空藏菩萨经》在戒律方面也有一些新说法，它针对四种不同的人群（国王、大臣、声闻、菩萨）规定了几种根本波罗夷罪，其中声闻有五根本罪犯波罗夷，即在声闻四波罗夷之外加五逆之一的出佛身血。对于初发心菩萨则规定了八种根本罪犯波罗夷，这八种波罗夷涉及对人说法要观其根性，不能向愚痴之人讲说大乘法；要注意大乘经律与小乘经律的关系，不能劝其只发声闻、辟支佛心，也不能只学大乘覆避小乘；不能欺妄、两舌、自高妒他、妄语；不能贪求利养，炫耀佛法；不能依靠王力取其他善比丘或三宝物；不能依靠王力与其他比丘斗争，违法立制，破坏其他比丘修行等。这些规定已经不单纯是对自己行为的约束，更体现了大乘佛教利他的精神。这里所涉及的对小乘的态度和与王权的关系，也是此后菩萨戒所要重点阐述的问题。此经还讲到即使犯了根本罪，如果诚心发露忏悔，在虚空藏菩萨的加持帮助下，仍能够成就正法。这应是《大般涅槃经》中阿阇世王犯五逆罪却可以通过忏悔而得度思想的进一步发展。

属于密教部的《佛说灌顶拔除过罪生死得度经》[①]《大方等陀罗尼经》（北凉法众译）中对于菩萨戒有一些新的说法。《佛说灌顶拔除过罪生死得度经》：

> 佛告文殊：若男子女人，受三自归，若五戒，若十戒，若善信菩萨二十四戒，若沙门二百五十戒，若比丘尼五百戒，若菩萨戒。若破是诸戒，若能至心一忏悔者，复闻我说药师琉璃光佛，终不堕三恶道

[①] 《佛说灌顶拔除过罪生死得度经》，即《药师本愿经》，有五个译本。第一个是由东晋西域沙门帛尸梨蜜多罗翻译，经名《佛说灌顶拔除过罪生死得度经》，又名《药师琉璃光经》《灌顶经》，对于这次翻译《出三藏集记》没有记载，最早出现在《历代三宝记》中，因此不少人怀疑其真实性。第二个是刘宋慧简"依经抄撰"，这在《出三藏集记》中有记载。此后，隋代达摩笈多，唐玄奘、义净都有翻译。20世纪初，斯坦因在今克什米尔吉尔吉特地区发现的一批梵文佛经中也有药师经典。《药师经》是翻译的佛经应不成问题。这里使用标名为帛尸梨蜜多罗翻译的版本。

中必得解脱。①

这里提出了几种戒：五戒，十戒，善信菩萨二十四戒，沙门二百五十戒，比丘尼五百戒，菩萨戒。五戒应指居士五戒，十戒应指沙弥（尼）十戒，沙门二百五十戒、比丘尼五百戒是指具足戒。善信菩萨二十四戒的说法比较独特，隋代达摩笈多、唐代玄奘及现代发现的梵文本中都没有这一说法。《佛说灌顶拔除过罪生死得度经》中没有指出二十四戒的具体内容，《大方等陀罗尼经》中进行了详细列举（本章第二节、第三节中已做了比较）。很显然，《梵网经》十重四十八轻戒的内容与菩萨二十四戒多有重合。《佛说灌顶拔除过罪生死得度经》将善信菩萨二十四戒放在比丘戒之前，后面又专门提到菩萨戒，这说明菩萨二十四戒应该是一种在家众的戒法。《大方等陀罗尼经》中也有类似的表述："若菩萨二十四戒，沙弥十戒，式叉沙弥尼戒，比丘戒，比丘尼戒。如是诸戒，若犯一一诸戒，当一心忏悔。若不还生，无有是处，除不至心。"② 总之，在这两部经典中，二十四戒还不具有独立大乘菩萨戒的地位。

还有一部关于菩萨戒的重要经典，即鸠摩罗什（或谓竺法护）所翻译的《清净毗尼方广经》，经中详细列举了菩萨戒与声闻戒的十七种不同：

> 时寂调伏音天子问文殊师利：云何名为菩萨毗尼？云何名为声闻毗尼？文殊师利言：天子，怖畏三界毗尼，是声闻毗尼。受无量生死，欲化一切诸众生等，生于三界毗尼，是菩萨毗尼。轻毁功德庄严毗尼，是声闻毗尼。自集功德庄严毗尼，是菩萨毗尼。自断一切诸烦恼结，是声闻毗尼。欲断一切众生烦恼，是菩萨毗尼。不念成熟一切众生一切佛法，是声闻毗尼。念欲成熟一切众生一切佛法，是菩萨毗尼。非为一切诸天所识，是声闻毗尼。一切三千大千世界诸天识知，是菩萨毗尼。一切魔舍是声闻毗尼，一切三千大千世界诸魔嗥哭，一切众魔生于怨憎，生摧伏想，是菩萨毗尼。唯独照明是声闻毗尼，普

---

① 《佛说灌顶拔除过罪生死得度经》卷十二，第534页中。
② 《大方等陀罗尼经》卷一，第645页中。

欲照明一切世间，欲照明成就一切佛法，是菩萨毗尼。自观之心是声闻毗尼，观一切佛法是菩萨毗尼。渐次毗尼是声闻毗尼，一念悉知是菩萨毗尼。断三宝种，是声闻毗尼。持三宝种，是菩萨毗尼。如破瓦器不可修补，是声闻毗尼。如金银器破还可修治，是菩萨毗尼。无善方便，是声闻毗尼。成就方便，是菩萨毗尼。无有十力、四无所畏，是声闻毗尼。成就十力、四无所畏，是菩萨毗尼。少水果树，是声闻毗尼。园林堂阁法乐可乐，是菩萨毗尼。无六波罗蜜，无四摄法，是声闻毗尼。有六波罗蜜，具四摄法，是菩萨毗尼。不断一切习，是声闻毗尼。灭一切习，是菩萨毗尼。又复天子，略说有限所摄，有少法功德，有少戒闻、定、慧、解脱、解脱知见，是声闻毗尼。无量无量所摄，无量功德，无量戒闻、定、慧、解脱、解脱知见，是菩萨毗尼。①

概括起来，这十七种不同主要为：声闻戒只关注自己的解脱，菩萨戒则要度一切众生；声闻戒是渐次获得，菩萨戒则一念悉知，是顿立戒；声闻戒犯了重戒即失去比丘（尼）资格，且此生不能重受，菩萨戒却可以通过各种方式忏悔除灭，或重新受；声闻戒没有权宜方便，菩萨戒则有各种方便；菩萨戒有十力、四无所畏，具六波罗蜜、四摄法，声闻戒则不具有；声闻戒功德有限，菩萨戒则功德无量。《清净毗尼方广经》已经开始系统思考菩萨戒与声闻戒的不同，其所概括的内容抓住了菩萨戒的根本精神，体现了菩萨三聚戒的三个方面，在大乘戒律史上具有重要意义。

随着大乘佛教的发展，出现了一批全面组织大乘学说的文献，其中涉及菩萨戒律的主要是《菩萨藏摩呾理迦》，即后来收入《瑜伽师地论》作为本地分十七地之一的《菩萨地》②，《菩萨地》的一个重要特点就是把散见于各经中的有关大乘戒律的内容总集起来，提出了菩萨自乘的律仪戒，即四重四十三轻的戒条。此前大乘没有专门的律仪戒，大乘出家者都在小乘部派中受戒，因此大乘对小乘虽多有批评，但在戒律上却不得不依附小乘，至此，菩萨有了自己的律仪，对小乘的依附大大减少。但考察

---

① 《清净毗尼方广经》，《大正藏》第24册，第1077页下。
② 参见吕澂《印度佛学源流略讲》，第162页。

《菩萨地》的菩萨戒法，总称为三聚净戒，包括摄律仪戒、摄善法戒、摄众生戒，其中的摄律仪戒就是指的声闻七众戒，而且规定受菩萨戒之前必须要先受七众戒，仍然保留了声闻戒的等次，也就是说受了具足戒再受菩萨戒才是最高的，仍然体现了对出家人的重视。因此，《菩萨地》一方面体现了以菩萨戒包含一切戒的努力，另一方面又没有完成建立独立菩萨戒的任务。

集中涉及菩萨戒的经典还有《优婆塞戒经》，此经除提出在家菩萨应受的五戒外，还提出六重、二十八失意等大乘独有的戒条。值得注意的是《优婆塞戒经》体现了以在家菩萨为中心的精神。《观集会品》谓："在家之人发菩提心，胜于阿罗汉、辟支佛等果。"① 每品最后都说在家之人发菩提心，种种之难难于出家人。可见"此经虽贯通于一切佛法靡不穷尽，然究以在家菩萨为其中心。而其赞叹在家之人发菩提心，从四天王乃至阿迦尼咤诸天，皆大惊喜，尊得人天之师。又以出家之人不事生产，受人天供养，于布施波罗密反难圆满；故此经乃特为在家菩萨之所宗也"②。这种对在家菩萨的重视，与大乘佛教初期的精神非常相似，可以看作是对声闻戒重视出家众的一种反动。③

总之，由于大乘佛教在理论上与小乘佛教有很大差异，在戒律方面虽没有形成专门的菩萨律藏，但声闻戒律的规定显然不能满足大乘佛教强调意业、重视利他的要求，因此早期的大乘经典就开始探讨菩萨戒的标准，此后主要的大乘经典都对这一问题给予了充分重视，它们越来越关注菩萨戒与声闻戒的区别，试图形成独立的菩萨戒律。大致说来，小乘佛教是以戒、定、慧来概括佛教的基本内容，在三学中，戒本来是一种带有强制性的规定，侧重于止恶；定学、慧学则侧重于修善。大乘佛教一般以六波罗蜜来概括菩萨修行的内容，其中的尸波罗蜜也是侧重于止恶，其他五种波罗蜜则侧重于修善和度生。但从菩萨戒的发展历程看，从般若类经典以十

---

① 《优婆塞戒经》卷一，第1035页中。
② 太虚：《优婆塞戒经在佛法中之位置》，摘录自《优婆塞戒经讲录》卷首，《太虚大师全书》第十六册，善导寺1980年版。
③ 正如平川彰所言："大乘佛教本来便以在家为中心。早期的大乘经典已经宣说以在家菩萨为中心的教理，固然也成为以出家为中心的佛教，这是由于在家佛教逐渐转变成出家佛教。在家者无法严守戒律、切实修习禅定，无法按照佛陀所教的法去实践。"平川彰：《印度佛教史》，第228页。

善为尸波罗蜜的主要内容,到《华严经》等经典中菩萨戒已具备三聚净戒的形式,再到《菩萨地》中三聚净戒的正式提出,体现了将菩萨一切修行都纳入戒学范围的倾向,提高了菩萨戒学的地位,也模糊了其原来的边界。但印度菩萨戒是在声闻戒基础上形成的,是一种加行戒,是不能脱离于声闻戒而单独授受的。戒律传入中国后,遇到了完全不同的情况,中国的菩萨戒也体现出不同的特点。

一般认为佛教在两汉之际传入中国,但佛教经典的集中翻译,则开始于桓灵之际的安世高和支谶。安世高翻译的经典大多属于小乘,支谶的翻译则多属于大乘。大小乘佛教在印度的发展具有明显的阶段性,但在中国,这两类经典几乎同时传入,因此在汉地佛教发展的初期,佛教内外对大小乘的区分没有明确的概念。在戒律方面也是如此,当印度大乘佛教已在积极寻求建立独立菩萨戒的时候,中国佛教却正在寻找较为规范的僧尼戒律。

汉魏西晋之际,虽有佛经的翻译,但佛教的流传比较有限。据《高僧传·佛图澄传》:"唯听西域人得立寺都邑,以奉其神,其汉人皆不得出家。魏承汉制,亦修前轨。"①可见汉魏之际,汉人之中很少有出家的。曹魏嘉平(249—254)中,中天竺僧人昙柯迦罗到达魏都洛阳,魏地僧众请他译出戒律,昙柯迦罗认为:"律部曲制,文言繁广,佛教未昌,必不承用。"② 只从广律中摘出最基本的条文,译出《僧祇戒心》,是为戒律传入中国的标志。一百多年后,佛教领袖释道安(312—385)深感戒律传来之不全,乃搜寻经典,制定僧尼规范,并积极促成戒律的翻译。③ 此后,随着鸠摩罗什和一批律学僧人来华,声闻戒律的翻译逐渐完备。从404年《十诵律》翻译开始,到423年《五分律》翻译完成,短短二十年间,四大广律④在中国就被完整翻译出来,可见汉地僧尼对戒律的迫切

---

① 慧皎:《高僧传》卷九《佛图澄传》,第352页。
② 慧皎:《高僧传》卷一《昙柯迦罗传》,第13页。
③ 中国佛教史上第一位到达印度留学,并携带佛经返回中土的僧人法显,西行求法的主要动机也是"慨经律舛阙,誓志寻求"(慧皎:《高僧传》卷三《释法显传》,第87页)。
④ 《十诵律》(说一切有部)61卷,404—409年,弗若多罗、鸠摩罗什在长安译出。《四分律》(法藏部)60卷,410—412年,佛陀耶舍、竺佛念在长安译出。《摩诃僧祇律》(大众部)40卷,416—423年,佛陀跋陀、法显在建康译出。《五分律》(化地部)30卷,422—423年,佛陀什在建康译出。

需要。广律的翻译激发了汉地僧众研究戒律的热情，但各部戒律具体规定的差异，也给汉地佛教界造成了疑惑。此后随着大乘戒律相关经典在汉地的传译，这一问题更为突出。

大乘戒律主要由印度僧人昙无谶传译到汉地。据汤用彤先生推测，昙无谶应该是在玄始十年（421），到达北凉都城姑臧，而翻译与菩萨戒有关的经典当在此前已经开始。① 昙无谶所译的经典，各经录记载各不相同，距离其生活年代最近的《出三藏记集》谓其译经十一部，一一七卷。其中，较多涉及大乘戒律的有《大般涅槃经》《方等大集经》《方等王虚空藏经》，而主要关于菩萨戒的则有《菩萨地持经》（《瑜伽师地论菩萨地》异译）《菩萨戒本》《优婆塞戒经》《菩萨戒优婆塞戒坛文》。随着菩萨戒经典的不断翻译，菩萨戒得到了较多普及，据《出三藏记集》记载，当时出现了好几种关于受菩萨戒的书抄，如《菩萨戒自在经》一卷（抄）、《菩萨戒要义经》一卷（抄《菩萨戒》）、《菩萨戒经》一卷（异出本，似抄）、《菩萨受戒法》一卷（异出）、《受菩萨戒次第十法》《菩萨戒独受坛文》一卷。②

综上所述，可见声闻戒的广律与菩萨戒经典基本都是在五世纪初被传译到汉地。此前四百多年，汉地佛教在戒律方面虽基本依据声闻戒，但由于律藏的翻译非常有限，很多人对于戒条的理解多有疑惑，在持戒过程中也很难做到如法如律。5世纪初，声闻广律和大乘戒经的集中传译，无疑为中国佛教界带来了新的生机，引发了对戒律的充分重视。如果说此前戒律的混乱，一方面体现了中国佛教的不足，但从另一方面看，没有固定的成规，又是中国佛教的长处，此前在印度发展了近千年，阶段分明的大小乘戒律同时较为完整地展现在中国佛教界面前，这为他们摆脱成见，建立适合中国社会的戒律规范提供了丰富的素材。中国佛教界可以不像印度那样受遵守了几百年的声闻戒律的束缚，完成从印度已经开始的建立独立大乘戒律的任务。

事实上，由于戒律的不全和中印社会风俗的差异，为了维持僧团的正常秩序，中国僧俗早已根据自己的理解开始了建立僧尼规范的探讨，出现

---

① 汤用彤：《汉魏两晋南北朝佛教史》，第276页。
② 僧祐：《出三藏记集》卷四，第103—104页。

了各种戒律之外的僧制。这一方面，最有贡献的代表性人物，应为晋代的释道安。道安作为中国佛教早期的领袖人物，为中国佛教的发展做出了杰出的贡献，他一方面努力寻求来自印度的戒律，尽量使汉地僧尼规范能如法如律，另一方面出于摄受僧众的需要，他又积极制定僧尼规范。这种规范自然会受中国传统的影响，而与来自印度的戒律有不少差距。道安在翻译《比丘戒本》时，"嫌其丁宁，文多反复"①。命令笔受者慧常删除重复部分，后虽在慧常一再坚持下，没有实行，但这件事情却充分体现了中印传统的差距。这种差距，可能在某些方面会改变佛教的本意，但中印传统毕竟不同，依据印度风俗成立的戒律如果不做改变，也很难适应中国社会。所以，适当的改变是很有必要的，这正可以体现佛教"随方毗尼"和"舍小小戒"的原则，为佛教适应中国传统，在中国社会发扬光大提供方便。此外，与道安大致同时的支遁也曾制定《般若台众僧集议节度》，道安的弟子慧远也制定了《法社节度》《外寺僧节度》《比丘尼节度》②等规范。

如果说此后中国僧团基本上是在戒律和僧制的双重约束下运转，在公元五世纪初期，还存在着另一种可能，即延续印度大乘佛教建立独立菩萨戒律的方向，适应中国社会的特殊情况，建立契理契机的中国大乘菩萨戒。《梵网经》的出现就是一种重要尝试。《梵网经》排除声闻戒律，混一僧俗，建立彻底大乘戒的勇气；其充分考虑中国社会现实，关注世俗权力，要求统治者受菩萨戒，又严格防范统治者干涉佛法的灵活态度；其将戒律与中国文化传统相结合的多方努力，等等，都体现了一种务实而创新的精神，这些都奠定了《梵网经》在佛教史上的重要地位。但按照《梵网经》的要求，声闻戒似乎没有受持的必要，人们完全可以按照十重四十八轻的菩萨戒来受戒。若如此，出家僧团是否还有必要存在？这不仅是一个理论问题，还牵扯到现实中的各种利益。《梵网经》对此也很矛盾，在一些地方强调菩萨戒的平等性，在另一些地方又体现出对出家僧团的特别关注。这些问题使《梵网经》看上去让人难以理解，也为后来的注释者们留下了解释的空间。

---

① 《出三藏记集》卷十一，第413页。
② 僧祐：《出三藏记集》卷十二，第437页。

第二章 智顗与《菩萨戒义疏》

根据僧传、经录等资料记载,南北朝时期授受菩萨戒应主要依据《瑜伽》系菩萨戒,唐代以后《梵网》系菩萨戒却逐渐成为汉传佛教菩萨戒的主流①,其原因,除了上文提到的梁武帝对《梵网》戒的重视,更与天台宗的实际创立者智顗有关。

第一节 智顗与《菩萨戒义疏》关系考辨

《大正藏》中载有《菩萨戒义疏》两卷,是现存最早的《梵网经》菩萨戒注疏,其列著者为"隋天台智者大师说 门人灌顶记"。从现存的资料看,历史上没有人怀疑《菩萨戒义疏》为智顗所作。20世纪中期,日本学者提出了不同看法,代表性人物主要有佐藤哲英,他在《天台大师之研究》一书中指出《菩萨戒义疏》不是智顗的著作,但在8世纪初已经存在。他否定《菩萨戒义疏》为智顗所作的理由如下:(一)早期文献资料如灌顶的《智者大师别传》、道宣的《续高僧传》和《大唐内典录》中未有记载。(二)天台三大部对《梵网经》之引用甚少。(三)天台所述"持戒清净"中与《梵网经》无关系。(四)《菩萨戒义疏》主张色法戒体,与智顗在其他著作中的观点不一致。(五)书中使用三重玄义,而非智顗常用的五重玄义。对此台湾学者陈英善已经逐条进行了批驳。② 针对第一条意见,陈英善主要利用天台九祖湛然(711—782)门人明旷所

---

① 参见佐藤达玄《戒律在中国佛教的发展》,第478—490页。
② 参见陈英善《天台智者的戒体论与〈菩萨戒义疏〉》,《佛学研究中心学报》2007年第五期。

著《天台菩萨戒疏》中的一段文字进行反驳。《天台菩萨戒疏》提到："今随所欲，直笔销文，取舍有凭，不违先见，则以天台为宗骨，用天宫之具缘，补阙销释，贵在扶文，则诸家参取。"① 陈英善认为：

> 从这段记载中，可得知明旷《天台菩萨戒疏》的删补是有凭有据，主要是根据天台、天宫慧威、诸家（包括法藏等人）……而其中所谓的"天台"究竟何指？指何人？由明旷所删补的《天台菩萨戒疏》来看，其所谓的"天台"是指天台之《菩萨戒疏》，以此为蓝本而加以删补之，由此来推天台《菩萨戒疏》之可能成立年代，在于天宫慧威之前即存在，也就是在智者、灌顶、智威时已有之；再者，从吾人所称的"天台"两字来作了解，在此之前，直接以"天台"作为称呼者，是指天台智者，也就是一般往往以"天台"两字代表智者（如灌顶、湛然等人皆加上其地号，如章安、荆溪等），除此之外，并未有以"天台"称呼其他之人。因此，文中所谓的"以天台为宗骨，用天宫之具缘"从这两句话相对比来看，"天宫之具缘"指的是天宫慧威所作的菩萨戒仪，若由此推"天台为宗骨"应是指天台的《菩萨戒义疏》及天台教义，而明旷以此《天台菩萨戒疏》为蓝本来删补之。

另外，陈英善还从《菩萨戒义疏》所论及的六种菩萨戒本来分析，认为："此中所述的六种戒本，时间大约集中在南北朝时期，由此时间似乎可推知《菩萨戒义疏》成立年代约在梁隋之际。"

本书赞同陈先生的看法，再补充几点意见，《宋高僧传》卷十七《唐越州焦山大历寺神邕传》云：

> （邕）又从左溪玄朗师习《天台止观》、《禅门》、《法华玄疏》、《梵网经》等四教三观等义。②

---

① 明旷：《天台菩萨戒疏》卷一，《大正藏》第40册，第580页中。
② 赞宁：《宋高僧传》卷十七，《大正藏》第50册，第815页中。

第二章　智顗与《菩萨戒义疏》

左溪玄朗为天台宗八祖，《止观》《禅门》《法华玄疏》都是智顗的著作，将《梵网经》与前三书列在一起，并称为"……等义"，正说明智顗对《梵网经》也有自己的注疏之作。

另外，《智者大师别传》完成于智顗去世后九年，即公元606年，此时属于天台三大部的《法华文句》《摩诃止观》都没有最终完成，在《别传》中都没有著录，《菩萨戒义疏》可能也是因为没有编撰完成，才没被著录。《续高僧传》（645年完成）、《大唐内典录》（664年完成）没有著录《菩萨戒义疏》可能与唐初期天台宗的实际状况有关。"天台宗"这个名字最早出现在湛然的《法华经大义》中，但作为中国第一个比较成熟的宗派，天台宗在智顗生前已经创立。在智顗的大力弘扬和陈、隋帝王的极力支持下，天台教义在陈、隋两代曾非常兴盛。智顗生前曾有强烈的传法愿望，希望天台思想能够发扬光大，却时常感慨后继无人，他在给晋王杨广的遗书中说自己有六恨，其中第二恨为："然圣法既差，自审非分，欲以先师禅慧授与学人，故留滞陈都，八年弘法。诸来学者，或易悟而早亡，或随分而自益，无兼他之才，空延教化，略成断种。自行前缺，利物次虚，再负先师百金之寄。"第四恨为："又作是念，此处无缘，余方或有先因，荆潭之愿，愿报地恩。大王弘慈；霈然垂许，于湘潭功德粗展微心。虽结缘者众，孰堪委业？初谓缘者不来，今则往求不得。"① 智顗去世后，纲领天台山的智越（543—616）在义学上似乎没有多少建树，但因为智顗与晋王杨广的关系，智越主持天台期间，仍得到皇室的大力支持，整个僧团保持了较大活力。后来被认为继承智顗法统正宗，并被天台宗尊为五祖的是追随智顗十几年，记录整理智顗大部分著作的灌顶（561—632）。智顗去世后，灌顶在天台僧团中扮演了重要角色。智顗去世后第二年（598），灌顶曾亲赍"石城遗书"赴扬州，呈于晋王杨广，杨广很快便按照智顗的遗愿建立国清寺。此后灌顶与杨广保持了很好的个人关系，大业七年（611），已登帝位的杨广领兵打仗期间，仍派人到灌顶行所，"叙以同学之欢"。总之，天台宗在整个隋代都保持了很大的影响。但也许正是由于天台宗与杨广的这种密切关系，加上隋末的大乱，后继者缺少弘化之才，入唐后天台宗一度消沉。智越去世后，其弟子中并

---

① 灌顶：《国清百录》卷三《遗书与晋王》，《大正藏》第46册，第809页下。

没有杰出者。灌顶则"纵怀丘壑，绝迹世累，定慧两修，语默双化①"。并于贞观六年入寂。此后，继承灌顶法脉的六祖智威、七祖慧威、八祖玄朗，在义学上都没有太大建树，生平事迹也少闻于世，天台宗在一段时间内与唐前期兴起的华严、法相、禅宗等相比黯然失色，直到唐中期九祖湛然（711—782）重新注疏天台三大部，才使天台宗出现中兴的局面。湛然门人梁肃曾用"明道若昧"来描述天台宗这段暗淡的历史。② 在这样的历史背景下，灌顶在智𫖮过世后整理出来的一些智𫖮著作不被唐前期的一些文献记载，就不足为怪了。

另外，新罗僧人元晓（617—686）所著《梵网经菩萨戒本私记》中有几处似乎与《义疏》有关，如："（杀法）《疏》云，以杀具刀杖等为法。然而无合于义。"③ 考察《私记》所涉及的内容，此处的《疏》应该就是指《义疏》。《私记》中有："今此卷者，《梵网经》大部中一品，上卷者明菩萨心地法门，此下卷中明菩萨戒相。"④ 与《义疏》相关论述基本相同。另外，杀戒中约三品众生辨非、六种杀的分类以及构成重罪的条件等内容与《义疏》也非常相似。元晓生活的时代基本在唐前期，公元644年曾与义湘一起计划入唐求法，但未成行。⑤ 元晓对《梵网经》非常重视，据《韩国佛书解题辞典》所载，他关于《梵网经》的著述有五种：（1）《梵网经宗要》，一卷，失。（2）《梵网经疏》，二卷，失。（3）《梵网经略疏》，一卷，失。（4）《梵网经菩萨戒本私记》，二卷，上卷存。（5）《菩萨戒本持犯要记》，一卷，存。《私记》作为对《梵网经》的一种注疏，虽在文字上与《义疏》没有太多直接关系，但应该参考了《义疏》的内容。此后，新罗华严宗创立者义湘（625—702）门下十大德之一的义寂作《菩萨戒本疏》，《本疏》在文字上多处直接使用了《义疏》的内容。可见当时，《义疏》在新罗已经非常流行。而与义湘同学于智俨门下，比义湘小18岁，被奉为华严宗三祖的法藏（643—712）所著《梵

---

① 道宣：《续高僧传》卷十九，第584页下。
② 赞宁：《宋高僧传》卷六《湛然传》，第739页下。
③ 元晓：《梵网经菩萨戒本私记》，《卍续藏》第38册，第281页中。
④ 同上书，第274页中。
⑤ 关于元晓的生平事迹，有很多不同的说法，详见何劲松《韩国佛教史》（社会科学文献出版社2008年版），本书采用通常的说法。

网经菩萨戒本疏》中却几乎看不到《义疏》的影响，《本疏》中有言：

> 又闻西国诸小乘寺，以宾头卢为上座。诸大乘寺以文殊师利为上座，令众同持菩萨戒，羯磨说戒，皆作菩萨法事，律藏常诵不绝。然声闻五律四部，东传此土，流行其来久矣。其于菩萨律藏迥不东流，昙无谶言于斯已验。致使古来诸德或有发心受戒，于持犯暗尔无所闻。悲叹良深，不能已已。藏虽有微心，冀兹胜行，每慨其斥阙，志愿西求，既不果遂，情莫能已。后备寻藏经，捃摭遗躅，集菩萨毗尼藏二十卷，遂见有菩萨戒本，自古诸贤未广解释。今敢竭愚诚，聊为述赞，庶同业者粗识持犯耳。①

法藏羡慕西国大乘寺菩萨戒的普遍传诵，感慨汉地菩萨律藏的缺失，想西行寻求，但没有如愿以偿，于是遍寻藏经，从中集出 20 卷菩萨毗尼藏，并发现了菩萨戒本，即《梵网经》菩萨戒本。对这一戒本，自古以来没有人进行过详细的解释。据此，法藏生活的时代，不仅《菩萨戒义疏》，就连《梵网经》菩萨戒也流传不广。但既然新罗僧人能够看到，足以证明其在 8 世纪以前就存在。新罗佛教与中国天台宗关系密切，汤用彤《隋唐佛教史稿》谓："南岳慧思有弟子玄光，受《法华安乐行门》，证法华三昧，后归国行化。而高丽释波若，亦曾入天台山受智者教。……宋初天台典籍散失，而高丽谛观乃返送其国所存者来华也。"② 也许《义疏》在隋代即由僧人带至新罗，并因是智𫖮著作而广泛流行，在汉地却因隋末大乱而少有流传，后来由新罗僧人传回汉地得以广泛传播。

佐藤哲英第二条否定意见中，只注意到了智𫖮在天台三大部中引用《梵网经》的次数较少，而没有注意智𫖮对《梵网经》的评价。我们先来看看在智𫖮的著作中是如何描述《梵网经》的。

《释禅波罗蜜次第法门》卷二：

---

① 法藏：《梵网经菩萨戒本疏》卷一，《大正藏》第 40 册，第 605 页上。
② 汤用彤：《隋唐佛教史稿》，北京大学出版社 2010 年版，第 186 页。

> 第二广明持犯者，从初心至佛果，以明持犯有十种：……七持智所赞戒。发菩提心，为令一切众生，得涅槃故持戒。如是持戒，则为智所赞叹。亦可言持菩萨十重四十八轻戒，此戒能至佛果故，为智所赞叹。八持自在戒。菩萨持戒，于种种破戒缘中，而得自在。亦可言菩萨知罪不罪不可得故，但随利益众生，而持戒心，无所执故，名自在戒。九持具足戒，菩萨能具一切众生戒法，及上地戒。十持随定戒，不起灭定，现种种威仪戒法，以度众生。前四即是世间戒净，亦得出世间戒，义具如前说，善应分别中。二是出世间戒净，后四是出世间上上戒净。若能如上所说受持。①

《释禅波罗蜜次第法门》（简称《次第禅门》），为智顗在金陵弘法时（569—575）讲述，由弟子法慎记成三十卷。后来，经过灌顶删定编辑，制定为十卷。这是智顗较早的著作，在《智者大师别传》中著录。其中，将《梵网经》十重四十八轻戒规定为十戒中的第七戒智所赞戒，属于出世间上上戒，"能至佛果"，可见对其重视。

《法界次第初门》卷上：

> 次此应明在家优婆塞、优婆夷，一日一夜八戒，出家沙弥、沙弥尼十戒，式叉摩那尼六法戒，比丘、比丘尼十种得戒，五篇七聚相，乃至菩萨十重四十八轻戒，及三千威仪，八万律仪。②

《法界次第初门》是智顗在天台隐修期间（575—584）所作。其中列了各种戒的名称，按其排列的顺序，似乎把菩萨十重四十八轻作为高于具足戒的戒法。

《妙法莲华经文句·释寿量品》：

> 《梵网经》结成华严教，华台为本，华叶为末。别为一缘，作如

---

① 智顗：《释禅波罗蜜次第法门》卷二，《大正藏》第46册，第483页下。
② 智顗：《法界次第初门》卷一，《大正藏》第46册，第671页上。

此说，而本末不得相离。①

《法华文句》在《智者大师别传》中没有著录，但据潘桂明《智颛评传》，陈祯明元年（587）智颛在光宅寺讲授《法华经》，弟子灌顶后将讲经内容整理成《法华文句》。② 此处认为《梵网经》属于华严教，这在智颛五时八教的判教体系中属于第一时、别教、顿教，是仅次于《法华经》《涅槃经》的经典。

《法华玄义》卷三：

> 他云，《梵网》是菩萨戒。今问：是何等菩萨戒？彼若答言：是藏、通等菩萨戒者，应别有菩萨众。众既不别，戒何得异？又若别明菩萨戒，何等别是缘觉戒？今明三藏三乘无别众，不得别有菩萨缘觉之戒也。若作别、圆菩萨解者，可然。何者？三乘共众外别有菩萨故别有戒。③

《法华玄义》是灌顶根据智颛在玉泉寺讲说的内容（593）整理而成的，属于智颛后期成熟的思想。此处，智颛认为《梵网经》菩萨戒属于别教、圆教菩萨戒，圆教是智颛化法四教中最高、最究竟的教法。与在《法华文句》中的地位相比，《梵网经》菩萨戒在此处的地位已经提高了很多。

《摩诃止观》卷四：

> 次观因缘生心即中者，观于心性毕竟寂灭，心本非空，亦复非假。非假故非世间，非空故非出世间，非贤圣法，非凡夫法。二边寂静，名为心性。能如是观，名为上定。心在此定，即首楞严。本寂不动，双照二谛，现诸威仪，随如是定，无不具足。如是观心，防止二边无明诸恶，善顺中道一实之理，防边论止，顺边论观，此名即中而

---

① 智颛：《妙法莲华经文句》卷九，《大正藏》第34册，第127页下。
② 潘桂明：《智颛评传》，南京大学出版社1996年版，第517页。
③ 智颛：《妙法莲华经玄义》卷三，《大正藏》第33册，第715页中。

持两戒也。故《梵网》云：戒名大乘，名第一义光，非青、黄、赤、白。戒名为孝，孝名为顺。孝即止善，顺即行善。如此戒者，本师所诵，我亦如是诵。当知中道妙观，戒之正体，上品清净究竟持戒。①

《摩诃止观》也是智颛在玉泉寺所讲，智颛生前及《智者大师别传》中称为《圆顿止观》，后来又经过灌顶整理，改名为《摩诃止观》，代表天台宗的成熟思想。在智颛的三观（空观、假观、中观）体系中，中观具有最高最终极的意义，此处将《梵网》戒与中观结合在一起，认为《梵网》戒具备止、行二善，"中道妙观"是"戒之正体"，从而确认了《梵网》戒在戒律中的最高位置。

综上所述，不难看出，智颛在其著作（除《义疏》外）中虽然没有过多提到《梵网经》，但《梵网经》菩萨戒在其思想体系，尤其是对戒律的认识方面具有重要地位，而且随着其思想体系的渐趋成熟，《梵网经》菩萨戒的地位也越来越高。② 另外，智颛著作（除《义疏》外）关于戒律的部分中从来没有提到过《地持经》菩萨戒，这也是一个很好的反证。

智颛对《梵网经》的重视不仅体现在理论上，更体现在实践上。在菩萨戒的授受中，智颛应该是以《梵网经》菩萨戒为主要依据的。据《国清百录》《智者大师别传》等记载，陈代有不少大臣、王子、后妃跟随智颛受菩萨戒，如陈金紫光禄王固、侍中孔焕、尚书毛喜、仆射周弘正等，"俱服戒香，同飡法味"③。陈永阳王，"眷属同禀净戒"④。陈后主，"太子已下并托舟航，咸宗戒范"⑤。《别传》里虽然没有直接说明这些人受的是何种戒，但据《国清百录》中的请戒文，可以知道应该都是菩萨戒。至于是何种菩萨戒，《国清百录》里没有明确交代。《国清百录》中有一篇隋炀帝作晋王时请智颛授菩萨戒的疏文，其中有："谨以今开皇十一年十一月二十三日，总管金城设千僧蔬饭，敬屈禅师授菩萨戒。戒名

---

① 智颛：《摩诃止观》卷四，第36页中。
② 与此相比，华严二祖智俨就把《梵网经》的位置看得较低："其《璎珞本业》《梵网》二经，是二乘摄。《华严经》是一乘摄。"（智俨：《华严经内章门等杂孔目》卷四，《大正藏》第45册，第587页下。）
③ 灌顶：《智者大师别传》，《大正藏》第50册，第192页下。
④ 同上。
⑤ 同上。

为孝，亦名制止。"① "戒名为孝，亦名制止"② 显然是引用了《梵网经》的内容。智顗去世后，兼秘书监柳顾言奉隋炀帝之旨撰写了《天台国清寺智者禅师碑文》，其中这样描述杨广受戒的情况：

> （晋王杨广）本之以仁慈，施之以声教，行之以要道，体之以无为。姑射杳然，尚想渊賾；沧波壮矣，思济舟航，以为能仁种觉，降兹忍土。信相入道，净戒居先。《梵网》明文深传萨埵，国师僧宝必兼禅慧。……于时天地交泰，日月载华，庭转和风，空净休气。林明七觉之华，池瀲八净之水。化覃内外，事等阿输之城。教转法轮，理符宝冥之窟。文武寮寀，俱荫慈云，欣欣焉，济济焉，肃肃焉，痈痈焉。经所谓摄律仪戒、摄善法戒、摄众生戒。显发三愿，真正十受。……睿情犹疑未满，以为师氏礼极必有嘉名，如伊尹之曰阿衡，吕望之称尚父。检《地持经》智者师目，谨依金口，虔表玉裕，便克良辰，躬出顶礼。③

杨广认为修学佛道"净戒居先"，并引《梵网经》来证明受菩萨戒的重要性。接下来文中提到所受戒的名称为"摄律仪戒、摄善法戒、摄众生戒"，这种名称显然来自于《地持经》。受戒的内容为"显发三愿，真正十受"，"显发三愿"应该是指皈依三宝，"真正十受"应该是指《梵网经》十重戒。如前所述，三归十戒的受戒次序正是《梵网经》试图确立的戒学新规范（参加第一章第三节）。而将授戒师称为智者，则是《地持经》的说法。可见智顗为杨广所授菩萨戒当以《梵网经》为主要依据，并结合了《地持经》的内容。据此，智顗为其他人所授菩萨戒也应如此。既然智顗如此重视《梵网经》，那么为其作疏，使之更容易被理解、被接受，也就在情理之中了。

总之，本书认为，无论从《菩萨戒义疏》出现的时间，其中所体现的天台宗思想（后详论），还是智顗对《梵网经》的重视，都可以将《菩

---

① 灌顶：《国清百录》卷二《王受菩萨戒疏》，《大正藏》第46册，第803页上。
② 《大正藏》本《梵网经》为"孝名为戒"，在此处和智顗的其他著作中引用的都是"戒名为孝"，可能是版本不同。
③ 灌顶：《国清百录》卷四，第817页上。

萨戒义疏》看作智𫖮的著作。

第二节 智𫖮注疏《梵网经》的时节因缘

在南北朝后期，菩萨戒的授受仪式已经体现了综合各种大乘戒经的趋势，那么，在众多的菩萨戒经中，智𫖮为何选择《梵网经》进行注疏呢？这既与智𫖮的个性、偏好有关，也与《梵网经》的特点、菩萨戒在实践中引起的一些问题密不可分。

如前所述，《梵网经》具有极大的包容性，综合了大小乘戒律的内容，适应了建立独立大乘菩萨戒的要求，并且体现了中国固有文化的特色，正因如此，其出现后，逐渐得到汉地僧俗的重视。但另一方面，其彻底的变革精神和本身的矛盾之处又为菩萨戒的实践带来了一系列问题，这些问题集中到一点，就是如何处理大小乘戒律的关系，再进一步就是如何处理僧俗关系，如果完全按照《梵网经》十重四十八轻的规定来授戒，无疑宣布声闻戒律的失效，进而，出家僧团的独立性也成为问题。这显然是已经形成了巨大势力的南北朝僧团所不愿意看到的。另外，如果取消了僧团在佛教中的优胜地位，拥有巨大世俗权力的帝王官僚就更容易将其权力渗透到佛教中，从而使佛教成为纯粹的权力的附属。同时，如果取消次第分明、操作方便的声闻戒律，而专行志高意远，却缺乏可操作性的菩萨戒，也会使更多的投机分子拨弄其间，从而对佛法造成毁灭性打击。这不仅仅是理论上的推测，通过南北朝后期到隋代的一些事件，我们不难看到其中错综复杂的情态。

前文提到，《梵网经》是在梁武帝的提倡下才在南朝上层社会流传开来的。梁武帝可谓南北朝时期最为尊崇佛教的帝王，他不仅广建寺院、大规模度僧尼、经常举办佛事活动，还撰写了大量佛学著作，甚至三次舍身同泰寺为奴。梁武帝曾两次受菩萨戒，第一次在天监五年（506），此时所受应该主要依据《地持》戒本，第二次为天监十八年（519），即在其撰写完《在家、出家人受菩萨戒法》之后。《续高僧传·慧约传》详细记载了梁武帝撰菩萨戒法及受菩萨戒的情况：

皇帝斲雕文璞，信无为道，发菩提心，构重云殿。以戒业精微，

第二章 智𫖮与《菩萨戒义疏》

功德渊广，既为万善之本，实亦众行所先，譬巨海百川之长，若须弥群山之最。三果四向缘此以成，十力三明因兹而立。帝乃博采经教，撰立戒品，条章毕举，仪式具陈，制造圆坛，用明果极。以为道资人弘，理无虚授，事藉躬亲，民信乃立。且帝皇师臣，大圣师友，遂古以来，斯道无坠。农轩周孔宪章仁义，况理越天人之外，义超名器之表。以（慧）约德高人世，道被幽冥，允膺阇梨之尊，属当智者之号。……至十八年己亥四月八日，天子发弘誓心受菩萨戒……皇储以下爰至王姬。道俗士庶咸希度脱。弟子著籍者凡四万八千人。①

《续高僧传·释法云传》对此也有描述：

帝抄诸方等经，撰受菩萨法，构等觉场，请草堂寺慧约法师以为智者，躬受大戒以为庄严。自兹厥后，王侯、朝士、法俗倾都，或有年腊过于智者，皆望风掩附，启受戒法。②

梁武帝认为戒律是万善之本，亲自从各种经典中吸取相关内容，撰写戒品，并建造圆坛，请当时著名的高僧慧约担任戒师，为其授戒。上有所好，下必行焉，在梁武帝的影响下，僧俗大众或为求法，或为世荣，争相请求受菩萨戒。根据敦煌文书中保存的梁武帝《出家人受菩萨戒法》（即《续高僧传》所说的戒品）的内容，我们可以看出梁武帝第二次所受的菩萨戒是在综合各种大乘戒经基础上，以《梵网经》《地持经》为主的菩萨戒。这一点上引《慧约传》中也有所体现，梁武帝请慧约"允膺阇梨之尊，属当智者之号"。根据《梵网经》的要求，授戒师有两位：和上、阿阇黎，前者一般以佛为代表，所以实际的戒师就是阿阇黎。《地持经》中戒师是被称为"智者"的同法菩萨。③ 这里称戒师为阇梨、智者，正是综合《梵网经》《地持经》的结果。

梁武帝还曾下诏要求一些僧众受菩萨戒：

---

① 道宣：《续高僧传》卷六《释慧约传》，第468页中。
② 道宣：《续高僧传》卷五《释法云传》，第464页中。
③ 《菩萨地持经》卷五，第912页中。

> 天监年中，帝请（慧超）为家僧，礼问殊积。初戒典东流，人各传受，所见偏执，妙法犹漏。皇明御宇，掇采群经，圆坛更造，文义斯构，事类因果于此载明。有诏令超受菩萨戒，恭惟顶礼如法勤修。上复斋居宣室，梦其勤行戒品，面申赞悦，时共延美。①

有帝王的躬行与提倡，对佛教界固然是好事，但如果连像戒律这样属于僧团内部的事务也由帝王掌控（不仅仪式由帝王撰写，是否受戒也由帝王诏令），对于僧团的独立会有潜在的危险，也许正是考虑到这一点，被称为梁代三大家之一的光宅寺法云便公然拒绝了再受菩萨戒的要求。僧传这样记载："（法）云曰：戒终是一，先已同禀，今重受者，诚非所异，有若趣时。于是固执。"②

梁武帝显然并不满足于"皇帝菩萨"的称号，他还要走得更远，大同年间（535—546），他以僧团不守法纪为名，准备自任白衣僧正，纲维僧众。后来由于智藏的坚决反对，才取消了这一行动。僧传详细记载了这一激烈的斗争过程：

> 敕主书遍令许者署名。于时盛哲，无敢抗者，匿然投笔。后以疎闻（智）藏。藏以笔横轹之，告曰：佛法大海，非俗人所知。帝览之不以介意。斯亦拒怀略万乘季代一人。而帝意弥盛，事将施行于世。虽藏后未同，而敕已先被。晚于华光殿设会，众僧大集，后藏方至。帝曰：比见僧尼多未诵习，白衣僧正不解科条，俗法治之伤于过重。弟子暇日欲自为白衣僧正，亦依律立法。此虽是法师之事，然佛亦复付嘱国王。向来与诸僧共论，咸言不异，法师意旨如何？藏曰：陛下欲自临僧事，实光显正法。但僧尼多不如律，所愿垂慈矜恕，此事为后。帝曰：弟子此意岂欲苦众僧耶？正谓俗愚过重，自可依律定之。法师乃令矜恕，此意何在？答曰：陛下诚欲降重从轻，但末代众僧难皆如律，故敢乞矜恕。帝曰：请问诸僧犯罪，佛法应治之不？答曰：窃以佛理深远，教有出没，意谓亦治不治。帝曰：惟见付嘱国王

---

① 道宣：《续高僧传》卷六《释慧超传》，第468页上。
② 道宣：《续高僧传》卷五《释智藏传》，第464页中。

治之，何处有不治之说？答曰：调达亲是其事，如来置之不治。帝曰：法师意谓调达何人？答曰：调达乃诚不可测。夫示迹正欲显教，若不可不治，圣人何容示此？若一向治之，则众僧不立。一向不治，亦复不立。帝动容，追停前勒。诸僧震惧，相率启请。帝曰：藏法师是大丈夫心，谓是则道是，言非则道非，致词宏大，不以形命相累。诸法师非大丈夫，意实不同，言则不异。弟子向与藏法师硕诤，而诸法师默然无见助者，岂非意在不同耳？事遂获寝。藏出告诸徒属曰：国王欲以佛法为己任，乃是大士用心。然衣冠一家子弟十数，未必称意，况复众僧五方混杂，未易辩明，正须去其甚泰耳。且如来戒律布在世间，若能遵用，足相纲理。僧正非但无益，为损弘多。常欲劝令罢之，岂容赞成此事？或曰：理极如此。当万乘之怒，何能夷然？藏笑曰：此实可畏。但吾年老，纵复荷旨附会，终不长生。然死本所不惜，故安之耳。后法云谓众曰：帝于义理之中未能相谢，一日之事真可愧服。①

从这段资料可以看出，一是梁武帝准备担任白衣僧正的想法已经很成熟，并决定实施，所谓要求"许者署名"只是一种形式而已，大多数人也了解梁武帝的用心，所以即使内心不同意，也不敢反对。智藏为了维护佛法的尊严，坚决反对，但并没有任何效果，梁武帝照样发了敕书。二是华光殿上梁武帝与智藏的辩论，从理论上看未分胜负。梁武帝提出的依据是"此虽是法师之事，然佛亦复付嘱国王"。这种观点在大乘经典中有许多依据，如前面提到的《虚空藏菩萨经》等。对此，僧尼很难直接反对，所以智藏也要首先肯定："陛下欲自临僧事，实光显正法。"接着智藏从现实的角度出发，指出"末代众僧难皆如律"，所以请求梁武帝"矜恕"。武帝却不依不饶，进一步质问：佛法中对僧尼犯戒，是否惩治？智藏用佛法深远，针对不同的情况有不同的说法来回答，并举调达（提婆达多）的例子。实际上，智藏并没有提出合理的理由，只不过转移了问题而已。正如法云后来所说，"帝于义理之中未能相谢"。三是梁武帝最终追回敕书，主要是有感于智藏的"大丈夫心"和明白大多数僧尼内心都反对这

---

① 道宣：《续高僧传》卷五《释智藏传》，第 465 页下。

件事，权衡利弊，不得不让步。此事与《梵网经》没有直接关系，《梵网经》中也有明确反对僧制的规定，但这件事情似乎也能展现如果取消出家僧团独立性，会带来什么样的问题。

再来看北朝的情况，北朝地论派盛行，很多地论师都兼通《地持经》，因此北朝菩萨戒的授受应该主要以《地持经》为依据。《续高僧传·释僧稠传》有齐文宣帝（529—559）"因从受菩萨戒法，断酒禁肉，放舍鹰鹞，去官畋渔"① 等文，其中"禁肉""放舍鹰鹞"似乎都与《梵网经》（轻戒第三戒"不食肉戒"，第二十九戒"咒术工巧调鹰方法"）有关，而《地持经》中则没有相关规定。文中将受菩萨戒与这些内容放在一起，似乎表明齐文宣帝所受菩萨戒也与《梵网经》有关。

北周武帝建德三年（574），开始推行严厉的灭佛政策，这次灭佛持续五年之久，对佛教造成了极大的破坏，据《历代三宝纪》载："毁破前代关山西东数百年来官私所造一切佛塔扫地悉尽，融刮圣容，焚烧经典。八州寺庙出四十千，尽赐王公充为第宅。三方释子减三百万，皆复军民还归编户，慧日既隐，苍生重昏。"② 这次废佛运动的主要推动者是出家后又还俗的卫元嵩，其废佛的理论依据是平延寺思想。道宣在《广弘明集》中进行了详细的记载：

> 夫平延寺者，无选道俗，罔择亲疏，爱润黎元，等无持毁。以城隍为寺塔，即周主是如来。用郭邑作僧坊，和夫妻为圣众。勤用蚕以充户课，供政课以报国恩。推令德作三纲，遵耆老为上座。选仁智充执事，求勇略作法师。行十善以伏未宁，示无贪以断偷劫。于是衣寒露，养孤生，匹鳏夫，配寡妇，矜老病，免贫穷。赏忠孝之门，伐凶逆之党，进清简之士，退谄佞之臣使。六合无怨纣之声，八荒有歌周之咏。飞沈安其巢穴，水陆任其长生（云云）。③

这种思想实际上就是取消道俗的区别，不用专门建立寺院，也不需要

---

① 道宣：《续高僧传》卷十六《释僧稠传》，第553页下。
② 费长房：《历代三宝纪》卷十一，第94页中。
③ 道宣：《广弘明集》卷七，《大正藏》第52册，第132页上。

出家沙门的存在，而是在世俗秩序的基础上，以帝王为如来，用佛教十善作为基本的行为准则，实现人间净土。从表面上看这与大乘思想非常一致。道宣对此也给予了肯定，指出卫元嵩的这种思想来自《大智度论》的天王佛信仰，认为其"述佛大慈，令生安乐，斯得理也"。从道理上讲有其合理性。但道宣又指出这种想法在事实上行不通："事则不尔。夫妻乃和，未能绝欲；城隍充寺，非是圣基，故不可也。即色为空，非正智莫晓。即凡为圣，岂凡下能通？故须两谛双行，二轮齐运，以道通俗，出要可期。"① 也就是说能够达到"即色为空，即凡为圣"境界的人毕竟是少数，对于一般人而言，俗谛，或者说形式上的规定或区分是有存在必要的。

《广弘明集》还列了卫元嵩提出的十五条建议：

> 劝行大乘，劝念贫穷，劝舍悭贪，劝人发露，劝益国民，劝燎为民，劝人和合，劝恩爱会，劝立市利，劝行敬养，劝寺无军人，劝立无贪三藏，劝少立三藏，劝立僧训僧，劝敬大乘诫。②

这十五条的内容从站在大乘立场上行一切事，到遵行大乘戒等，主要目的是以大乘精神为依据，实现国泰民安。对此，道宣也非常认可，指出："上列事条，反则灭法，顺则兴教。"对于卫元嵩的整体主张，道宣认为："大略以慈救为先，弹僧奢泰，不崇法度，无言毁佛，有叶真道也。"③ 道宣将卫元嵩列入"辩惑篇""叙列代王臣滞惑解"之内，认为以前对其评价是错误的，其应为兴隆佛法之人。史料中没有明确指出卫元嵩提倡的大乘戒为何种戒，但纵观卫元嵩的思想，应该就是指《梵网经》菩萨戒，或者说卫元嵩也是出于和《梵网经》作者一样的对大乘佛教的理解，才提出了上述主张。不管卫元嵩出于怎样的目的，不管其建议看上去多么接近大乘佛法，毫无疑问，由他促成的灭佛运动对佛教造成了极大的破坏，对此，生活于一百多年后的道宣可以非常超脱，仅从理论上进行

---

① 道宣：《广弘明集》卷七，第 132 页上。
② 同上书，第 132 页中。
③ 同上。

评判，但生活在同一时代的智𫖮不可能无动于衷。

智𫖮出身于梁代的贵族家庭，15岁时，梁亡，经历亡国之痛，萌生出家之心，因父母反对，未能成行，后父母俱丧，便于18岁出家，初依慧旷律师学律部，兼通方等。又到湖南大贤山（在今湖南衡阳南），诵《法华经》《无量义经》《普贤观经》。受具足戒后，认为自己已经精通律藏，但对禅法却没有体验，苦于江东无可问之人，23岁时，涉险北上，到光州大苏山（今河南光山县）拜见慧思禅师。在智𫖮的修道历程中，慧思无疑是具有决定性影响的人物，智𫖮继承了慧思的止观思想，并将其发扬光大，进而创立了严密精深的天台教学体系。慧思是南北朝后期较早提出末法思想的僧人之一。他根据自己对佛法的理解和在北方屡遭迫害的经历，采用佛经中释迦牟尼灭度之后，正法五百年、像法一千年、末法一万年的史观，指出末法已经来临，自己出生时正当末法第八十二年。[①]一生以弘扬其师思想为己任的智𫖮也深受这种末法思想的影响。北周的灭佛运动无疑使末法思想再次得到证实。灭佛后，北方大量僧尼南下，给南方佛教造成重大影响，也给正在金陵弘法的智𫖮带来了极大的冲击，他毅然拒绝了陈宣帝等人的挽留，于陈太建七年（575），率领弟子二十几人，进入天台山隐居。天台九年是智𫖮思想体系基本确立的时期，如何调和佛教中不同的说法，如何在中国特殊的政治文化背景下弘扬佛法，如何建立清净的僧团、提高僧人自身的素质，如何既得到统治者的支持又避免其过多的干涉，这都是智𫖮不得不考虑的问题。对于北周武帝灭佛所涉及的大小乘佛教问题他也不可能不考虑，甚至二十年后，他在玉泉寺讲《摩诃止观》时，还痛心地指出："宇文邕毁废，亦由元嵩魔业。此乃佛法灭之妖怪，亦是时代妖怪。"[②]并详细分析这类做法的思想根源：

> 今末代痴人……闻非调伏非不调伏，亦不碍调伏亦不碍不调伏，以不碍故名无碍道，以无碍故灼然淫泆，公行非法，无片羞耻，与诸禽兽无相异也。此是噉盐太过，咸渴成病。……此人行于非道欲望通达佛道，还自壅塞，同于凡鄙，是住不调非不住也。复有行人闻不住

[①] 慧思：《南岳思大禅师立誓愿文》，《大正藏》第46册，第786页下。
[②] 智𫖮：《摩诃止观》卷二，第18页下。

调伏不住不调伏,怖畏二边,深自竞持,欲修中智,断破二边。是人不能即贪欲是道,断贪欲已方云是道,此乃住调伏心非不住也。北方备此两失。又初学中观断于贪欲不能得益,放心行不调事,初一行之,薄得片益,自此已后常行不息。亦无复益,行之不改。以已先益,化他令行。又引经为证。受化之徒但贪欲乐,无纤芥道益,崩腾耽湎,遂成风俗,污辱戒律,陵秽三宝。周家倾荡佛法皆由此来,是住不调及住于调,何关不住调与不调?是名大碍,何关无碍?是增长非道,何关佛道?①

智𫖮首先指出北方在修行方面存在两种过失:一是以"无碍"的名义公行非法,做各种破戒之事。二是认为"断欲"才是道,"深自竞持",不能真正体悟中道的含义。接着智𫖮重点描述了一种情况,即一开始修行时,过于强调"断欲",结果没有收获,便开始"放心行不调事"(纵欲),有一点收获,便继续下去,并以此教导他人,使贪欲之风大行其道,严重破坏了佛法的戒律,而这正是周武帝灭佛的主要借口。

周武帝去世后,其子宣帝即位,下令恢复佛教,在东西两京兴建陟岵寺,并置蓄长发、着衣冠的菩萨僧一百二十人。至于菩萨僧依何律仪,史无明文,但既然蓄长发、着衣冠,就很难与在家人区分。据《大宋僧史略》记载,菩萨僧的设置,乃是宣帝"意欲渐兴佛法,未便除先帝之制"②的一种过渡。无论如何,卫元嵩为周武帝灭佛提供的理论宣传和存在了24年的菩萨僧为本来就很难调节的大小乘戒律增加了更多疑惑。

曾对北周武帝灭佛大胆提出反对意见的净影慧远(523—592)在其《大乘义章》中提到这样一个问题:

> 问曰:若言菩萨律仪即是小乘七众戒者,有人在俗受得菩萨三聚戒竟,然后出家更须别受出家戒不?有人释言:不须更受,菩萨戒中,已通得故。此义不然。菩萨戒中虽复通摄七众之法,一形之中不可并持七众之戒。随形所在,要须别受。如人虽复总求出道随入何地

---

① 智𫖮:《摩诃止观》卷八,第102页上。
② 赞宁:《大宋僧史略》卷三,《大正藏》第54册,第252页下。

别须起心方便趣求，此亦如是。①

菩萨律仪就是小乘七众戒，这是《瑜伽》系菩萨戒的一般看法。提出问题的人深刻指出了《瑜伽》系菩萨戒的漏洞：如果菩萨戒是最高的戒法，如果菩萨戒中的律仪戒就是小乘七众戒，那么如果出家前已经受了菩萨戒，出家后还需要再受出家戒吗？显然，认为"不须更受"的人秉持的是《梵网经》的思路：菩萨戒是最高的戒法，能够统摄一切戒律。慧远作为重要的地论师，其对菩萨戒的看法体现了《瑜伽》系菩萨戒的基本原则。但他的回答，并没有解决问题，他将受菩萨戒比作"总求出道"，而将声闻戒比作"随入何地，别须起心方便趣求"，将菩萨戒虚化成一种总原则，将声闻戒具体化，也就是说菩萨戒更主要的是一种精神，实际持守的戒律还是小乘戒，这并不能突出菩萨戒的优胜位置。

隋开皇十一年（591），晋王杨广出镇扬州，遣使奉迎智顗前来授菩萨戒。为晋王授戒，对于对陈王朝心存感念，刚刚经历亡国之痛的智顗，自然是情非得已，他曾再三推辞，"初陈寡德，次让名僧，后举同学"，"三辞而不免"后，对杨广提出了四条看起来很苛刻的条件：

一、虽好学禅，行不称法。年既西夕，远守绳床。抚臆论心，假名而已。吹嘘在彼，恶闻过实。愿勿以禅法见欺。二、生在边表，长逢离乱，身暗庠序，口拙暄凉，方外虚玄，久非其分，域间撙节，一无可取。虽欲自慎，终恐朴直忤人。愿不责其规矩。三、微欲传灯，以报法恩。若身当戒范，应重去就。若重传灯，则阙去就。若轻则来嫌诮，避嫌安身，未若通法。愿许为法，勿嫌轻重。四、三十余年水石之间，因以成性。今王涂既一，佛法再兴，谬承人泛，沐此恩化，内竭朽力，仰酬外护。若丘壑念起，愿放其饮啄，以卒残生。②

在杨广允诺后，智顗才到扬州，授戒完毕，便立即出居城外，并坚决请求再赴荆湘，杨广固请，而智顗以"先有名约，事无两违"，拂衣

---

① 慧远：《大乘义章》卷十，《大正藏》第 44 册，第 662 页下。
② 灌顶：《智者大师别传》，第 194 页下。

而去。

　　以隋文帝、隋炀帝为代表的隋王朝与智𫖮的关系，前辈学者已经多有论述，正如董平在《天台宗研究》一书中指出的："隋王朝对于智𫖮的态度虽有笼络、利用乃至恭敬的一面，但亦有胁迫、猜忌乃至限制其活动之自由的一面。"① 不管时为晋王的杨广对智𫖮总体的态度如何，在从智𫖮受戒这件事情上，杨广确实给予了高度重视，不仅答应了四个苛刻的条件，还在多个场合、多次提到从智𫖮受菩萨戒之事。智𫖮生前，杨广在写给荆州总管达奚儒的信中提到："智者禅师德尊望重，近年纡道，爰授净戒。"② 智𫖮去世后，杨广在《遣使入天台建功德愿文》中说道："菩萨戒先师天台智者，来逾剡岭，迁化石城，初闻讯至，哀情摧恸。"③ 仁寿元年，杨广即太子位，在《皇太子敬灵龛文》中提到："菩萨戒弟子皇太子总持和南。……弟子宿植德本，早承道教，身戒心慧，蒙莹明珠，早穗寒菱，尽沾甘露。虽复时流岁永，生灭不迫，行住坐卧，伏膺如在。"④ 此后又在《皇太子于天台设斋愿文》中提到："菩萨戒弟子皇太子总持稽首和南。……弟子幸凭胜缘，微因宿种，方便智度，生在佛家。至尊皇后慈仁胎教，有八王子日月灯明之恩，十六沙弥大通智胜之勖，加以昔莅淮海，钦尚释门。先师天台智者𫖮禅师，膺请江都，授菩萨戒。由是开悟，归凭有在。"⑤《敕报百司上表贺口敕》中有："使人卢政力还奏：开先师龛坟，不见舍利。又上行状一卷，百司并贺。敕语诸公云：智者是我菩萨戒师，先多灵异，恒语我云：必若得道。得道之后，拥护国土，利益苍生。"⑥

　　杨广有着很强的政治野心，他不断宣扬与智𫖮的关系，宣传自己从智𫖮受菩萨戒，自然难免利用之嫌。这种利用也可以从杨广与智𫖮和天台僧团书信中称谓的变化得到验证，智𫖮生前，杨广对其极为尊重，与其书信中自称"弟子总持和南"，智𫖮去世后，称呼改为"菩萨戒弟子总

---

① 董平：《天台宗研究》，上海古籍出版社2002年版，第25页。
② 灌顶：《国清百录》卷三，第808页中。
③ 同上书，第811页中。
④ 同上书，第813页上。
⑤ 同上书，第813页下。
⑥ 灌顶：《国清百录》卷四，第816页下。

持和南"。仁寿元年（601），刚刚登上皇太子之位的杨广，对天台僧团仍然非常尊重，对其敕书都用"菩萨戒弟子皇太子总持稽首和南"，但似乎从仁寿二年开始，杨广的自称发生了明显的变化，对天台教团也多了指导教训之意。在《皇太子弘〈净名疏〉书》中，这样称谓："仁寿二年八月十八日令旨云：弟子重先师法门，故相劳苦。"并要求灌顶"师亦须为法勿以为辞，今遣大都督段智兴送师还寺，为和南大众好依先师法用行道，勿损风望也"①。即皇帝位后，杨广的态度更加居高临下，在《至尊敕》中："皇帝敬问括州天台寺沙门智越法师等：余寒道体如宜也。僧使智璪至，得书具意。大业元年正月十三日，柱国内史令莒国公臣未上：大都督兼内史侍郎臣虞世基，兼内史舍人臣封德彝，舍人封德彝宣敕僧使智璪云：师能如此远来，在道寒苦，好去还寺宣朕意，向大众好行道，勿损先师风望。"②杨广还曾派人对天台僧团的状况进行询问，其中提到一些很尖锐的问题，如"师等是先师之寺，僧众和合不？相诤竞是非不？……师等既是行道之众，勿容受北僧及外州客僧，乃至私度出家，冒死相替，频多假伪，并不得容受"③。大业元年，杨广敕度四十九人于国清寺出家，更是专门给天台僧团敕书，指出："天台福地，实为胜境，所以敬为智者建立伽蓝，法缘既深，尊师义重。欲使宗匠遗范奉而弗坠，菩萨净业久而弥新。然则去圣久远，学徒陵替，规求利养，不断俗缘，滋味甘腴，违犯戒律。此乃增长罪垢，岂谓福田？师等离有为法，求无上道，弃俗诸漏，鉴在雅怀。由须奖训未学修净行，俾夫法门等侣咸归和合，诸佛禁戒毕竟遵行。"④这些敕书实际上都是在指责天台教团出现的违戒现象。总之，杨广对菩萨戒的利用，既可以在一段时间内提高菩萨戒的地位，也可以抬高杨广自己的地位，智顗在世时，杨广可以做恭恭敬敬的菩萨戒弟子，智顗去世不久，杨广也可以保持这种恭敬，但随着自身权力地位的提高，他已经不满于做天台僧团的弟子，而要以皇帝菩萨的身份来干涉、指导僧团的运行。

综上所述，南北朝后期的帝王们都非常重视菩萨戒，当时的菩萨戒受

---

① 灌顶：《国清百录》卷三，第814页下。
② 同上书，第815页上。
③ 同上书，第815页中。
④ 灌顶：《国清百录》卷四，第816页上。

戒仪式已经综合了《地持经》和《梵网经》的内容，在对戒律的称呼上采用了"三聚戒"的说法，所授菩萨戒的戒相却主要依据《梵网经》的十重戒。智𫖮《菩萨戒义疏》所提到的六种受戒仪式中除了单独的《梵网》本、《地持》本、《璎珞本》，其他三种高昌本、新撰本、制旨本（一般认为即是梁武帝本）都是综合了《地持》与《梵网》的内容而成。这些帝王们对菩萨戒的重视和利用很容易让人想起《梵网经》轻戒第一戒中的规定："佛言：若佛子，欲受国王位时，受转轮王位时，百官受位时，应先受菩萨戒。一切鬼神救护王身、百官之身，诸佛欢喜。"① 也就是说，所有的国王和官员在接受职位时都应该受菩萨戒。如果按照《梵网经》"若佛子，应如法次第坐，先受戒者在前坐，后受戒者在后坐，不问老、少，比丘、比丘尼，贵人、国王、王子，乃至黄门奴婢，皆应先受戒者在前坐，后受戒者次第而坐"② 的原则，如果同样受了菩萨戒，出家的僧尼相对于在家的俗众就没有任何的优越性，这对于习惯于将权力集于一身的中国帝王们无疑提供了一种接受佛教的新途径。南北朝时期，佛教盛行，在某些时间段内几乎成为主流的意识形态，在此种氛围下成长起来的帝王们，其对佛教的态度固然有"神道设教"的考虑，但也不可能完全不信仰，传统文化中皇权集中的观念与佛教在生死轮回中的权威，很容易在这些帝王的意识里产生矛盾，《梵网经》代表的大乘菩萨戒精神无疑可以打破出家僧团的权威，为那些不仅想在世俗社会拥有最高权力，还想在彼岸世界也拥有优先权的帝王们提供一种解决途径。因此，无论是大力支持佛教，被称为"皇帝菩萨"的梁武帝，废除寺院，驱逐僧尼还俗，力图实现"即周主是如来"的北周武帝，还是以菩萨戒弟子身份要求僧团遵守戒律的隋炀帝都可以认为自己的行为是真正的菩萨行。

　　大乘戒在印度佛教中应该不会引发太大的问题，据有的学者研究大乘佛教在印度始终是少数派的运动，即便如龙树这样的大乘论者也是在有部受戒。但在大乘佛教盛行的中国，大乘戒与声闻戒的关系却始终是佛教界纠结的问题，更何况在中国帝王既掌握着最高的行政权力，又总是力图在思想意识方面拥有最高的发言权。这种高度集中的权力结构，也增加了佛

---

① 《梵网经》卷二，第 1005 页上。
② 同上书，第 1008 页中。

教戒律选择的复杂程度。如前所述，公元5世纪中期，中国佛教界在经历北魏太武帝灭佛的沉重打击后，曾试图通过综合各种大小乘戒律，编撰一部独立的菩萨戒经来解决这个问题，于是便有了《梵网经》的出现。《梵网经》以其包容性、与中国社会的适应性和彻底的革命精神逐渐得到了南北朝后期佛教界的认可，并得到了一些帝王的提倡。但另外，《梵网经》本身存在着很多矛盾，也缺少可操作性的规定，并没有彻底解决大小乘戒律的问题，在实践中又容易被一些帝王臣子刻意利用，为他们限制僧团的行为提供某种借口。盛行大乘佛教的中国社会应该如何对待小乘戒律？僧俗之间的区分是否有必要？如何疏通不同的菩萨戒本之间的差异？南北朝、隋朝之际，这个问题再次摆在遭受周武帝灭佛沉重打击的佛教界面前。这时，作为《梵网经》姊妹篇，同样有伪经之嫌的《璎珞经》也非常盛行，它更明确的大乘立场已为佛教界所熟悉。[①] 作为中国最早成立的也是具有浓厚的中国文化特色的天台宗的创始人，智𫖮必须要面对这个问题，并给出自己的解释。智𫖮是如何解决这个问题的，他的解决方式产生了什么影响，这是接下来的章节将要讨论的问题。

---

① 《璎珞经》明确主张直接授"十无尽戒"，并认为"夫妻六亲，得互为师"。

第三章 《菩萨戒义疏》中的戒律理论

《菩萨戒义疏》在整体上可以分为两部分,第一部分主要包括三重玄义的内容,相当于一般讲经中的悬论部分。第二部分从"《梵网》大本一百一十二卷六十一品"至文末,属于随文解释的部分。这一章我们将结合智𫖮的其他著作探讨第一部分涉及的主要问题。《梵网经》只列了戒条,对戒律并没有理论上的探讨,这在大小乘律典都已经传译,并实践了一段时间的中国佛教界显然是不够的。智𫖮对《梵网经》进行注疏,首要任务就是要从理论上理顺现存的各种戒律之间的关系,确立各种戒律在天台教学中的位置。这是《义疏》第一部分要解决的主要问题,这一部分在整个《义疏》中具有极为重要的地位,台湾学者赖姿容认为:"两部分同样重要,性质却不同,所以实际上还是以第一部分为重心。"[①] 因此在她的论文中基本上只讨论了第一部分。两部分孰重孰轻,站在不同的角度会有不同的结论。但无论如何,第一部分内容是《梵网经》没有涉及的,可以看作对《梵网经》的重要补充。

《义疏》在三重玄义之前,有一简短的序言[②],其中涉及几个问题:一是菩萨戒的地位,"运善之初章,却恶之前阵",指出菩萨戒是一切修行的基础,符合佛教三学中以戒为基础的一贯说法。"直道而归,生源可尽","趣极果之胜因,结道场之妙业",又说明菩萨戒是成佛的关键。二是受菩萨戒的人,"内外二途,咸皆敬奉,王家庶众,委质虔恭"。"内外二途"应指出家众和在家众,"王家庶众"指王侯官僚与普通百姓,前者是佛教对信众的区分,后者是社会的等级身份,总之,这

---

① 赖姿容:《〈菩萨戒义疏〉之研究》,硕士学位论文,中华佛学研究所,1993年,第49页。
② 参见智𫖮《菩萨戒义疏》卷一,第563页上。

里是指一切人都可以受菩萨戒。三是菩萨戒的现状及选择的戒本。经论中记载有多种戒相，各种说法存在差异，智顗对此的解释也按其一贯的圆融方法，"良以机悟偏圆，宜闻详略"，但又指出"辞无双举，事不并行"，自己选择依据的是《梵网经》。四是介绍鸠摩罗什译《梵网经》的相关情况，指出罗什对此经很重视。五是对《梵网经心地品》的题目进行解释。"经称梵网者，欲明诸佛教法不同，犹如梵王网目"，这是对《梵网经》中相关内容的总结概括。① 智顗对于为何取名"心地品"的解释，尤应注意。根据《义疏》随文解释部分的开头"《梵网》大本一百一十二卷六十一品，唯第十《菩萨心地品》什师诵出，上下两卷，上序菩萨阶位，下明菩萨戒法"。说明智顗看到的《梵网经》为上下两卷，此处题名与前面有所区别，加上了"菩萨"二字。正如第一章所述，《梵网经》在唐代以前名称并不固定，智顗看到的经名应为"梵网经心地品"或"梵网经菩萨心地品"。"心地"一词在《华严经》中多次出现②，是指菩萨心所处的状态，可以用来指菩萨修行的阶位。《梵网经》题目中若只有"心地品"，这一名称显然只能包括上卷内容，而没有涉及菩萨戒的部分，所以智顗为了使经名与内容对应，在解释为何名为"心地品"时，做了疏通和发挥："菩萨律仪遍防三业，心意识体一异名，三业之中，意业为主，身口居次，据胜为论，故言心地也。"也就是说菩萨律仪的防治对象为身、口、意三业，而以意业为主，心、识是意的异名，所以用心地来代指菩萨律仪。这种解释从文字上看比较牵强，智顗既然也看到了上卷，这种解释明显不能包括上卷的内容，而且只解释了"心"，而忽略了"地"。不过这里说菩萨律仪重视意业（或者说心），与《梵网经》菩萨戒对心的重视是一致的。在《义疏》随文解释之前，还有一段解释题名的文字，其中指出："品名菩萨心地者，亦是譬名。品内所名大士要用，如人身之有心，能总万事，能生圣果，为大士所

---

① 参见《梵网经》卷下，第1003页下。
② 《大方广佛华严经》卷十四："如是净心地，出生诸佛法。"（第486页上）卷三十五："一切菩萨行，无量诸功德，如来智树王，平等心地生。"（第624页上）卷三十四："菩萨行地事，最上诸佛本，显示分别说，第一希有难。微细难可见，离念超心地，出生佛境界，闻者悉迷惑。"（第179页下）

依，义言如地也。"① 这就是说"心地"的说法不是实指，而是一种比喻，就如同"般若波罗蜜心经"之"心"，有核心、重要之意。这种说法可以包括上下两卷的内容，但过于抽象，不像一品的名字。此后唐代法藏看到的经名，两卷本为《梵网经卢舍那佛说心地法门品》，一卷戒本题为《梵网经卢舍那佛说菩萨十重四十八轻戒》。法藏解释"心地"为："心者，则是菩萨所起信等五十心也。地者，即是信等诸位，通名地也。"② 这种解释更符合原意。但为智𫖮疏作删补，在很多地方参考了法藏注疏的明旷在此处却基本坚持并补充了智𫖮的说法："菩萨律仪遍防三业，心意为主，举一摄诸，譬如大地含摄万物，故言心地。"③ 这种说法体现了天台宗解经较多发挥的一贯特点。

以上简单分析了《菩萨戒义疏》前面的序，接下来是三重玄义的部分。三重玄义是指释名、出体、料简。在智𫖮的其他著作中一般使用五重玄义（释名、出体、明宗、论用、判教）。这里却使用了三重玄义，这种不同也是日本学者判定《菩萨戒义疏》非智𫖮著作的主要依据之一。古代的注疏家们对这个问题，也多有讨论，大致有两种看法，一种认为，"三重"或"五重"都是智𫖮的方便运用，事实上"三重"已经涵盖"五重"。代表性人物如宋代的道熙、蕴齐，明代的智旭等，智旭在《梵网经玄义》中将三重玄义与五重玄义做了一番比对，以三重玄义中的"出体"比配五重玄义中的"出体"与"明宗"，以"止行二善"比配"论用"，用"料简"中判别五时五味、化法化仪四教部分比配五重中的"判教"。④ 另一种观点以宋代的与咸为代表，他认为，《义疏》使用三重玄义是别有用意，不应穿凿附会，强将三重解为五重。⑤ 本书比较赞同后一种观点，认为作者在解决不同问题时可以使用不同的解释方式。关于真伪的问题，似乎可以从反面来看，如果是伪作，反而会刻意在形式上进行模仿。在三重玄义的第一重玄义"释名"部分，涉及三个问题：一是明人名，解释了菩萨的名称；二是辨法号，介绍了戒的名称和种类；三是明

---

① 《菩萨戒义疏》卷一，第 563 页上。
② 《梵网经菩萨戒本疏》卷一，第 605 页上。
③ 《天台菩萨戒疏》卷一，第 580 页下。
④ 智旭：《梵网经玄义》，《卍续藏》第 60 册，第 616—617 页。
⑤ 参见与咸《梵网经菩萨戒经疏注》，《卍续藏》第 59 册，第 487—488 页。

阶位，列举了藏、通、别、圆菩萨的阶位。第二重玄义是"出体"，介绍了关于戒体的问题和止、行二善的问题。第三重玄义"料简"介绍了受戒须具备的条件、授戒师的资格和几种不同的受戒方法。以下将重点探讨三重玄义中涉及的主要问题。

第一节　戒的种类

这一部分属于第一重玄义中的"辨法号"部分，在这里智𫖮首先参考《大智度论》给出了戒的七种名称：性善、清凉、波罗提木叉、保解脱、净命、成就威仪、戒。这里有一段引文："《大论》云：秦言性善。"[①] 显然是将《大智度论》内注释的文字当成了正文。然后又引用《大涅槃经》说明戒的重要意义，接着重点介绍了三种关于戒的分类方法：三种戒、三聚戒、十种戒。那么这三种分类的依据是什么，它们在智𫖮的戒律体系中处于何种位置？

我们先来看三种戒，即律仪戒、定共戒、道共戒。智𫖮在《义疏》中这样解释三种戒：

> 此名原出三藏，律是遮止，仪是形仪。能止形上诸恶，故称为戒。亦曰威仪，威是清严可畏，仪是轨范，行人肃然可畏。亦曰调御，使心行调善也。定是静摄，入定之时自然调善防止诸恶也。道是能通，发真已后自无毁犯。初果耕地虫离四寸，道共力也。此二戒法既是心上胜用力，能发戒道定与律仪并起，故称为共。萨婆多说，律仪戒、禅戒、无漏戒。此名虽出三藏。今菩萨戒善亦有此三，若要誓所得名曰律仪，若菩萨定共、道共，皆止三业，通称戒也。[②]

戒，按照不同的标准可以有不同的分类，小乘三藏中一般根据受戒者的身份分为出家戒和在家戒，又具体分为优婆塞（夷）戒、沙弥

---

① 智𫖮：《菩萨戒义疏》卷一，第563页中。
② 同上。

（尼）、式叉摩尼戒、比丘（尼）戒，所谓七众别解脱戒。按照内容，可以分为五戒、八戒、十戒、具足戒等。部派佛教的论书中出现了三种戒的分类方式，翻译的名称各不相同，如晋僧提婆、慧远翻译的《阿毗昙心论》中称：调御威仪、禅戒、无漏戒；姚秦鸠摩罗什译的《成实论》中称：戒律仪、定律仪、无漏律仪；刘宋僧伽跋摩译的《杂阿毗昙心论》中列出四种律仪：别解脱律仪、禅律仪、无漏律仪、断律仪。不过"断律仪"是就其能够永断欲界所缠的恶戒及能起破戒的烦恼而得名，是属于定律仪和无漏律仪的一部分，所以《杂阿毗昙心论》实际上也是讲的三种戒。大乘佛教经典中很少使用三种戒的分类，《大智度论》却是个例外，其中多次提到三种戒的分类方法，如《释初品中尸罗波罗蜜义之余》：

> 云何持戒能生戒？因五戒得沙弥戒，因沙弥戒得律仪戒，因律仪戒得禅定戒，因禅定戒得无漏戒，是为戒生戒。①

此处提到了律仪戒、禅定戒、无漏戒，而律仪戒专指具足戒。《释初品中八念义第三十六之余》：

> 念戒者，戒有二种：有漏戒，无漏戒。有漏复有二种：一者律仪戒、二者定共戒。行者初学，念是三种戒。学三种已，但念无漏戒。是律仪戒能令诸恶不得自在，枯朽折减。禅定戒能遮诸烦恼。何以故？得内乐故，不求世间乐。无漏戒能拔诸恶烦恼根本故。②

《释布施随喜心过上》第四十四也提到：

> 持戒摄三种戒：律仪戒、禅戒、无漏戒。③

---

① 《大智度论》卷十四，第162页上。
② 《大智度论》卷二十二，第225页下。
③ 《大智度论》卷二十八，第269页下。

《释六度品第六十八之余》：

> 菩萨尽受诸戒，善心起正语正业三种律仪：戒律仪、禅定律仪、无漏律仪。①

《大智度论》中似乎是将一切戒分成三类：律仪戒、定共戒、无漏戒。《大智度论》对于三种戒的看法继承了部派佛教的说法，这应该与作者龙树在部派中受戒有很大关系。到南北朝为止，中国僧人的著作中使用三种戒分法的并不多见，在《大正藏》中仅检索到慧思、净影慧远和智𫖮使用了这种分类方法。如前文所述，净影慧远也曾关注过大小乘戒律的关系问题，他提到三种戒的分类，将其放在三聚净戒的摄律仪戒之下，与智𫖮的看法明显不同（后详）。② 因此智𫖮对三种戒分类的重视应该与慧远没有多大关系。慧思在《诸法无诤三昧法门》中说：

> 虽知诸法无生灭，坚持净戒无毁缺，亦以戒法为他人说。若人恶心不受戒，化作禽兽行。礼仪人类，见此大羞辱，各发善心，坚持净戒，发大誓愿。遍十方不顾身命行戒施，常现六道种种形，广说如来清净戒，以宿命智观察之，必令欢喜无瞋害。非但为说戒法，亦说摄根定共戒、道共戒、性寂戒、报寂戒。③

这里慧思要求说戒的内容为"戒法、摄根定共戒、道共戒、性寂戒、报寂戒"。其中"戒法"应该是指五戒、十戒、具足戒等律仪戒，而"性寂戒""报寂戒"似乎是从戒的体用性质上说，因此实际的分类应该还是三种，即：戒法、摄根定共戒、道共戒。按照天台宗的传法体

---

① 《大智度论》卷八十一，第 628 页中。
② 《大乘义章》卷十"三学义五门分别"："第三开合以辨其相。先就律仪开合辨相。律仪戒中开合不定，总之唯一，谓三聚中一律仪戒。或分为二，如《地持》说，一在家戒，二出家戒。或分为三：一别解脱戒，二者禅戒，三无漏戒。"（《大正藏》第 44 册，第 660 页中）
③ 慧思：《诸法无诤三昧法门》卷上，《大正藏》第 46 册，第 630 页下。

第三章 《菩萨戒义疏》中的戒律理论

系,印度的龙树为初祖,北齐慧文为二祖,南岳慧思为三祖,智𫖮为四祖。根据史传,慧文修行中最为重视、主要依据的是《大智度论》,慧思得以开悟的经典是《法华经》,智𫖮继承并综合了这两种思想,在其著作中多处体现了对二者的重视,对于戒律问题也不例外。关于三种戒的分类,智𫖮明显综合了部派佛教、《大智度论》和慧思的思想,他借用了部派佛教和《大智度论》对戒的分类方式,采用了慧思"定共戒、道共戒"的称谓,但又没有像《大智度论》那样把一切戒都分成这三类,而是区分了大小乘戒律,指出这种分法出自三藏,是对小乘一切戒的划分,大乘"菩萨戒善,亦有此三",菩萨戒包括这三种戒,但这三种戒不是菩萨戒的全部。至于菩萨戒与这三种戒的关系究竟如何,还要结合智𫖮提到的其他分类才看得清楚。在《梵网经》中没有提到三种戒,相反《梵网经》中多次提到,并用来总称一切戒条的"波罗提木叉"一词,原意是指不包括定共戒与道共戒的别解脱戒。① 如前所述,《梵网经》称自己所说戒为"菩萨波罗提木叉",具有强烈的取代声闻戒地位的意向,但却没有考虑到声闻戒在部派时期的发展,忽略了三种戒的称法,这可以看作《梵网经》的一个不足,也许智𫖮对三种戒的详细介绍正是为了弥补《梵网经》的这一不足,使其戒律体系更为完整。

介绍完三种戒后,智𫖮开始介绍三聚戒,他先指出,三聚戒的名称,出自《地持经》,接着解释三聚戒各自的含义,指出:

> 大士律仪,通止三业,今从身口相显皆名律仪也。摄善者,于律仪上起大菩提心,能止一切不修善事,勤修诸善,满菩提愿也。摄生者,菩萨利益众生有十一事,皆是益物广利众生也。②

---

① 《杂阿含经》卷二十一:"如是,圣弟子住于净戒,受波罗提木叉,威仪具足。"这里波罗提木叉就是指戒条。又《萨婆多毗尼毗婆沙》卷二:"波罗提木叉者,五篇戒。"(第514页中)《毗尼母经》卷三:"波罗提木叉者,名最胜义。以何义故名为最胜?诸善之本以戒为根。众善得生,故言胜义。复次,戒有二种:一出世、二世间。此世间者,能与出世作因,故言最胜。复次戒有二种:一者依身口,二者依心。由依身口戒,得依心戒,故名为首,是波罗提木叉布萨。"(第813页上)

② 智𫖮:《菩萨戒义疏》卷一,第563页中。

智𫖮生活的时代,《地持经》菩萨戒已经盛行了很长时间,其所提出的不共小乘的三聚戒已经成为菩萨戒的代名词,而《梵网经》中却没有这种说法,所以智𫖮在《义疏》中引用这种说法是对《梵网经》的一项重要补充,可以使《梵网经》具有更广泛的适用性。同时,智𫖮还必须对《梵网经》菩萨戒与《地持经》菩萨戒之间的关系进行说明,他采取了融通的态度,既采用了《地持》戒的名称和部分内容,又在某些地方赋予新的解释。比较《义疏》和《地持经》中对于三聚戒的解释,我们明显可以看出,对于摄善法戒和摄众生戒,智𫖮基本上采用了《地持经》的说法,而对于律仪戒,智𫖮却采取了不同的解释,《地持经》认为律仪戒就是七众别解脱戒,而智𫖮却将其界定为一切通过身口显示出来的律仪,其内容是指七众别解脱戒,还是《梵网经》的十重四十八轻戒？智𫖮在这里没有明确的说明,后面我们将结合智𫖮的其他著作进行探讨。

此后,智𫖮指出《地持经·戒品》"广列菩萨一切戒竟,总结九种戒,皆为三聚戒所摄"①,并指出三戒摄尽一切菩萨戒。这与《地持经》的原意也有差别,《地持经》是在介绍尸波罗蜜时,列出九种戒：（一）自性戒,（二）一切戒,（三）难戒,（四）一切门戒,（五）善人戒,（六）一切行戒,（七）除恼戒,（八）此世他世乐戒,（九）清净戒。这种划分似乎是依据戒的性质功用。在一切戒之下划分为两种（根据受戒者身份分为在家、出家）或三种（根据戒的内容分为律仪、摄善法、摄众生）,可见三聚戒在《地持经》中只是一类划分方式。根据智𫖮对三聚戒的描述,似乎他对《地持经》的分类非常重视,但接下来,他又引用了《璎珞经》的说法：

> 律仪戒谓十波罗夷,摄善谓八万四千法门,摄生谓慈悲喜舍,化及众生令得安乐也。②

《璎珞经》被称为《梵网经》的姊妹篇,同样也被很多学者认为是

---

① 智𫖮:《菩萨戒义疏》卷一,第563页下。
② 同上书,第563页上。

伪经，其对于菩萨戒的看法与《梵网经》既有相同之处（如十重戒的内容），又有很多差异（如受戒的条件等），此处《璎珞经》直接指出以十波罗夷为律仪戒，实际上是把声闻戒排除在外，这是《梵网经》中暗示却没有明确指出的问题，也是《梵网经》菩萨戒在实践中容易引起争论的问题。智𫖮在这里引用了《璎珞经》的说法，却未作任何评述。

在介绍三种戒时，智𫖮还指出，三种戒的名称虽然出自三藏，但菩萨戒也包括这三种，那么三聚戒与三种戒是一种什么关系呢？在第二重玄义的"出体"部分，智𫖮又指出："定共、道共通大小乘。大乘道、定入摄善法戒。"其原因是："定共于定心中发无作，无复诸恶。……菩萨得心法戒谓道共戒，得此戒者终不为恶。"① 总之，智𫖮似乎认为三聚戒包含了三种戒，三种戒中的律仪戒属于三聚戒中的摄律仪戒，但摄律仪戒的具体内容更广泛，不限于声闻戒，还可以包括大乘经中规定的戒条，比如《梵网经》中的十重。定共戒、道共戒属于摄善法戒，但大乘的道共戒与小乘的道共戒内容不同，小乘道共戒，是指发真之后（得初果）具有的防非止恶的作用；大乘的道共戒，则指"中道心中发得此戒"。摄众生戒在三种戒中没有对应的部分，是三聚净戒中独有的内容。

智𫖮提到的第三种分类方法是《大智度论·戒品》中提到的十种戒，智𫖮所列名称为不缺、不破、不穿、不杂、随道、无著、智所赞、自在、随定、具足。但检阅《大智度论》，我们发现《大智度论》有两处提到类似的分类，名称却不完全相同。一处为《大智度论·释次第学品》，列出了《大品般若经》的说法：

> 须菩提，菩萨摩诃萨云何应修念戒？须菩提，菩萨摩诃萨从初发意已来，应念圣戒、无缺戒、无隙戒、无瑕戒、无浊戒、无著戒、自在戒、智者所赞戒、具足戒、随定戒。应念是戒无所有性，乃至无少许念，何况念戒？②

---

① 智𫖮：《菩萨戒义疏》卷一，第563页下。
② 《大智度论》卷八十七，第666页中。

此处十种戒似乎是对戒的性质特点的描述①，其具体内容，《大智度论》没有给出解释。另一处为《大智度论·释初品》：

> 复次，是戒一切善法之所住处，譬如百谷药木依地而生，持戒清净能生长诸深禅定实相智慧，亦是出家人之初门，一切出家人之所依仗，到涅槃之初因缘。如说持戒故心不悔，乃至得解脱涅槃。行者念清净戒、不缺戒、不破戒、不穿戒、不杂戒、自在戒、不著戒、智者所赞戒。无诸瑕隙，名为清净戒。云何名不缺戒？五众戒中除四重戒，犯诸余重者，是名缺犯，余罪是为破。复次身罪名缺，口罪名破。复次大罪名缺，小罪名破。善心回向涅槃，不令结使种种恶觉观得入，是名不穿。为涅槃、为世间向二处，是名为杂随戒。不随外缘，如自在人无所系属，持是净戒不为爱结所拘，是为自在戒。于戒不生爱慢等诸结使，知戒实相，亦不取是戒。若取是戒，譬如人在囹圄，桎梏所拘，虽得蒙赦，而复为金锁所系。人为恩爱烦恼所系，如在牢狱，虽得出家，爱著禁戒，如著金锁。行者若知戒是无漏因缘，而不生著，是则解脱。无所系缚，是名不著戒。诸佛菩萨辟支佛及声

---

① 《大智度论》所提到的十种戒，似乎与阿含类经典也有关联。在阿含经中也有很多地方提到不同的戒，列举如下：《杂阿含经》卷二十："圣弟子念于戒德，念不缺戒、不断戒、纯厚戒、不离戒、非盗戒、善究尽戒、可赞叹戒、梵行不憎恶戒。"卷二十四："如来、应供、等正觉所知所见，为诸比丘说圣戒，令不断不缺，不择不离，不戒取，善究竟善择，智者所叹，所不憎恶。"（此处可见各种戒名的来源）卷三十三："圣弟子自念净戒、不坏戒、不缺戒、不污戒、不杂戒、不他取戒、善护戒、明者称誉戒、智者不戒取戒。"《中阿含经》卷五："若有一人修习禁戒，无穿无缺，无秽无浊，极多无难，圣所称誉，善修善具。"卷十九："若有比丘犯戒、破戒、缺戒、穿戒、秽戒、黑戒者欲依戒立戒，以戒为梯，升无上慧堂正法阁者，终无是处。"卷二十三："或有一人犯戒、越戒、缺戒、穿戒、污戒，不称持戒。"这里提到的戒的名称与《大智度论》多有重合，从这些经典看，这些戒最初是用来描述比丘持戒的状态的，后来转化成对戒的一种描述，或者说是由动词变成了对名词的修饰，但都是从不同的方面来描述整体的戒。《大方广佛华严经·金刚幢菩萨十回向品》（卷十六）也提到十种戒："菩萨摩诃萨布施香时，如是回向：以此善根令一切众生具足戒香，得不坏戒、不杂戒、离垢戒、离疑戒、离缠戒、清凉戒、不犯戒、无量戒、无上戒、离世间戒、菩萨究竟至彼岸戒，令一切众生具足成就诸佛戒身。是为菩萨摩诃萨布施香时善根回向，令一切众生具足成就无碍戒身。"《大方等大集经》（卷十五）中也有类似的描述："菩萨念胜戒，不瑕缺戒，不荒秽戒，不求戒，不染戒，无浊戒，智者所叹戒，菩萨念如是等戒，不恃持戒，不毁破戒，不称己德，不讥彼过，终不舍戒，亦不依戒，亦不住戒，虽舍一切诸所恃着而行色行，是为菩萨不离如如来所许念戒。"

闻所赞戒，若行是戒，用是戒，是名智所赞戒。外道戒者：牛戒、鹿戒、狗戒、罗刹鬼戒、哑戒、聋戒。如是等戒智所不赞，唐苦无善报。复次智所赞者，于三种戒中无漏戒，不破不坏依此戒得实智慧，是圣所赞戒。无漏戒有三种，如佛说正语、正业、正命是三业。义如八圣道中说。是中应广说。①

此处提到了九种戒的名称，似乎也是从不同的方面描述戒的性质，但是值得注意的是，对于不缺戒、不破戒、智所赞戒已经开始赋予具体内容，但总体而言还没有严格的匹配。在《大智度论》的戒律分类中，应该还是三种戒占有重要位置。

我们可以看出，智𫖮所列的十种戒是综合了《大品般若经》和《大智度论》的名称（《大智度论》的八种戒和《大品般若经》的后两戒），并赋予了具体的内容，他指出：

义推此十：不缺者，持于性戒，性重清净，如护明珠，若毁犯者，如器已缺，佛法边人也。不破者，持于十三，无有破损也。不穿者，波夜提等，若有所犯，如器穿漏，不堪受道也。不杂者，持定共戒。虽持律仪，念破戒事，名之为杂。定共持心，欲念不起。《大经》云："言语嘲调，壁外钏声，男女相追，皆污净戒也。"随道者，随顺谛理能破见惑也。无著者，见真成圣，于思惟惑无所染著。此两约真谛持戒也。智所赞戒，自在戒，约菩萨化他为佛所赞，于世间中而得自在，此约俗谛论持戒也。随定、具足两戒，即是随首楞严不起灭定现诸威仪，示十法界像导利众生，虽威仪起动，任运常净，故名随定戒。前来诸戒，律仪防止，名不具足。中道之戒无戒不备，故名具足。用中道慧遍入诸法，故名具足。此是持中道第一义谛戒也。②

据此，不缺戒是指性戒（《摩诃止观》补充为"性戒乃至四重"），不破戒是指十三僧残，不穿戒是指波夜提等。这三种戒放在一起就是声闻

---

① 《大智度论》卷二十二，第225页下。
② 智𫖮：《菩萨戒义疏》卷一，第563页下。

的五篇七聚。不杂戒就是定共戒，随道戒似乎是指道共戒。这两种再加上前面的三种就是律仪等三种戒。随道、无著，又被称为约真谛持戒，智所赞、自在，被称为约俗谛持戒。智𫖮又将《大智度论》中具足、随定两戒的顺序颠倒，称其为持中道第一义戒。

《义疏》将十种戒放在最后，又采用了全新的解释，可见在其戒律体系中，十种戒是处于核心的分类方法。不过通过《义疏》中对十种戒的解释，我们只能看出智𫖮将声闻戒、三种戒等纳入他的解释体系之中，并将"三谛"的概念与持戒结合起来，看不出他对菩萨戒的看法。要想了解智𫖮对十种戒的看法，还要结合其他著作。

在智𫖮的著作中，使用了两种十种戒的分类方法，一种是《大智度论》的十种戒，有以下著作：《次第禅门》《摩诃止观》和《义疏》。另一种是《大般涅槃经》的十种戒，这主要体现在《四念处》和《法华玄义》中。

我们先来看第一种，在智𫖮的早期著作《次第禅门》中，明确将不缺戒配四重，不破戒配十三僧残，无瑕戒（不穿戒）配后三篇，不杂戒配定共戒，随道戒配道共戒，无著戒配阿那含人所持戒，智所赞戒配菩萨十重四十八轻戒，自在戒、具足戒、随定戒都是指菩萨持戒的状态。值得注意的是，在这里，十种戒的名称更忠实于《大品般若经》和《大智度论》的原文。第三戒使用了无瑕戒的名称，后两戒的顺序也是依照《大品般若经》。介绍完十种戒的内容后，智𫖮又指出，十戒是有高低之分的，前四戒是世间戒净，亦得出世间戒；中二是出世间戒净；后四是出世间上上戒净。前四属于声闻戒，后四属于菩萨戒，则其对菩萨戒的重视可见一斑。不过，文中又说"是名从初心至佛果浅深论持戒"，这说明十戒之间存在由浅入深的次序，那么以十重四十八轻为代表的菩萨戒仍要以声闻戒为基础。

在智𫖮后期讲述的《摩诃止观》中较为完整地表达了他对戒律的看法。《摩诃止观》是智𫖮的代表作之一，它展现了以止观统摄一切法门的宏大体系。与同属于三学的定、慧相比，戒律在《摩诃止观》中并不占有重要位置，只被列为修行止观的二十五种远方便之一。不过另一方面，按照智𫖮圆顿止观的设想，任何一种方法只要使用得当，都可以达到究竟，戒律也不例外。正如《义疏》所言："直道而归，生源可尽。"《摩诃止观》关于十种戒的内容与《义疏》基本相同，区别在于《义疏》只介绍了十种戒的内容，《摩诃止观》①却从不同的方面对十种戒进行分析，首先对十种戒的位次高下进行判定：

前三戒（不缺、不破、不穿）——律仪戒——凡夫散心能持

第四戒（不杂）——定共戒——凡夫入定能持

第五戒（随道）——初果圣人能持

第六戒（无著）——三果人能持

第七戒（智所赞）第八戒（自在）——菩萨能持

第九戒（随定）第十戒（具足）——大根人能持（别、圆菩萨）

接着提出了理观观心持戒的说法，指出只要能理观观心就能持得以上十戒，具体方法是先将十种戒分成四个方面，前四戒为所观之境（事戒），后六戒是理观的方法（理戒），又分为：随道、无著为空观持戒，智所赞、自在为假观持戒，随定、具足为中观持戒。其中，中观持戒是最高的层次，在这个阶段的菩萨已经具足了一心三观，能够观察到心性毕竟寂灭，非空非假，二边寂静，进入首楞严定的境界，本寂不动，又能双照二谛，现诸威仪，如此则不仅戒品具足，定、慧也都互相具足了。然后智𫖮又引用《梵网经》的一段话来证明此种境界："戒名大乘，名第一义光，非青、黄、赤、白。戒名为孝，孝名为顺。孝即止善，顺即行善。如此戒者，本师所诵，我亦如是诵。"②《摩诃止观》中还提到戒乘缓急的问题，他将事戒称为戒，理戒称为乘，并用四句分别指出戒乘缓急所得果报，其先后高低顺序为：乘戒俱急、乘急戒缓、戒急乘缓、乘戒俱缓，从这种顺序中我们可以看出其对理戒的重视。

结合以上内容，我们可以发现《摩诃止观》对戒律的看法有以下特点：一是以《大智度论》《大般若经》提到的十种戒为依据，却赋予全新的内容，并将其作为自己戒律体系的主要依据。二是提出事戒、理戒的划分，提高理戒的地位（或者说对于菩萨持戒而言，观心具有最重要的意义），但事戒仍以声闻戒为主。三是虽重视《梵网经》，在事戒中却没有《梵网经》菩萨戒的位置，那么究竟该如何看待《梵网经》菩萨戒，这里

---

① 参见智𫖮《摩诃止观》卷四，《大正藏》第46册，第36页上。
② 智𫖮：《摩诃止观》卷四，第36页下。

反倒没有《次第禅门》明确。

我们再来看一下智𫖮对《大般涅槃经》中提到的戒律分类的看法。在《四念处》①中，智𫖮将《大般涅槃经》五支戒匹配如下：

一、根本业清净戒——四重

二、前后眷属余清净戒——前后是方便偷兰遮等，余是诸四篇等

三、非诸恶觉觉清净戒——定共戒

四、护持正念念清净戒——道共戒

五、回向菩提——大乘戒

又将《大般涅槃经》中提到的十种戒②匹配如下：

一、清净戒——谓受得清净

二、善法戒——谓动不动皆毗尼

三、不缺戒——谓五篇不破

四、不析戒——析假入空、体假入空，皆道共戒

五、大乘戒——菩萨初信心

六、不退戒——十住不退

七、随顺戒——对十行随道戒

八、究竟戒

九、回向戒——断界内正习

十、具足诸波罗蜜戒——登初地乃至等觉

这里的解释有些混乱，十种戒显然使用了不同的标准来匹配。清净戒、善法戒似乎是从戒的性质方面解释，不缺戒匹配声闻五篇，不析戒匹配道共戒，从大乘戒开始匹配菩萨的阶位。这种匹配可能受到《璎珞经》的影响，《璎珞经·受学品》中云："我今在此树下为十四亿人说住前信想菩萨初受戒法。佛子，是信想菩萨，于十千劫行十戒法，当入十住心。"③ 这里显然认为菩萨戒是为十信以上阶位的菩萨所说的戒法。

在《法华玄义》④中，智𫖮对《大般涅槃经》五支戒、十种戒进行了详细的解释，并融汇了《大智度论》的说法。

---

① 参见智𫖮《四念处》卷三，《大正藏》第46册。
② 智𫖮：《四念处》卷三，第567页上。
③ 《菩萨璎珞本业经》卷二，《大正藏》第24册，第1021页中。
④ 智𫖮：《妙法莲华经玄义》卷三，《大正藏》第33册，第715页下。

五支戒的匹配：

一、具足根本业清净戒——十善、性戒

二、前后眷属余清净戒——偷兰遮等是前眷属，十三是后眷属，非律藏所出，余经所制为余戒，如《方等》二十四戒等

三、非诸恶觉觉清净戒——定共戒

四、护持正念念清净戒——道共戒

五、回向具足无上道戒——大乘戒

五支戒与护他十戒的匹配：

根本、眷属——禁戒、清净戒、善戒

非恶觉觉清净戒——不缺戒

护持正念念清净戒——不析戒

回向具足无上道戒——大乘、不退、随顺、毕竟、具足波罗蜜戒

《大智度论》十种戒与《大般涅槃经》五支戒、十种戒之匹配：

不破、不缺、不穿、不杂——根本——禁戒、清净戒、善戒

随道戒 ——护持正念念清净戒——不析戒

无著戒 ——回向具足无上道戒——不退戒

智所赞戒 —— 大乘戒

自在戒 —— 自在戒

随定戒 —— 随顺戒

具足戒 —— 具足波罗蜜戒

在对各种不同分类方法进行匹配后，智𫖮又用四教对《大般涅槃经》十种戒的阶位进行判定：

禁戒、清净戒、善戒——律仪——三藏摄

不缺戒 ——定共——三藏摄

不析戒 ——道共——通教摄

大乘戒、不退戒 ——别教摄，兼通教摄

随顺戒、毕竟戒、具足戒 ——圆教摄

以上可以看出智𫖮在《法华玄义》中对戒律的看法，与《四念处》中有一些差别，与《摩诃止观》也不相同，值得注意的是他将十善作为五支戒中的根本戒，并将律藏没有、其他经书中提出的戒列入"前后眷属余清净戒"，不同于《摩诃止观》中事戒部分仅指声闻戒的观点，为将

菩萨戒条列入事戒留下了余地。接下来《法华玄义》还专门对《梵网经》菩萨戒进行了判释，认为其属于别、圆菩萨戒，但又指出："此说犹是待粗之戒耳。开粗者，毗尼学者，即大乘学式叉。式叉即是大乘第一义光，非青、非黄、非赤白。三归、五戒、十善、二百五十，皆是摩诃衍，岂有粗戒隔于妙戒？戒既妙，人亦复然。汝实我子，即此义也。是名绝待妙戒。"① 也就是说如果从相待的角度来说，戒律存在大小、粗妙之别，《梵网经》菩萨戒是别、圆菩萨所持，属于大乘妙戒；但从绝待的角度（或者说从圆顿止观的角度），菩萨只要具有四弘、六度、发愿要心回向菩提、通达圆教的道理，一切小乘戒都可以成为摩诃衍（大乘戒）。

总之，在智𫖮的整个思想体系中，虽然也很重视戒律，但正如李四龙指出的，智𫖮前期是以"禅"统摄各种行法，后期则以"止观"统摄。② 在他那里，戒律并不具有终极的意义，通达佛果的必要方法是止观。当然，止观需要具备一些条件，持戒就是其中之一。对于持戒而言，理戒比事戒更为重要，持守什么样的戒条，并不是最重要的事情，关键是以什么样的心来持戒。所以在智𫖮的代表作《摩诃止观》中，他用很大的篇幅讨论了理观观心持戒和戒乘缓急的问题。对于《梵网经》菩萨戒，智𫖮充分肯定了其地位，在其早期著作《法界次第初门》中将其列入一切具体戒律的最顶端，在《次第禅门》中将其匹配十种戒中的智所赞戒，在《法华玄义》中指出其为别、圆菩萨所持，在《摩诃止观》中用其印证中观持戒，但智𫖮并不排除声闻戒，甚至可以说在其整个戒律体系中还是以声闻戒为基础。在《义疏》中，智𫖮的论述虽比较简单，但其论述的重点与《摩诃止观》中的论述基本相同，应该体现了相同的意向。结合《法华玄义》《次第禅门》等论述，我们可以看到智𫖮对《梵网经》菩萨戒的判定并不完全一致，但总体而言，其采取的方式就是一方面将《梵网经》菩萨戒提到很高的地位，另一方面又取消其普遍性，将其限制在一定的范围内（后来汉传佛教一般都将《梵网经》释为别、圆菩萨所摄）。同时，在持戒的精神上重视《梵网经》，在具体的戒条上主要依据声闻戒。这种方法实际上就是将《梵

---

① 智𫖮：《妙法莲华经玄义》卷三，第715页中。
② 李四龙：《天台智者研究——兼论宗派佛教的兴起》，北京大学出版社2003年版，第62—63页。

网经》从以戒为中心和排斥声闻戒的立场拉了回来，在强调大乘佛教精神的前提下，承认现实存在的声闻戒的合理性，并通过圆融的态度回小向大，将声闻戒变成大乘"妙戒"。

第二节　菩萨的阶位

菩萨戒的授予对象是菩萨，那么菩萨究竟是指什么行位的人，哪些菩萨可以受菩萨戒，就是一个很重要的问题，智𫖮在第一重玄义"释名"中，除了探讨戒的名称、种类，就是关于菩萨的问题，其篇幅占到了四分之三多，可见智𫖮对这个问题的重视。关于菩萨的名称，智𫖮引用多种经论进行阐释，但相对简略。其关注重点是菩萨的阶位。

修行的阶位一直是佛教中非常关注的问题，小乘佛教中有七贤位（一、五停心观，二、别相念住，三、总相念住：谓之三贤位，四、暖法，五、顶法，六、忍法，七、世第一法：谓之四善根）、七圣位（一随信行，二随法行，三信解，四见至，五身证，六慧解脱，七俱解脱）的说法。大乘佛教中关于修行阶位有很多不同的说法，《大智度论》中既提到了三乘共地（干慧地、性地、八忍地、见地、薄地、离欲地、已作地、辟支佛地、菩萨地、佛地），又提到了只属于菩萨的阶位（欢喜地、离垢地、有光地、增曜地、难胜地、现在地、深入地、不动地、善根地、法云地）。《华严经》中提出了四十一个阶位，《仁王经》中提出了五十一个阶位，《璎珞经》中提出了五十二个阶位。智𫖮具有强烈的融会诸家经典、建立统一的修行体系的意向，这在对菩萨阶位的论述中也得到充分展现。如果说"止观"是智𫖮统摄一切法门的核心，那么"藏、通、别、圆"四教分判就是其统摄一切经论的关渝。用这种方法，他可以将很多看似矛盾的经论都统一到他的体系之内，圆融无碍。接下来我们将以《义疏》为主，结合智𫖮其他论著，看看智𫖮是如何描述菩萨阶位的，这种论述的意义何在。

《义疏》这一部分可以分为两个层次，一是略论四教菩萨，二是详论四教阶位。我们先来分析具体内容。在略论部分，智𫖮指出《大论》中所说的"六度齐限"（檀满、尸满、忍满、进满、禅满、智满），是偏菩萨；《大品》中所说的菩萨发心与萨婆若相应，是指通菩萨；《净名》所说的"不思议解脱变身登座，而复受屈被呵者"是别菩萨；"发心即坐道场，成正觉，转法轮，度众生"，是圆菩萨。在《法华文句》① 中，关于四种菩萨的描述与《义疏》基本相同。其他著作中也都有部分的相似。如关于偏菩萨的说法，《观音玄义》与《义疏》文句基本相同，《四教义》②《维摩经玄疏》③ 中有更详细的描述，《摩诃止观》④ 中则非常简略。关于通菩萨的说法，《摩诃止观》⑤ 在论"通塞"的地方也引用了《大品经》这句话，说明"与空相应"，但没有直接使用四教的判释，不过如果按四教的标准，正属于通教。总之，智颛用四教的判释融汇了不同经典中对菩萨的不同描述，而且在他的著作中多处使用这些说法。

接下来《义疏》将一些经论中关于菩萨阶位的内容容纳在四教体系中，进行详细描述。关于菩萨阶位，智颛在《法华玄义》和《四教义》中有更详细的论述，这里我们一方面将比对《义疏》与这两种著作所列阶位及文字论述的异同，为确定三种著作的写作先后提供一种参考，另一方面也利用《法华玄义》和《四教义》补充《义疏》的不足，展现智颛对菩萨阶位的完整看法。

表 3.1　　　　　　　　　藏教菩萨阶位

阶位		《义疏》⑥	《法华玄义》⑦	《四教义》⑧
声闻	七贤	只列名称，但明确区别外凡、内凡	简单解释每一阶位内容，提到暖法是内凡初位，但没有明确列出	详细解释阶位内容
	七圣	只列名称	简单解释	详细解释

---

① 《法华文句》卷二："菩萨多种，谓偏、通、别、圆。如《释论》引迦旃延子明六度齐限而满者，此欲调血众生为乳也。若《大品》明有菩萨发心与萨婆若相应者，此欲调乳入酪也。若《大品》明有菩萨发心游戏神通，净佛国土，又如《净名》中得不思议解脱者，皆能变身登座而复屈被诃者，此欲调酪为生熟苏也。若《大品》明有菩萨发心即坐道树成正觉转法轮度众生者，此是调苏为醍醐也。"（《大正藏》第 34 册，第 20 页下）
② 智颛：《四教义》卷七，《大正藏》第 46 册，第 744 页下—745 页下。
③ 智颛：《维摩经玄疏》卷三，《大正藏》第 38 册，第 536 页中。
④ 智颛：《摩诃止观》卷六，第 74 页上。
⑤ 智颛：《摩诃止观》卷七，第 87 页上。
⑥ 参见智颛《菩萨戒义疏》卷一，第 564 页中。
⑦ 参见智颛《妙法莲华经玄义》卷五。
⑧ 智颛：《四教义》卷七。

续表

阶位		《义疏》	《法华玄义》	《四教义》
缘觉			简单介绍独觉、因缘觉两种类型及大小	从五个方面论述：一是翻译，二是分别大小，三是明宿缘，四是明观法，五是料简
菩萨	初僧祇	似声闻五停心、别念处、总念处	表述基本与《义疏》同，不同处在于《义疏》提到五种功德，此书只提到"离女人身"一种	从七个方面论述菩萨阶位：一是发菩提心。二是行菩萨道。三是种三十二相业。四是六度成满。五是一生补处。六是生兜率天。七是八相成道。其中第二提到三僧祇，初僧祇大意与《法华玄义》同，但文字表述更详细
	二僧祇	望似声闻暖法位	文字基本与《义疏》同	表述更详尽
	三僧祇	望声闻顶法位	同上	同上
	种三十二相业	望声闻下忍位	同上	单独列出，详细论述七意中所列第四六波罗蜜满，也属于下忍位
				五、住一生补处，六、生兜率陀天（望声闻中忍位）
	坐道场	望声闻上忍位	下生成道	

《义疏》对藏教阶位的论述言简意赅，但也有缺失，对缘觉没有论述。《法华玄义》的论述比较详细，但对菩萨的阶位匹配也有缺憾，《四教义》的论述比较全面，其对菩萨阶位的匹配说明都比较有层次，应该代表了智顗对藏教阶位的最终看法。

表 3.2　　　　　　　　　　通教菩萨阶位

阶位		《义疏》	《玄义》	《四教义》
三乘共十地	干慧地	事相名同三藏	文字更详细，明确指出"五停心、别相、总相四念处"	位次相同，文字表达不同，且指出是外凡，后有详细问答
	性地	暖法、顶法、世第一法	文字稍异	位次相同，指出是内凡
	八人地	信行、法行体见假发真断惑，八忍具足，智少一分	文字基本同	十五心八忍之位
	见地	见第一义无生四谛之理，断见惑八十八使尽	文字基本同	文字基本同
	薄地	体爱假发真，断欲界思证第六解脱	文字更详	文字与《玄义》基本相同
	离欲地	体爱假即真，断欲界五下分结，身见、戒取、疑、贪、嗔	文字略简，未列五下分结的名称	文字与《玄义》基本相同
	已办地	体色无色即真，发无漏，断五上分结，掉、慢、疑、色染、无色染，七十二尽，三界事惑究竟	文字略简，未列五下分结的名称	文字与《玄义》基本相同
	辟支佛地	缘觉发真无漏，功德力大能除习气	文字基本相同	文字基本相同
	菩萨地	从空入假，得道种智，成就众生，断习气将尽	文字详细	文字与《玄义》基本相同
	佛地	观真谛究竟，习亦无余	文字基本相同	文字更详，并引经论

续表

阶位		《义疏》	《玄义》	《四教义》
名别位通	三乘共十地菩萨别立忍名		详细列举十地，并与前十地名匹配	与《玄义》基本相同
	用别教名		简列十地名，匹配前二种十地，引经论证明	与《玄义》基本相同

《义疏》只列了三乘共十地的菩萨阶位，这一部分文字与《法华玄义》互有详略，但基本相同，《法华玄义》与《四教义》都列出了两种菩萨阶位，文字表述也基本相同。不同之处在于《四教义》往往将所引用经论或其他论师的名称明确指出，《法华玄义》则经常直接引用。两种菩萨阶位的说法应该更能代表智顗的看法。

表 3.3　　　　　　　　　　别教菩萨阶位

	《义疏》	《玄义》	《四教义》
十信	外凡十信：一、信，二、念……十、愿	十信心即是外凡，亦是别教干慧地，亦名伏忍位也	初十信心即是外凡，别教干慧地伏忍之位也
十住	内凡习种性十住：一、……十、灌顶。尽三十心皆名解行位，悉是内凡名性地	十住即是习种性。此去尽三十心皆解行位，悉是别教内凡，亦是性地，亦名柔顺忍位，约别教义推应如暖法也	十住即是习种性位。从此已去尽三十心解行位，悉是别教之内凡性地，柔顺忍位也，约别教义推如暖法
十行	性种性十行：一、……十、真实	十行即是性种性。别教义推，应如顶法	十行者，即是性种性。别教义推，如顶法也
十回向	道种性十回向：一、……十、法界无量	十回向道种性。别教义推，应如忍法、世第一法	十回向即道种性。别教义推，如忍法、世第一法也。问曰：别教何须明暖顶忍也？

	《义疏》	《玄义》	《四教义》
十地	圣种性十地：一、……十、法云	十地即是圣种性。此皆入别教四果圣位，悉断无明别见思惑	次十地即是圣种性。此皆入别教四果圣位，悉断无明别见思惑
等觉地	名金刚心菩萨，亦名无垢地，临真极圣众学之顶也	等觉位即是等觉性。若望菩萨名等觉佛，若望佛地，名金刚心菩萨，亦名无垢地菩萨也	六明等觉位。即是等觉性，若望菩萨名等觉佛地。若望佛地，名为金刚心菩萨，亦名无垢地菩萨
妙觉地	即见性究竟佛菩提果，了了见性称妙觉也	妙觉地即是妙觉性。即是究竟佛菩提果，大涅槃之果也	七明妙觉地，亦名妙觉性。即是究竟佛菩提果，大涅槃之果也

从上表可以看出，《法华玄义》和《四教义》对别教菩萨阶位的描述基本没有区别。它们都没有列出前五位的名称，却将其与三藏或通教十地阶位进行匹配。此外，《法华玄义》和《四教义》在列别教菩萨阶位之前都指出关于别教菩萨的阶位，不同的经论有不同的说法，"若《华严》明四十一地，谓三十心、十地、佛地。《璎珞》明五十二位。《仁王》明五十一位。《新金光明经》但出十地佛果。《胜天王般若》明十四忍。《大品》但明十地。《涅槃》明五行十功德，约义配位，似开三十心、十地、佛地，而文不出名。又《十地论》、《摄大乘论》、《地持论》、《十住毗婆沙论》《大智度论》，并释菩萨地位，而多少出没不同"[①]。然后又指出此处依据的是《璎珞经》。《义疏》没有明确指出经典依据，但其所列名称和几种种性的划分明显也是依据《璎珞经》，可见智顗对《璎珞经》的重视。在《义疏》列别教菩萨阶位之后，还有一段文字，讨论了性种性、习种性关系及解行位四种名称，这段文字不见于《法华玄义》和《四教义》，也不见于智顗的其他著作，倒是在净影慧远的《大乘义章》中有类

---

① 《妙法莲华经玄义》卷四，第726页中。

似的论述①,《义疏》前面提到四种性（习种性、性种性、道种性、圣种性），这里只论述两种，与上文关联不大，可能是智𫖮参考了慧远的论述，也可能是后人发见慧远文中相关论述，便补充进来，并进行删减，所以才使其意义非常不完整，难以理解。

表 3.4　　　　　　　　　　圆教菩萨阶位

	《义疏》	《法华玄义》	《四教义》
五品位	随喜、读诵、说法、兼行六度、正行六度	文字详细，多引经论证明	
内凡十信	文字简略	文字比《义疏》详细，多引经论	与《玄义》不同
十住	文字简略	比《义疏》更详细	与《玄义》较大差异
十行	文字简略	与《义疏》基本相同	与《义疏》基本相同
十回向	文字简略	与《义疏》基本相同	与《义疏》基本相同
十地	文字简略	与《义疏》基本相同	与《义疏》基本相同

关于圆教菩萨阶位，智𫖮最大的创造在于将《法华经》提到的五品弟子列入圆教菩萨的阶位，再结合被他判为别教的《璎珞经》中提到的

---

① 慧远:《大乘义章》卷九:"第一门中，约就行位辨定先后。二种性者，一习种性，二性种性。此二种性若据位分，习种在前，性种在后。若就行论，性习同时。以同时故，前后不定。依体起用，先明性种，后明习种。寻用取体，先明习种，后明性种。与彼证道、教道相似。就位以论，教道在前，证道在后，世间之行为教道故，所以在前；地上之行为证道故，所以在后。据行论之，证教同时。以同时故，先后不定。依体取用，先证后教。寻用取体，先教后证。先后如是。第二门中，就位分别。为辨种性，通对解十地以论。于中义别，有其四门：一释其名，二约解以分，三就行显别，四通解行以彰其异。名字如何？言种性者，亦名十住。若言十住，当分为名，解观成就不退名住。若言习种对后立称，依前观解，习后性种所成行德，修而未成，说之为习，望后佛果，能生曰种。第二性种，亦名十行。若言十行，当分以名，备具法界一切行性，故名为行。言性种者，对前望后，以立其名。前习中所修行德至此位中成就不坏，故名为性；望后佛果能生曰种。解行之位名有四别：一名解行，二名发心，三名回向，四名道种。言解行者，对出世道以立名也。于出世道解而行，故名为解行。言发心者，对果以名。于大菩提起意趣求，故名发心。亦可求发出世之心，故名发心。言回向者，亦是对果以立其名，回己善法趣向菩提，故名回向。言道种者，当分望后以立其名。当分中之如观道立，故名为道。望后佛果，能生曰种。十地之位，亦有四名：一名十地，二名行方便，三名菩提分，四名圣种。言十地者，当分以名。行德成就住处名地，亦可望后能生名地。行方便者，当分以名。善起诸度，名行方便。菩提分者，当分为名。出世之道，名曰菩提。道行差别，名菩提分。亦可此言对果以名，佛果之道，名曰菩提，地上所行与彼为因，名菩提分。言圣种者，当分望后以立其名。当分之中会正名圣，望后能生故说为种。名字如是（此一门竟）。"（第 650 页下—651 页上）

五十二位，建立起独特的圆教菩萨阶位。《义疏》和《法华玄义》中都采取了这种阶位判释，但其依据，在这两种著作中都没有解释，结合《摩诃止观》《四教义》的论述，我们可以有更清楚的理解。在《摩诃止观》中，智顗提出了"圆观诸法皆云六即，故以圆意约一切法悉用六即判位"① 的原则，所谓六即就是理即、名字即、观行即、相似即、分真即、究竟即，这是智顗在论述修行圆顿止观时，针对众生不同的根基，提出的六个标准，也是修行过程中的判位依据。"五品弟子位"与五十二位结合的关键就在于"六即"。在《四教义》中，智顗没有直接将五品弟子位列入圆教阶位，但在论述"六即"之时，他这样写道：

> 涅槃即生死，菩提即烦恼，此是理即。若知生死即涅槃，烦恼即菩提，是为名字即。因此观行分明成五品弟子，即是观行即。得六根清净名相似即，成四十一地，即是分证真实即。证妙觉果，即是究竟即。②

将"六即"的第三"观行即"配五品弟子位，第四"相似即"配六根清净位（即十信位），分证即配十住、十行、十回向、十地、等觉四十一位，究竟即配妙觉地。又指出"若圆教所明，从初随喜心，修一心三观入十信位"，③ 将五品弟子位的初品放到十信位之前，也是认为五品位是圆教菩萨阶位。总之，通过这种比配，智顗将自己重视的一些经典的论述都纳入圆教菩萨阶位之中。此外《法华玄义》和《四教义》在列菩萨阶位前还详细论述了列圆教菩萨阶位的意义。按照一般的逻辑，既然是圆教，就没有必要再列阶位，智顗则主要用四悉檀方便说法来解释这一问题，既保留了圆教一修一切修的特色，又提供了层次分明的修行次序。

综上所述，我们可以看出：一是智顗对于菩萨阶位是非常重视的，他采用了多种经典的论述，并将这些论述纳入他的藏、通、别、圆判教体系，为多种看似不同的菩萨阶位分判找到了合适的位置，体现了一种圆融

---

① 智顗：《摩诃止观》卷一，第11页上。
② 智顗：《四教义》卷一，第762页上。
③ 同上书，第760页中。

的精神。尤其是对圆教菩萨阶位的创新,更体现了他融汇众经又不为所拘的特点。二是《义疏》对于菩萨阶位的描述和《法华玄义》《四教义》中的论述基本是一致的,尤其与《法华玄义》相对照,不仅阶位几乎相同,文句更是基本一致,只不过《义疏》的文字更为简略、明晰,有时甚至因为过于简略而容易引起理解上的偏失,有时也因为消减了一些文字而变得意义不明确。如在论述圆教十信位的最后,有这样一句:"是名圆教铁轮十信位,圆教似解六根清净也。"① 这里后半句很难理解,如果参考《法华玄义》就会明白,《义疏》省略了一些词句,完整的表述应为:"是名圆教铁轮十信位,即是六根清净,圆教似解暖顶忍世第一法。"② 这样意思就很清楚,这是在比配声闻的阶位。这里涉及一个复杂的问题,即三种著作的写作先后问题。根据前面的论述,《义疏》这一部分应该是在《法华玄义》基础上稍作精简而成。《法华玄义》是智顗开皇十三年(593)讲说,由灌顶记录而成,后来灌顶又多次修治。《四教义》乃开皇十五年(595)智顗为晋王所撰《维摩经玄义》中的一部分,是智顗为数不多的亲笔撰述之一。关于菩萨阶位的论述,《法华玄义》与《四教义》也基本相同,只是《四教义》的论述更为详细,日本学者佐藤哲英认为灌顶在修治《法华玄义》时参考了《四教义》这部分内容③,但也可能相反,是《四教义》在写作时参考了《法华玄义》的内容,并予以补充。总之,《义疏》也应该是智顗晚年的著作,或者《义疏》也是经过灌顶或后人的修订。④ 三是《义疏》虽详细罗列菩萨的阶位,却没有将菩萨阶位与菩萨戒联系起来。也许智顗这种写法是为了表明菩萨是一个复杂的概念,不能简单将《梵网经》菩萨戒的戒条与菩萨匹配。因为既然存在着藏、通、别、圆四教,而每一种教法的存在都是针对不同根基的众生,都有其存在的合理性,就不能以对某一种教法而言是合理的戒律取代其他的戒律。而且每一种教法下的菩萨都有不同的阶位,对不同阶位的菩萨要求也是不一样的,所以对于像戒律这样具体的规定性的要求要因地制宜。菩萨戒的优胜之处在慈悲护他的精神,把握了这一原则,不一定拘泥于具体

---

① 智顗:《菩萨戒义疏》卷一,第563页下。
② 智顗:《妙法莲华经玄义》卷五,第733页。
③ 佐藤哲英:《天台大师之研究》,第394—399页。
④ 参见智顗《天台智者研究》,第41页。

的戒条。

第三节　戒体及相关问题

《义疏》在第二重玄义中讨论了戒体及相关问题，可以分为三个方面：一是戒体的性质、兴废，二是三聚戒体，三是止、行二善问题。我们先来看第一个问题。

戒，据《说文解字》，"警也"。梵语对应的词为sīla。体的本义，据《说文解字》，"总十二属也"，是指身体。体抽象意义主要指：事物本身，事物的本体（与作用相对，构成一对哲学范畴）。戒体，在佛教文献中基本上有三种意义：一是指戒本身，二是指受戒之后获得的一种防非止恶的力量。三是指戒的本体或本性，这是从哲学本体论意义上对戒的一种探讨。在汉译佛教经典中，"戒体"一词并不多见①，南北朝以前现存的文献中，仅在《十诵律》《萨婆多毗尼毗婆沙》《涅槃经》中出现过。《十诵律》中有：

> 颇有比丘在一处坐，犯五种戒体耶？知五种犯体，是名知犯；不知五种犯体，是名不犯。②

这里的"五种戒体"就是指五种戒本身。

《十诵律》的释论《萨婆多毗尼毗婆沙》中有：

> 乃至教以少姜着食中，比丘食者突吉罗。此戒体，但偏赞其德，不问凡圣。③

这里的"戒体"就是指"突吉罗"戒本身。

---

① 黄心川先生在《略论南山律宗唯识观》（载《东方佛教论》，中国社会科学出版社2002年版，第267页）一文中曾指出："戒体这个词我们在印度梵文佛经中没有找到对应的词汇，意思比较接近它的是律仪。"这里的戒体是指本体论意义上的戒体。
② 《十诵律》卷五十一，第377页上。
③ 《萨婆多毗尼毗婆沙》卷七，第547页上。

《大般涅槃经·师子吼菩萨品》：

> 一切众生，凡有二种：一者有智，二者愚痴。若能修习身、戒、心、慧，是名智者；若不能修身、戒、心、慧，是名愚者。云何名为不修习身？若不能摄五情诸根，名不修身。不能受持七种净戒，名不修戒。不调心故，名不修心。不修圣行，名不修慧。复次不修身者，不能具足清净戒体。不修戒者，受畜八种不净之物……①

这里的戒体，也是指戒本身。这些经典内容对应的梵文本都已遗失，我们无法找到翻译成汉文的"戒体"对应的梵文词。但在唐代般若翻译的《大方广佛华严经·入不思议解脱境界普贤行愿品》中也有"戒体"一词，而且其用法与以上经典基本相同："一切所有悉能弃舍，成就无边清净戒体；住佛境界，具足安忍，得一切佛法忍光明。"此句对应的梵文为 atyantaviśuddho bhavati anantaśīlastathāgataviṣayasaṃvasanaḥ 。其中，"戒体"对应的梵语为śīlaḥ，就是指戒本身。可见在翻译成汉文的印度佛教经论中，"戒体"一词中"体"是主体的意思，所谓的戒体就是指戒本身，并不具有哲学意义上的本质、本体的意义。

第二种意义上的戒体，即受戒之后获得的一种防非止恶的力量，在印度佛教中很少使用戒体一词，但这一问题可以包含在对业力问题的讨论中。说一切有部认为三业之中，身口二业，是表、表业或表色，它们会留下以色法形式存在、不显现于外的业力，称为无表、无表业或无表色②，表业和无表业都是实有的色法（或假色）③，而意业是思，是无所谓表和无表的。从有部分流出来的譬喻师（或经部）认为，业力的存在，并非由心口的行为造作，而只是意念的驱动，是微细潜在的思种子，是心的作用。《成实论》主张不仅身口业有无作，意业也有无作。无作非色非心，

---

① 《大般涅槃经》卷三十一，《大正藏》第12册，第552页上。
② 旧译作"无作"，玄奘新译作"无表"。《中论颂》梵文本中，鸠摩罗什译作"无作"的词为 avijñapt，与"无表"的梵语相同。（参见叶少勇《中论颂——梵藏汉合校·导读·译注》，中西书局2011年版，第269页。叶少勇也翻译为"无表"）。
③ 参见屈大成《从汉译佛典看戒体说的源流》，郑培凯、范家伟主编《旧学新知集》，广西师范大学出版社2008年版。

"若人在不善、无记心，若无心，亦名持戒，故知尔时有无作……问曰：已知有无作法非心，今为是色，为是心不相应行？答曰：是行阴所摄。所以者何？作起相名行，无作是作起相故。色是恼坏相，非作起相。……又佛说，色是恼坏相，是无作中恼坏相不可得故非色性"①。

这三种主张，是印度不同部派对业力问题的基本看法。如果运用到对戒的分析上，无作（无表）相当于受戒后产生的一种力量，也就是中国佛教中常说的戒体，对无作性质（色、心、非色非心）的讨论就可以看作对戒体性质的讨论。南北朝以后的中国僧徒正是这样来理解部派佛教的主张的。从根本上说这种理解并没有错误，只是把更广泛的业力问题具体化为戒体问题，特意突出了戒体的重要性，正体现了中国佛教的特点。有些论书中也使用了"戒体"，如玄奘译的《大毗婆沙论》中就有："问：何故戒体唯色？答：遮恶色起故；又是身语业性故，身语二业，色为体故。"这里的戒体是与无作、无表相对等的概念。玄奘生活在唐代，其翻译应该是受中国佛教界重视戒体问题的影响。

第三种意义上的戒体——戒的体性，即从本体论的意义上来讨论戒，在早期佛教中并没有涉及，部派佛教对无表性质的讨论也属于这一论题。大乘佛教中有不少地方涉及，如《十住毗婆沙论》说："善戒律仪、不善律仪有二种：有作、无作。作是色，无作非色。无作非色，佛以不共力故现前能知，余人以比智知。"② 这里是将戒分为两种：作戒与无作戒，认为作戒是色，无作戒不是色。《大般涅槃经》云："复有二种：一者作戒，二者无作戒。是人唯具作戒，不具无作戒，是故名为戒不具足。"③ 这也是将作戒与无作戒作为戒的一种分类方法，认为要想具足戒法，作戒与无作戒二者不可缺少。《涅槃经》又有："云何念戒？菩萨思惟有戒，不破不漏，不坏不杂，虽无形色，而可护持，虽无触对，善修方便，可得具足，无有过咎，诸佛菩萨之所赞叹，是大方等大涅盘因。"④ 也就是说戒是没有形色，没有触对的。《优婆塞戒经》亦云："众缘和合故得名作，以作因缘生于无作。如威仪异，其心亦异。不可得坏，故名无作。从此作

---

① 《成实论》卷七《无作品》，《大正藏》第32册，第290页中。
② 《十住毗婆沙论》卷十一，《大正藏》第27册，第79页下。
③ 《大般涅槃经》卷三十六，《大正藏》第12册，第575页中。
④ 《大般涅槃经》卷十八，第470页中。

法得无作已，心虽在善、不善、无记，所作诸业无有漏失，故名无作。"①这里说明了"作""无作"产生的因缘，指出"无作"是从"作"而产生的，但一旦产生就具有独立性，虽没有说明"无作"是心法还是色法，但却指出了"无作"的功用。《成唯识论》云："表既实无，无表宁实，然依思愿善恶分限，假立无表，理亦无违。谓此或依发胜身语善恶思种增长位立，或依定中止身语恶行思立，故是假有。"② 这是倾向于以思种子（心）作为无表存在的依据，但也说明了"无表"只是一种假立，并非实法。总之，大乘佛教将部派时期用来讨论业的"作""无作"，作为戒的一种分类方法，提出了作戒、无作戒的说法（这种分类最早见于鸠摩罗什翻译的《摩诃般若波罗蜜经》），并对作戒、无作戒的性质进行了分析，倾向于认为无作戒不是一种色法。总体而言，这些经论对戒的体性问题的讨论包括了对作戒和无作戒性质的讨论，但还比较简单。

在中国佛教界，戒体问题受到了充分重视，特别是唐以后，随着道宣《四分律》在中国戒律体系中绝对优势地位的确立，戒体③也成为戒律中最为核心的问题之一，而这种重视，正是从南北朝后期开始的。在现存的资料中，最早讨论戒的体性问题的中国僧人是梁代的僧佑，他认为："戒律者，……性以止制为本，体以无作为相。"④ 僧佑没有直接使用戒体这一名称，但却将"无作"作为戒的体相，这里的无作应该是"不作"（不作恶）的意思。南北朝中后期，戒体问题越来越受到佛教界的重视，据道宣《四分律删补随机羯磨疏》记载，这一时期对戒体问题有各种不同的看法：

> 如昔光师，依理明体，谓此圣法能为道务，如《钞》所显。齐末立体，即受五缘，由此体具，便感前法，此则说缘为体。河北魏部，虽依法数正解《四分》，偏广多宗。江南晋师崇尚《成实》依论

---

① 《优婆塞戒经》卷六，第1068页上。
② 《成唯识论》卷一，《大正藏》第31册，第4页下。
③ 在中国佛教中"戒体"主要是指受戒后产生的防非止恶的力量。但其他两种意义的戒体，也时有出现。很多人在使用"戒体"一词时，并没有对其不同含义进行明确区分，导致了讨论的很多混乱。本书将试图分清，在不同情况下，戒体的具体含义。
④ 僧佑：《十诵义记目录序》，《出三藏集记》卷十二，第496页。

出体，用通《十诵》。①

参照宋代元照的注释，道宣提到的南北朝时期的四种戒体说是指：一是北朝慧光主张的"依理明体"说。慧光的具体说法已经不见于记载，依元照的解释，理是指大乘实例或小乘权理。照字面理解，这种说法和智𫖮提出的"戒体者……起即性"的说法颇有相似处。（详后）二是法愿提出的"五缘戒体"说，依照能受的人、诸根具足、身心清净的道器、三衣具足、得少分法，这五种缘作为戒体。三是北朝多依萨婆多部的色法作为《四分律》的戒体。四是南朝则依据《成实论》的非色非心作为《十诵律》的戒体。这些人关于戒体的著作都已经不存在，无法确切知道他们关于戒体问题的具体看法。

现存的史料中较早集中讨论戒体问题的应该是被称为隋代三大师的净影慧远、智𫖮和吉藏。慧远《大乘义章》：

> 次就色心、非色心等三聚分别。依萨婆多，作、无作戒，一切是色，以是身、口色业性故。相状如何？谓受戒时最后一念身口调善是其作色。此之作色为眼所行，眼见身口，不作恶故。口之止业，不可耳闻，以无声故。于此作边，无作善生，名无作色。以此无作，是其色业，从色法生，防禁色过，故说为色。故《杂心》云：以作色故，无作亦色。其如树动，影亦随动。此无作色为意所行，故论说言：为不可见，无对色也。依昙无德作戒唯色，亦以身口色业性故。然此宗中是假名色，为意所行，非眼识见。正义如是。有人说言：依昙无德，作戒是其色心自性。若言作戒是色心性，何所依据？又若作戒是色心性，声闻应受十善道戒，何故唯受七律仪戒。声闻唯受七律仪故，明非心性。又若作戒是色心性，比丘二百五十戒中应有一戒独防心过，无有一戒独防心故，明非心性。问曰：若言声闻戒法不防心过，何故律言汝以何心？释言：彼遮成身口心，非谓制戒独防心过。以如是义，当知作戒一向非心。无作戒者，于彼宗中非色非心，以非形碍所以非色，又非虑知所以非心。

---

① 参见《四分律删补随机羯磨疏济缘记》卷三，《卍续藏》第41册，第254页。

第三章 《菩萨戒义疏》中的戒律理论

　　大乘法中作戒是其色心自性，以大乘中作戒是其三业性故。问曰：若言大乘法中作戒是其色心性者，有人于彼受戒之时最后一念心想异缘，是人云何得具作戒？释言：是人心虽异缘，由前方便要期力故，身口意上离恶义成，说为作戒，故得具足。无作戒者，于大乘中是色心法，非色心事。以无作戒三业自性从三业生，防三业故，说为色心。是色心故，异昙无德。故《涅盘》云：我诸弟子不解我意，唱言：如来说无作戒定非色心。彼无作戒虽复是其防色心法，不是其色心之事，是故说为非色非心。非色心故，异萨婆多。故《涅盘》云：我诸弟子不解我意；唱言：如来说无作戒一向是色。是义云何？萨婆多中说。无作戒性四大造，体是障碍故，欲色界有，无色则无。大乘法中说，无作戒真是制法，如结界处所有界法。是制法故，不为大造。非大造故，非定隔碍。不定碍故，身生四空，亦常成就。是以不同。以小乘中情见未融，或有闻说是色心法便即取之以为色事，或有闻说非色心事便即取为非色心法，故成诤论。大乘通取，所以非诤。体性如是。①

　　慧远沿用大乘经论中将戒分为作戒和无作戒的说法，并明确区分了大小乘对于作戒、无作戒的不同看法。关于小乘的观点，慧远列举了萨婆多部和昙无德部的说法。萨婆多部认为作戒、无作戒都是色。昙无德部认为作戒是色，无作戒是非色非心。大乘法中，慧远认为作戒具有色性和心性，因为受戒之时，需要具备身、口、意三业，三业中身、口是色法，意是心法。无作戒是色心法，而不是色心事。说无作戒是色心法是指无作戒是由身口意三业发起，而且是为了防止身口意三业，其本身并不是色心。无作戒是色法还是心法，要依据无作戒所防制的对象，即身口意三业来判定。身口二业是色，那么防止身口的戒就是色法；意业是心，防止意业的戒就是心法。这里从防治的对象来判断无作戒的性质，其实是延续了部派佛教的思路。但将无作戒作为色心法，体现了大乘佛教在戒律上与部派佛教的不同看法。在小乘佛教中，戒一般是防止身口的，意业一般不作为戒。在大乘佛教中意业也纳入戒中，慧远接受了大乘佛教对戒的看法，把

---

① 慧远：《大乘义章》卷十，第660页上。

意业也作为戒，所以慧远认为大乘戒体既可以是色法，也可以是心法。慧远没有使用"戒体"一词，但却对作戒和无作戒的体性进行了探讨。

比智𫖮年轻11岁的吉藏在《法华义疏》中表达了对戒体的看法：

> 问：戒以何为体？
> 答：《毗昙》以色为体，《成论》非色非心为体，《譬喻》、《僧祇》明离思无报因，离受无报果，故以心为戒体。今明大乘适缘所宜，无有定执。若有定执，即成诤论，趣向阐提。①

吉藏使用了"戒体"一词，这里戒体的意思就是"戒以何为体"，是在第三种意义上使用戒体，突出了戒体问题的本体论意义。吉藏列举了小乘佛教对戒体的三种看法（其实是对业力的看法），与慧远相比，增加了心法戒体说。在这里吉藏认为大乘佛教在戒体问题上没有固定的看法，而是根据不同情况有不同说法。在《胜鬘宝窟》中，吉藏又进一步讨论了戒体问题：

> 第四、戒体相门。《毗昙》以色聚为体，《成实》用非色非心为体，譬喻部以心为体。《璎珞》云：一切菩萨凡圣戒，尽以心为体。心若尽者戒则尽，心无尽故戒无尽。故六道得受戒，但解语而受得不失。若依《璎珞》别明三戒体者。摄律仪戒，谓十波罗蜜；摄众生戒，谓慈悲喜舍；摄善法戒，所谓八万四千法门。此以四等为化他，故是摄众生戒。十度是自行，故取为摄律仪。摄善法通自他，故取八万四千法门为摄善法也。第五、戒所对治门。大宗此三种戒，则无恶不止，无善不行，无人不度，则五住地惑，通是所治也。然戒法以止善为体。止弃物之恶，为摄众生戒；止不修行之恶，为摄善法戒；除此二外，止起恶之心，为摄律仪。故三戒别治三惑也。又此三戒，行二乘三戒恶。摄律仪者，遍防三业罪非，行二乘但防身口；摄众生者，不弃物之心，行二乘独善之行；摄善法者，誓行众善，行二乘偏近小行。第六、作、无作门。一云单用作善为体，二单用无作善为

---

① 吉藏：《法华义疏》卷二，《大正藏》第34册，第474页下。

体，三合用作无作善为体。然此三戒并有作、无作。作即誓心，无作即是从心生戒，远至菩提。小乘正以无作为体。作心罗难恒，大士即两取也。若尸罗与波若合用，则以心戒为本。常有心，则无作常生。①

吉藏列举了小乘关于戒体的三种说法和《璎珞经》的心戒体说，并指出自己"依《璎珞》别明三戒体"，显然是采取了《璎珞经》的说法。在接下来的论述中，吉藏又列"作无作门"，认为有的以作善为戒体，有的以无作善为戒体，有的合用作、无作善为戒体，指出小乘以无作为戒体，大乘则合用作、无作为戒体。吉藏所说的作、无作显然与慧远所说是不同的，他说作是誓心，无作是从心产生的戒，在他看来作与无作都是心戒。

慧远和吉藏，都注意到了大小乘对戒体问题的不同看法，这应该反映了当时随着《梵网经》《璎珞经》等大乘戒法的流行，大乘菩萨戒得到普遍重视的情况，但不论是慧远，还是吉藏在这个问题上的论述都显得过于简单。总结大小乘在戒体问题上的不同观点，提出一种既能融合大小乘思想，又有利于指导戒律实践的戒体理论，智𫖮自觉地承担起了这个任务。

智𫖮，在中国佛教史上具有举足轻重的地位，其对于戒律的看法也影响深远。智𫖮的戒体理论，历史上一直受到高度重视，在现存的对《菩萨戒义疏》的阐释性著作中对这一问题有很多解释、发挥（详后）。近代以来，智𫖮的戒体理论也一直受到学术界的关注，一般认为智𫖮的戒体论在其不同著作中有不同的说法，如李世杰认为："至于天台智者大师的看法，乃于《止观》中，采取着'心法戒体说'，于《戒疏》中，却采取着'色法戒体说'。"②王月清认为，在戒体问题上，台宗否定"色法戒体说"，认为戒体并不是可睹可触，有质碍、有形段方所之物质，但又非不存在，一旦得戒，其功能、力用又时时发显，因此，智者在其《菩萨戒义疏》中称戒体为假色，即虽属实有而绝相绝待，无形质，假名

---

① 吉藏：《胜鬘宝窟》卷一，《大正藏》第37册。
② 李世杰：《佛教法律哲学的精要》，《现代佛教学术丛刊》第89册，大乘文化出版社1980年版，第77页。

为色。智者大师又在《摩诃止观》《释禅波罗蜜次弟法门》中，以心为戒体，而此时戒体之"心"，已超出现实之心、思虑攀援之心的意思，是具有本体论意义的实相之心，超越了色心（物质和精神）的二元对立。① 王建光认为："（《义疏》）此说与唯识思想颇为相近。但在其《释禅般罗蜜》、《摩诃止观》中又主心性戒体说。"② 也有一些学者，如赖姿容、陈英善等认为智𫖮的戒体理论在其不同著作中只有详略之分，在本质上并无不同。③ 本文赞同后一种观点，也认为智𫖮对戒体的看法基本是一致的，但对智𫖮戒体观的理解，本文与以上两位学者有不同认识。以下将以智𫖮的《菩萨戒义疏》为主，结合其《次第禅门》《摩诃止观》以及后代僧徒的阐释性著作来分析智𫖮对戒体问题的具体看法。

戒体究竟是什么？智𫖮在《义疏》中首先进行简单的概括："戒体者，不起而已，起即性无作假色。"④ 这句话的关键词是"不起而已""起""性""无作假色"，由于对这些词语的不同理解，后代《义疏》注释者们对于智𫖮戒体论曾产生过很多分歧。宋代仁岳（992—1024）认为戒体可以从两个方面来理解。

> 一当体体，二所依体。无作假色即当体体，故属权义，因中暂用。若云心性，即所依体，此属实义，果上永绝。智者性无作假色，二体备也。⑤

这里将性理解为本性，认为智𫖮的戒体观具备当体体和所依体：从根本上说戒体就是心体，这是实义（究竟义）；无作假色只是说明原因的时候用来使用的"当体体"，是一种善权方便。

神智从义（1042—1091）在《法华三大部补注》中说："《梵网戒疏》以色为体，今文以心为体。若色若心，并是大乘戒体故也。故《戒

---

① 王月清：《中国佛教伦理研究》，南京大学出版社1999年版，第100页。
② 王建光：《戒体——一种本体论的追索》，《南京农业大学学报》（社会科学版）2005年第5卷第3期。
③ 参见赖姿容《菩萨戒义疏之研究》，第143—153页，陈英善《天台智者的戒体论与〈菩萨戒义疏〉》，中华佛学研究所《佛学研究中心学报》，第五期。
④ 智𫖮：《菩萨戒义疏》卷一，第563页下。
⑤ 仁空：《菩萨戒义记闻书》，《天台全书》第15册，第73页。

疏》云不起而已，起则性无作假色。"① 这是认为《义疏》以色法为戒体，实际上是将"性"简单理解为"性质"，认为其只是修饰"无作假色"的词语。

与咸（？—1163）综合仁岳、道熙等人的说法，对智𫖮的戒体观进行了全面的说明：

> 夫言体者，当论二种：一者当体，二者所依。今明所发无作体者，乃是宗中所明因行，从因克果，有修有发，附事而明，故须且于当体而辩，未涉所依也。当知戒体通色通心……《止观》、《辅行》以心为体，从能发而言；《戒疏》论文以色为体，从所发而说。故知非心则无以发，非色则无以彰，是故诸文或从心说，或从色说，有兹所以，文方不虚。此色此心，皆属当体。……《戒疏》云性无作假色者，约从性起修，修性共说也。……此大乘戒，乃全理之事，全性之修，方为妙戒，是故今疏特云：不起而已，起即性无作假色者。性之一字，全提理性之所依。起字、色字，乃语发戒之当体。当体有二，起字是能发之心，色字是所发之色。由依于性，而发此戒，故云起即性，无作假色也。亦与论中受所引色是同引，亦起义。特云不起而已者，此语祇恐三业不勤，不能起发此戒则已。若能？勤三业，此戒必发，才言其起。起即属心，故于此心能发戒色，故云不起而已。例如无心而已，介尔有心，三千具足也。如此方见祖师文意，一字不虚，总略多含，言简意富，故云不起而已，起即性无作假色。噫！祇兹十一字，包无限意。苟不如此消释，何以见祖文之高深！从来诸师不见此意，埋没甚久，可不哀欤！②

与咸采取仁岳当体体、所依体的说法，认为当体体通色通心，所依体则是性。他详细解释了"性""起""色""不起而已"等词语，他对性的理解比较准确，将"起"理解为"能发之心"，"起"当然是指心之发起，但将"起"这一动词直接理解为心，似乎有些牵强。对于"色"的

---

① 神智从义：《法华三大部补注》卷十二，《卍续藏》第44册，第377页下。
② 与咸：《菩萨戒经疏注》，《卍续藏》第38册，第60页下。

理解，与咸没有注意到"假"字。

明代云栖袾宏（1534—1615）在其《梵网经菩萨戒义疏发隐》中提出了新的解释：

> 而已之而训则。言此戒体，不起则已，起则是性，性起交成，所谓全性是修，全修是性，故有无作。而此无作，须假色法为之表见。①

这里将"不起而已"理解为"不起则已"，与与咸的理解基本相同。袾宏将性和修完全等同，认为无作既是性，也是修，没有差别。袾宏对"假"字给予了特别的关注，将其理解为"借助"，也就是说无作需要通过色法（各种具体的善行）来体现。此后的藕益智旭（1599—1655）、见月读体（1601—1677）、书玉（1644—1721）、弘赞（1611—1690）等基本上都赞同袾宏的看法。

总之，古代的注疏者基本上认为智颛在《义疏》中的戒体观，与其在《摩诃止观》等著作的说法有差别，出于对祖师说法的尊重和天台宗一贯的圆融精神，他们都试图来解释这种差异，形成了"性具发显"的戒体说。

那么智颛对戒体的看法究竟是什么？他用来描述戒体的第一句话究竟何指？陈英善在《天台智者的戒体论与〈菩萨戒义疏〉》一文中将这句话断句为："戒体者，不起而已，起即性。无作假色，经论互说，诤论有无。"他将"性"理解为法性，将无作假色断入下句，也就是认为智颛在这里只是指出了戒体就是法性，然后再列举大小乘对于是否存在"无作假色"的两种观点。结合文意，笔者认为这种分析是合理的。关于智颛的戒体观，陈英善认为："《菩萨戒义疏》之戒体实包含了色法、心法、中道妙观等，此与《摩诃止观》等之主张并不相违。"对此，笔者并不完全赞同，以下试给出自己的理解。

笔者认为"戒体者，不起而已，起即性"。这是智颛对戒体问题的总体看法。此处的戒体可以包含两种意义：一是指戒的体性，这相当于吉藏

---

① 云栖袾宏：《梵网经菩萨戒义疏发隐》卷一，《大正藏》第38册，第145页中。

所说的"戒以何为体"。二是受戒后产生的防非止恶的力量。从这个意义上说，戒体是发得的，需要借助一定的因缘。

在明确了戒的性质后，智𫖮说"无作假色，经论互说，诤论有无"。无作假色，汉译佛经中最早出现在刘宋时期翻译的《杂阿毗昙心论》中：

> 问：云何分别说色阴？
> 答：十种谓色入，及无作假色，是分别色阴，牟尼之所说。
> 十种谓色入者，眼、色、耳、声、鼻、香、舌、味、身、触。无作假色者，如业品说。是诸色一一说色阴。①

可见假色虽然不同于一般的色，但也属于色阴之中。吉藏《中观论疏》中也有无作假色的说法：

> 数人十一种色，谓五根、五尘及无作假色也。无色者，心及无为等总名无色。有形无形者，形必是色，色未必形，故数人有三种色：一可见有对色，即青黄等。二不可见有对色，谓五根等。三不可见无对色，谓无作色。三种色中可见有对是有形，余是无形也。②

据吉藏的理解，无作色就是无作假色。可见说无作是色还是假色，差别并不太大，云栖袾宏之前的僧徒在解释智𫖮"无作假色"时，不关注"假"字是有依据的。在智𫖮接下了列举的两种观点中，我们可以看出他关注的重点是无作是否存在，对无作的性质，是色法，还是心法，并没有太多讨论。此处说无作假色，即"无作是一种假色"，只是列举了对无作的一种看法而已，是对后文所列"《成论》有《无作品》云：是非色非心聚。……若毗昙义，戒是色聚，无作是假色"的省略。

接下来，智𫖮开始列举两种关于大小乘经论中是否承认存在"无作"的看法。第一种观点认为大小乘经论中都不承认存在"无作"。大乘认为："色心假合共成众生，善恶本由心起，不应别有顽善顽恶，皆是指

---

① 《杂阿毗昙心论》卷一，《大正藏》第 28 册，第 871 页下。
② 吉藏：《中观论疏》卷三，《大正藏》第 42 册。

心，誓不为恶，即名受戒。"① 接着引用《璎珞经》："一切凡圣戒，尽以心为体，心无尽故，戒亦无尽。"然后指出也有经论中以教为戒体、以真谛为戒体，言愿为戒体，都没有以无作为戒体。又举出《大般若经》圣行观析无常、阿阇世王观析境界，但名色心，没有提到无作来证明。小乘说有无作只是针对根基小的众生的一种方便说法。这里反对存在无作的理由是一切法都可以分为两种：色法和心法。而不管是色法，还是心法，都是因心而起，所以一切法的本质都应该是心法。戒的本质也是如此，不需要以无作为戒体。应该注意的是大乘的心法戒体说，是在否认无作的前提下提出的。也就是说大乘说心为戒体，这里的戒体是指戒的体性，即第三种意义上的戒体。小乘所说无作（戒体）是色法还是心法，则是在第二种意义上使用戒体这一概念。

另一种观点认为大小乘经论中都承认存在无作，而且都是实法。小乘关于无作的观点，这里只提到两种，即无作是非色非心聚和无作是假色（与慧远所举相同，表明无作是心法的说法还不是很流行），这里不是讨论是否存在无作，而是沿用了小乘对无作的理解，讨论无作的性质。此段关于大乘经论中存在无作的论证比较混乱。文中首先说："大乘所明戒是色法。"后面又说"今大乘明戒是色聚也"。似乎将无作直接等同于"色法"，这与将"无作假色"作为对无作的代表性理解是一致的，表明一般认为（智顗应该也倾向于这种观点）无作是色法。这里用来论证大乘中存在无作的几种经论中只有《优婆塞戒经》明确提到了"无作"一词，其基本的含义应该是指无作戒。其他经论都没有提到"无作"一词，而只是持此观点者（认为大乘经论中承认存在无作）自己对经论的理解，如《大智度论》只提到"罪、不罪不可得，具足尸罗"②，而持这种观点者却认为，这就是"戒度正体"，《地持经》论及律仪的得失，持此观点者就认为：如果没有无作，何言得失？又引《梵网》若犯七遮，忏悔见好相则发戒，反证：如果心就是戒，发心就应该得戒。又引《大经》以为证明。

这些证明显得非常牵强，却说明了一个非常重要的问题：在智顗的

---

① 智顗：《菩萨戒义疏》卷一，第566页上。
② 《大智度论》卷十三，第153页中。

时代，大乘经论对戒体的看法已经成为佛教界思考的一个重要问题。如前所述，在印度产生的大乘经论中对于戒体问题讨论得非常简单，这与大乘经论中戒律部分的比重是相称的。大乘戒在印度并没有完全独立，只是在中国，随着《梵网经》的编纂，大乘戒才获得了理论上的独立。此前，小乘戒在中国社会已经比较盛行，中国僧徒受中国文化中重视本体论传统的影响，对戒的体性问题进行了探讨，他们利用印度佛教中已有的对业力问题的论述，将戒体等同于无作，而认为戒体有色法、心法、非色非心等不同主张。大乘戒要想真正独立，在理论上也需要关注本体论意义上的戒体问题。那么大乘戒的戒体是什么？与小乘戒的区分在哪里？这就成为盛行大乘佛教的中国佛教界需要认真思考的问题。被认为产生于中国的《璎珞经》提供了一种解决方式，也就是智𫖮提到的第一种观点：否认"无作"的存在，直接以心为戒体。另一种做法则是极力引用大乘经论的有关论述，证明大乘戒也以"无作"为体，只不过"语言虽同，其心则异"，在不割裂汉地也是主要依据小乘戒律的历史状况下，赋予"无作"以大乘的意味。智𫖮提到的第二种观点采用了这种思路。前面提到的慧远、吉藏，也是在这样的背景下思考小乘戒体与大乘戒体的区别。那么智𫖮是怎么解决这个问题的呢？

在介绍完当时存在的两种观点后，智𫖮提出了自己的主张：

> 然此二释，旧所争论，言无，于理极会，在文难契；言有，于理难安，在文极便。既皆有文，何者当道理耶？然理非当非无当，当无当皆得论理教义。若言无者，于理为当。若言有者，于教为当。理则为实，教则为权。在实虽无，教门则有。令之所用，有无作也。①

也就是说，否认无作的存在，在理论上是正确的，因为无作本身就是理，是精神现象，是心法。说无无作，是说没有单独的无作。说有无作，受戒之后能够产生无作，更容易突出受戒的重要性，对受戒者起到更大的鼓励作用，在教化时更为方便。说无是理，理为实；说有是教，教是权宜方便，这都是从不同的角度对戒体的理解，都有其合理性。最后，智𫖮

---

① 智𫖮：《菩萨戒义疏》卷一，第 566 页中。

指出自己在对《梵网经》进行注疏时,采用了"无作"戒体。这既体现了智𫖮对教门的重视,或者说,对于持戒的重视,也体现了他"即空、即假、即中"的圆融观点,教门虽为权、为假,但并不是不重要。总之,智𫖮认为,从根本上说无作是不存在的,所谓戒的体性就是指法性。但从教化的角度讲,承认存在一种类似与色法的无作,以其为戒体,更容易被接受。

在《释禅波罗蜜次第法门》中,智𫖮也谈到过戒体问题,他说:

> 第二正明戒之体相者,有二种教门不同,若小乘教,辨戒是无作善法,受戒因缘具足,若发得无作戒,尔后睡眠入定,此善任运自生,不须身口意造作,以无作正为戒体,若萨婆多人,解无作戒是无表色,不可见无对;若昙无德人明无作戒是第三聚非色非心。诸部既异,虽不可偏执,约小乘教门,终是无作为戒体,其义不差。若大乘教门,说戒从心起,即以善心为戒体,此义如《璎珞经》说。有师言:摩诃僧祇部人云:无作戒是心法。①

智𫖮列举了大小乘对于戒体问题的不同看法,认为小乘对戒体的性质有两种不同看法,但都是以"无作"为戒体(吉藏也认为小乘以无作为戒体),大乘则是以善心为戒体。这里与《义疏》相比更为简略,对于大乘教门只涉及一种情况,也没有明确指出自己的取舍,这应该代表了智𫖮早期对戒体问题的一种认识。在《摩诃止观》中,智𫖮指出:

> 性戒者,莫问受与不受,犯即是罪;受与不受,持即是善。若受戒持生福,犯获罪。不受无福,不受犯无罪。……故知受得之戒与性戒有异也。……若性戒清净,是戒度根本解脱初因。因此性戒,得有无作受得之戒。小乘明义,无作戒即是第三聚。大乘中《法鼓经》,但明色心,无第三聚。心无尽故,戒亦无尽。若就律仪戒,论无作可解。②

---

① 智𫖮:《释禅波罗蜜次第法门》卷二,第484页上。
② 智𫖮:《摩诃止观》卷四,第36页上。

性戒，据智顗的解释，就是身口等八种戒，即十善中的身三、口四加上不饮酒。智顗认为"性戒"是一切戒的根本，并指出性戒与受得之戒有区别，但性戒是受得之戒的根本，受得之戒就是指律仪戒。然后他列举了大、小乘对戒体的看法，认为小乘中无作戒（即戒体）是第三聚（即非色非心），只列举小乘对无作的一种看法，这应该与南朝盛行《十诵律》和《成实论》，律师多用非色非心解释戒体有关。大乘中列出《法鼓经》和《璎珞经》的说法，也就是心法戒体说。最后却指出"若就律仪戒，论无作可解"，也就是说大乘戒中的律仪戒也可以采用"无作"戒体，这里的"无作"不再专指小乘戒体，这与《义疏》的观点是一致的。智顗的弟子灌顶也讨论过戒体问题，在《观心论疏》中指出：

  然佛初于寂灭道场成等觉，为大根大行制戒，则说十重四十八轻，正防意地故心为戒体也。次为小根小行制戒，则说二百五十戒，或止防七支作法发无作戒，因以无作而为戒体，欲引接小根渐悦之者故，说小戒耳。①

也就是说《梵网经》的十重四十八轻戒是佛陀为大根器的人制定的，以心为戒体，而声闻戒则是为小根器的人制定的，以无作为戒体。这种说法与智顗在《释禅波罗蜜次第法门》的看法一致，忽略了智顗《义疏》和《摩诃止观》中对戒体问题理解的深入。

  总之，从根本上讲，智顗认为戒的本质（或本性）就是法性（佛性、心性、理性等），这是延续了《梵网经》"佛性戒"、《璎珞经》"心戒"的说法，对于树立大乘菩萨戒的地位具有重要意义。另外，智顗又认为承认小乘无作戒对教门具有重要意义，从而试图对大小乘戒律作出圆融的理解，这与他在《菩萨戒义疏》中对《梵网经》的解释原则是一致的：原则上推崇大乘戒，实践中以声闻戒为依据。

  讨论完律仪戒的性质（戒体）后，智顗也简略地说明了定共戒与道共戒都是以无作为体，"定共于定心中发无作，无复诸恶，道共者，见谛

---

① 灌顶：《观心论疏》卷一，《大正藏》第46册，第587页中。

道中所发无作与心上胜道俱，故言道共也。……菩萨得心法戒谓道共戒，得此戒者终不为恶。不从师受，故称为得，中道心中发得此戒也"①。接着智𫖮又探讨了戒体的兴废问题，这里值得注意的是，关于菩萨律仪戒的戒体，智𫖮指出："若舍菩提愿，若增上烦恼犯十重，其体则废。"这种观点明显是来自《地持经》："有二因缘，失菩萨律仪戒：一者舍无上菩提愿，二者起增上烦恼犯，无有舍身受身，失菩萨戒。"②再一次展现了智𫖮在解释《梵网经》时对《瑜伽》系菩萨戒的融合。这一部分的最后，还指出："摄善、摄生与律仪同，随受则兴，二缘则废。"也就是说前面所说的关于律仪戒的戒体问题同样适用于摄善法戒、摄众生戒。至此，对于戒体问题，智𫖮已经融合大小乘的各种观点构建了一个完整的体系：律仪戒体的性质（从理上说，以心为戒体；从教的角度，以无作为戒体）——三种戒戒体的性质与兴废——三聚戒体的性质与兴废。不过这种构建在理论上有很大漏洞，律仪戒就是禁止作恶，这可以权说存在无作，但要证明摄善法和摄众生戒也存在无作，并不是很容易的事情，除非再次更换"无作"的含义。也许正是意识到这个问题，智𫖮在第二重玄义中，讨论完戒体问题之后，又讨论了两个相关的问题：三聚净戒的体和止、行二善问题。

关于三聚戒体，这里的体与前面的戒体之体显然不是一个层次，戒体之体指的是戒的本质，三聚戒体却是指的三聚戒的作用。在这里也涉及三聚净戒的内容，与前面介绍三聚净戒时略有不同，在此处，智𫖮认为律仪戒就是"法戒、仪则、规矩"，可以包括声闻戒在内的各种大小乘戒条。善法戒主要是指依据六度兴起之善，比前面的解释更为宽泛。摄众生戒指依四弘门起心兼物，与前面仅提到《地持经》所列十一条相比，也更为丰富。在这里智𫖮虽没有明确指出三聚净戒的体（作用）是什么，但根据其描述，似乎是以"止恶"为律仪戒之体，兴善为摄善法、摄众生戒之体。

接下来，智𫖮又进一步讨论止、行二善的问题，这段论述缺乏系统性，令人费解。但笔者认为，通观此段文字，智𫖮是想通过探讨止、行

---

① 智𫖮：《菩萨戒义疏》卷一，第566页中。
② 《菩萨地持经》卷五，第913页中。

二善与无作的关系，确定三聚戒也是以无作为体。我们先来看止、行二善的概念。印度佛教经论中讨论戒律时并没有使用止善、行善这两个概念。龙树《百论》中说："佛略说善法二种，止相、行相。息一切恶，是名止相。修一切善，是名行相。"① 这就是将一切善法的体相概括为止、行二种。梁代法云的《妙法莲华经义记》中："众生起善，不出三业十善。十善有二：一者止善，二者行善。今且就止善作论，此十善修习之法皆互相显助。何者故？如持不杀戒为首，次修余九善助成。乃至持正见作头，余九助成。如是更互相助，仍成百善。"② 这里使用止善和行善来解释十善，从其文字来看，所谓的止善就是禁止恶的行为，主要指的是戒律，而行善具体何指却没有说明。净影慧远明确将止、行二善（慧远使用了止、作）与三聚净戒联系在一起：

> 次就止、作二门分别。三聚别论律仪是止，止诸恶故，余二是作，作诸善故。三聚通论，一一之中皆有止作，律仪戒中防禁杀等名之为止，修习慈心安稳心等对治杀果，修施治盗，修不净观对治邪行，如是一切名之为作。摄善戒中离其懈怠不摄善过名之为止，修行六度说之为作。摄生戒中离其独善不化生过名之为止，修行四摄饶益众生说之为作。良以三聚皆止恶故，经说三聚通为律仪；皆作善故，经中说为善集诸善。③

也就是说如果是别论，则三聚中律仪是止，摄善、摄生是作，但如果通论，则三聚之中都包含止、作两个方面。智𫖮也是较早将止善、行善与戒律直接结合起来讨论的僧人。④ 他对这个问题的看法似乎只涉及第一个层面。不过智𫖮的观点也很有特点，在他的论述中本来是用来描述善

---

① 龙树：《百论》卷一，《大正藏》第30册，第168页上。
② 法云：《妙法莲华经义记》卷八，《大正藏》第33册，第674页中。
③ 《大乘义章》卷一〇，第659页下。
④ 吉藏也讨论了止、行与戒律的关系，但他却认为三聚戒都是以"止善（恶）"为体，《法华义疏》："问：三戒以何为体？答：有人言：初戒以'止恶'为体，后二以'行善'为体。今言不而。……今明三戒并以'止恶'为体。"（第474页下）《胜鬘宝窟》卷上（之末）："然戒法以止善为体，止弃物之恶，为摄众生戒；止不修行之恶，为摄善法戒；除此二外，止起恶之心，为摄律仪。故三戒别治三惑也。"（第21页上。）

法的止、行却与恶法联系到了一起：

> 无作义该善恶，善恶无作义该止行。今先明善，善戒不起则已，起则伐恶，皆是止义；皆有进趣，皆是行义，逐其强弱故，有止行差别者，逐兴心止恶，无作是止善；兴心修善，无作是行善。如造井桥梁礼佛布施是善无作，如造鱼猎网等是恶无作。①

这段话似乎是说，无作有善恶之别，结合下面的论述，这里的无作就是指戒，也就是说戒有善戒与恶戒的区别，而善戒、恶戒都包括止、行两个方面。接下来又论述道共戒、定共戒无作的止行问题，又提到关于止行与无作关系的两种看法，一种认为行是作，止是无作；另一种认为止、行二善，皆有无作。结合前面的论述智𫖮似乎比较赞同后一种观点，而结合他对三聚戒体用问题的论述，后一种观点则可证明三聚戒都有无作。也许智𫖮在这些复杂含混的论述里试图通过止、行二善以及无作等概念构建一个包括律仪戒、三种戒、三聚净戒在内的完整的戒律理论体系，并突出三聚净戒的地位，也就是说三聚净戒既可以概括一切戒，也可以概括一切佛法。但无疑，在这些论述里，止、行二善及"无作"等词语的含义经常变化，止、行有时是对善法行相的描述，有时也用来表示恶法；"无作"有时是"戒"的代称，有时却表示戒体。

总之，关于戒体问题，在印度佛教中一般将戒分为作戒和无作戒，作戒的体是色法；无作戒的体，有的认为是色法，有的认为是心法，还有的认为是非色非心法。大乘佛教也基本延续这种思路，不过更强调从缘起性空的角度去理解戒体。到了南北朝后期，随着大乘戒的实践，戒体问题越来越被重视，中国僧人们不满足于印度佛教对戒体的论述，开始了新的理论创造，在他们的论述中，"无作"不再仅仅用来描述一种戒，而直接成为戒体的代名词。而围绕着是否存在无作，他们展开了激烈的讨论。智𫖮是这些人中的集大成者，他描述了佛教界的争论，并从教门的角度主张存在无作。同时他又试图将原来主要限于讨论律仪戒的"无作"戒体，扩展到定共戒、道共戒，甚至扩展到三聚净戒，从而建立了完整的大乘戒

---

① 智𫖮：《菩萨戒义疏》卷一，第567页上。

体理论体系，弥补了《梵网经》在理论方面的不足，对于《梵网经》菩萨戒在汉传佛教中的盛行具有重要意义。但在论述的过程中，智𫖮却多次改变"无作"的含义，从而使他的论述存在很多逻辑上的漏洞，这既给后来者留下了继续探讨的空间，也带来了不少困惑。如对《义疏》进行删补的天台宗僧人明旷就明显意识到智𫖮在使用"无作"这一概念时的问题，他试图恢复无作的本义："次出体者，初发圆心从师请受，身口克诚名为作戒，色心为体。三羯磨竟，纳法居怀，作休谢往，讫乎未来，名无作戒，唯实相心以之为体。"①

第四节　受菩萨戒的条件

在第三重玄义"料简"中，智𫖮列出了三项内容：一是须信心，二是无三障，三是人法为缘。这三项内容实际上是在讨论一个很具体的问题：受菩萨戒应该具备哪些条件？再进一步划分，又可以分为三个方面：一是受戒者需要具备什么样的资格，二是谁可以授戒，三是授戒的具体仪式是什么。

关于受戒者应该具备什么资格，智𫖮主要从积极和消极两方面进行探讨。从积极的方面讲，一个人要受菩萨戒，必须要有信心，那么信的具体内容是什么呢？智𫖮首先依据小乘教，列出了三项：信因果、信观谛得道、信有戒是观谛入道初门。也就是说要相信因果、四谛等佛教的基本理论，相信通过对这些理论的了解和实践一定能得圣道，相信持守戒律是真正得道的基础。这种概括很好地突出了小乘佛教的理论核心和戒律的重要位置。智𫖮以此作为"信心"的基本内容，表明了他对声闻戒的重视，或者说他认为菩萨戒一定是以声闻戒为基础的。在此基础上，对于什么是"信心"，智𫖮又增加了三项内容，作为菩萨戒的特色：信自他心识皆有佛性，信勤行胜善必能得果，信所得果常、乐、我、净。一切众生皆有佛性，佛性常、乐、我、净，这是《涅槃经》反复强调的思想，《梵网经》也常提到佛性，并将佛性与戒结合，称"佛性戒"。智𫖮概括的这三项内容无疑是综合了《涅槃经》与《梵网经》的思想。同时，这里不使用

---

① 明旷：《天台菩萨戒疏》卷一，第 580 页下。

《涅槃经》里常用的"一切众生皆有佛性",而区分自他,又说"勤行胜善",似乎是对菩萨戒中摄善法、摄众生戒的强调。声闻戒律中,受戒当然也要有信心,但这似乎是不言自明的前提,在谈到受戒资格时,往往只强调要没有五逆。智𫖮明确将信心作为受戒的前提,并通过对信心的详细解释,既概括了佛法的精要,又凸显了戒律的意义,也符合了《梵网经》中对"信心"的重视:"汝是当成佛,我是已成佛。常做如是信,戒品已具足。"① 这也算是《义疏》的一个特色。另外,如果比较《地持经》的相关论述,则可以看出智𫖮所提到的这三项内容非常有特点。《地持经·菩萨地持初方便处种性品》中指出:

> 非种性人,无种性故,虽复发心勤精进,必不究竟阿耨多罗三藐三菩提。是故当知,虽不发心不修行方便犹得名为种性持。若有菩萨种性,而不发心,不修行方便,不能疾成阿耨多罗三藐三菩提。有菩萨种性,发菩提心,勤行精进,则能疾成阿耨多罗三藐三菩提。②

也就是说,菩萨证得阿耨多罗三藐三菩提的两个前提是:一、要有菩萨种性;二、发菩提心,勤修方便。唐代义寂法师在《菩萨戒本疏》中延续智𫖮的思路,也指出受戒人需要具备两个条件:一、有感戒之善,二、无障戒之恶。③ 其中感戒之善的内容,正是以上《地持经》提到的两点。第一点强调"菩萨种性"的重要性,也就是认为不是所有人都可以受菩萨戒,这与智𫖮强调的"信自他心识皆有佛性"有所不同。显然智𫖮认为可以受菩萨戒的条件更宽泛,这与南北朝时期《涅槃经》"一切众生皆有佛性"的观点被广泛认可有很大关系,与"菩萨种性"说相比,也是一种更容易被中国人接受的观点。

从消极的方面讲,一个人要受菩萨戒,还不能有障碍。小乘戒律在讨论受戒资格时,一般只强调不能有"五逆"罪(杀父、杀母、杀阿罗汉、破和合僧、出佛身血)。智𫖮却用"无三障"来概括消极方面的资格,所

---

① 《梵网经》卷一,第1004页上。
② 《菩萨地持经》卷一,第888页上。
③ 义寂:《菩萨戒本疏》卷上,《大正藏》第40册,第656页中。

第三章 《菩萨戒义疏》中的戒律理论

谓的三障就是烦恼障、业障和报障，这种表述来源于《涅槃经》。① 智𫖮认为烦恼常有，故对于戒而言，不能说是障，所以主要探讨了业障和报障问题。智𫖮认为只有重业才障戒，关于什么是重业，智𫖮提出了两种：七逆与十重。七逆是《梵网经》独特的说法，是指：出佛身血、杀父、杀母、杀和尚、杀阿阇梨、破羯磨转法轮僧、杀圣人。观其内容，其中五项与"五逆"基本相同，只是增加了杀和尚和杀阿阇梨，这表示了对师僧的格外尊重，体现了中国传统中对师道的重视。对于七逆构成戒障的条件，智𫖮列举了两种观点，一种认为，七逆通过忏悔可以除灭，除灭后就可以受戒；另一种观点则认为七逆是不可悔的，也就是说无论忏悔不忏悔，都不能再受戒。十重，就是《梵网经》提到的十重罪，按理说，十重，只有针对受了菩萨戒的人而言，才谈得上犯不犯的问题，因此在讨论受戒者资格时，讨论十重是否成障，在逻辑上是不够严密的，我们只能将这里的"障"理解成一般意义的业障，不再是专门针对受戒构成的障碍，与"烦恼常有，故不说障"中的障相比，含义已经有了变化。对于十重构成业障的情况，智𫖮列举了三种观点：第一种认为十重中前四重，悔与不悔都是障。第二种认为前四需要忏悔，如果见到好相，就不是障，后六不忏悔也不是障。第三种认为十重不忏悔都是障，如果忏悔了就都不是障了。对于七逆和十重能否通过忏悔，消除业障，智𫖮在这里并没有明确说明自己的观点，但结合其他著作我们也不难看出他的倾向。

忏悔在佛教中是一个很重要的概念，一般认为忏悔是梵汉并举的翻译，忏是梵文"忏摩"（ksamā）的略译，悔是意译，这个词语在印度和中国的用法并不完全相同，大致而言是指通过对所犯的罪及恶业的自我告白，从而求得内心的清净。② 在早期的佛教僧团中，当僧众犯戒时，需要

---

① 《大般涅槃经》卷十一《现病品》："烦恼障者，贪欲、瞋恚、愚痴，忿怒缠盖，焦恼、嫉妒、悭悋、奸诈谀谄，无惭无愧，慢、慢慢、不如慢、增上慢、我慢、邪慢、憍慢，放逸、贡高、怼恨、诤讼、邪命、谄媚，诈现异相，以利求利，恶求多求，无有恭敬，不随教诲，亲近恶友，贪利无厌，缠缚难解，欲于恶欲贪于恶贪，身见有见及以无见，频申憙睡欠呿不乐，贪嗜饮食，其心蒙瞢，心缘异想，不善思惟，身口多恶，好憙多语，诸根暗钝，发言多虚，常为欲觉、恚觉、害觉之所覆盖，是名烦恼障。业障者，五无间罪重恶之病。报障者，生在地狱、畜生、饿鬼，诽谤正法及一阐提，是名报障。如是三障名为大病，而诸菩萨于无量劫修菩提时，给施一切疾病医药，常作是愿：令诸众生永断如是三障重病。"（第428页中）

② 参见圣凯《中国佛教忏法研究》，宗教文化出版社2004年版，第28页。

当众忏悔以灭罪。但小乘佛教基于维护戒律尊贵性的立场，认为犯了"五逆"是不可悔的，今生是不能受戒的，所以在受戒之前一定要询问受戒人是否犯有"五逆"罪。受戒之后，一般的犯戒可以通过忏悔来除罪，但具足戒中的四波罗夷罪是不可悔的，犯了其中之一，就被称为佛法死人，被取消僧尼的资格，而且今生不能再受戒。有些较重的罪，即使忏悔，今生也不能戒行具足，要到未来才能具足。如《杂阿含经》卷二十二"五六四经"，讲到一比丘尼有淫欲，未遂，发露悔过，阿难言："于未来世得具足戒。"① 卷三十"八三〇经"更是明确说明："若有自知罪、自见罪而悔过者，于未来世律仪戒生，善法增长，不退减故。"② 对于在家众，忏悔的作用也不是无限的，如《长阿含经·沙门果》中对于阿阇世王皈依佛法，进行忏悔给予肯定，认为："于贤圣法中，能悔过者，即自饶益。此阿阇世王过罪损减，已拔重咎。"但又指出其杀父的罪报是不能免除的："若阿阇世王不杀父者，即当于此座上得法眼净。而阿阇世王今自悔过，罪咎损减，已拔重咎。"③

大乘佛教却出现了一些不同的看法，一些经典中提到任何罪恶都可以通过忏悔除灭，如《大方广佛华严经·如来随好光明功德品》中说："菩萨摩诃萨云何悔除一切过恶？……诸天子！一切诸业亦复如是，虽能出生诸业果报，无来去处。诸天子！譬如幻师幻惑人眼，当知诸业亦复如是。若如是知，是真实忏悔，一切罪恶悉得清净。"④ 就是说如果能够真正明白一切皆空，无来无去，就能灭除一切罪障。《佛说决定毗尼经》云：

> 又舍利弗，若有菩萨犯于初戒，于十众前以正直心殷重忏悔。故犯戒者于五众前，以正直心殷重忏悔。手捉女人，眼见恶心，或一人或二人前，以正直心殷重忏悔。
>
> 若有菩萨成就五无间罪，犯于女人或犯男子，或故犯，犯塔，犯僧，如是等余犯。菩萨应当三十五佛边，所犯重罪昼夜独处，至心

---

① 《杂阿含经》卷二十二，第148页下。
② 《杂阿含经》卷三十，第213页中。
③ 《长阿含经》卷十七，第109页中。
④ 《大方广佛华严经》卷四十八，第256页下。

忏悔。①

根据同本异译的《大宝积经·优波离分》，这里的初戒应该是指波罗夷戒②，五无间罪应该是指五逆罪，这里认为犯了重罪可以通过在三十五佛前忏悔除去罪障。《虚空藏菩萨经》云：

> 复次善男子，灌顶刹利王领国土，有自在力作五逆罪。……复次善男子，灌顶刹利王领国土有自在力，谤无因果，不畏未来，造十恶业道，亦教他人令行十恶。……是虚空藏菩萨摩诃萨，为此人故，起大慈悲，现生边地，随所应见，现种种形，或沙门像、婆罗门像，刹利长者、居士等像，而为其说一切种智甚深大乘未曾有法、诸陀罗尼及忍辱地，以如是等种种妙法，而引导之。灌顶刹利既闻法已，心生惭愧，极怀怖惧，向说法者发露忏悔，先所犯罪，誓不更作，安住布施、持戒、忍辱、精进、禅定、智慧，勤修慈悲，生人天乐，般涅槃乐。③

也就是说即使犯了五逆、十恶，只要在虚空藏菩萨面前发露忏悔，誓不更作，就可以灭除罪障。大乘经中虽有这样的说法，但由于印度大乘佛教没有形成独立的律藏，在戒律方面基本沿用声闻律，所以对于比丘犯重戒的处罚应该也是依据声闻律。后期出现的《菩萨地持经》等专门讨论菩萨戒的经典中，对于菩萨犯重戒的说法出现了不同的表述："若菩萨以增上烦恼犯波罗夷处法者，失律仪戒，应当更受。若中烦恼犯波罗夷处法者，当向三人、若过三人，长跪合掌作突吉罗忏悔。"④ 也就是说菩萨戒

---

① 《佛说决定毗尼经》卷一，《大正藏》第12册，第38页下。
② 《大宝积经》卷九十《优波离会》："复次，舍利弗，若有菩萨犯波罗夷者，应对清净十比丘前以质直心殷重忏悔。犯僧残者，对五净僧殷重忏悔。若为女人染心所触，及因相顾而生爱着，应对一二清净僧前殷重忏悔。舍利弗，若诸菩萨成就五无间罪，犯波罗夷，或犯僧残戒，犯塔犯僧，及犯余罪，菩萨应当于三十五佛前昼夜独处殷重忏悔。……如是舍利弗，菩萨应当一心观此三十五佛而为上首，复应顶礼一切如来，应作如是清净忏悔。菩萨若能灭除此罪，尔时诸佛即现其身，为度一切诸众生故，示现如是种种之相，而于法界亦无所动，随诸众生种种乐欲，悉令圆满皆得解脱。"（第515页下）
③ 《虚空藏菩萨经》卷一，第651页下。
④ 《菩萨地持经》卷五，第913页中。

失去之后是可以再受的,但《地持经》所提倡的菩萨戒是在声闻戒基础上的加行戒,菩萨的重戒是以声闻重戒为基础的,《地持经》只是认为违犯了四波罗夷处法可以再受,但却没有讨论违犯杀戒等重戒的情况也应该仍然遵循声闻戒的原则,不能重受。《梵网经》则将大乘经的精神具体落实到戒律中,认为:"若有犯十戒者,应教忏悔,在佛菩萨形象前,日夜六时诵十重四十八轻戒,若到礼三世千佛得见好相……便得罪灭。若无好相,虽忏无益。"①《菩萨璎珞本业经》认为十重有犯无悔,但却认为犯了之后可以重新受戒,这与《梵网经》的精神是一致的。对于七逆,《璎珞经》没有探讨这个问题,《梵网经》仍然认为犯有七逆之人是不能受菩萨戒的。但如上所述,《义疏》却列出了七逆可以忏悔的观点,对此智𫖮虽没有明确表态,但结合智𫖮对忏悔的重视,我们可以认为智𫖮是倾向于赞同这种观点的。

据圣凯法师的研究与引证,智𫖮是最早对忏悔进行阐释,并建立真正忏法体系的中国僧人。②智𫖮在早年的著作《释禅波罗蜜次第法门》卷二中指出:

> 夫忏悔者,忏名忏谢三宝及一切众生,悔名惭愧改过求哀:我今此罪若得灭者,于将来时,宁失身命,终不更造如斯苦业。如比丘白佛:我宁抱是炽然大火,终不取毁犯如来净戒。生如是心,唯愿三宝证明摄受,是名忏悔。复次,忏名外不覆藏,悔则内心克责,忏名知罪为恶,悔则恐受其报,如是众多今不广说,举要言之,若能知法虚妄,永息恶业,修行善道,是名忏悔。③

忏是梵语 ksamā(忏摩)的音译,是"乞求容恕"的意思,在智𫖮的理解中,忏的含义基本保持了与梵语的一致,但其对象却换成了"三宝及一切众生",已经超越了小乘律典中的忏摩对象,具有了大乘的内涵。悔是修行者的内心活动,名惭愧,克己责心,改过自新。智𫖮对忏

---

① 《梵网经》卷二,第 1008 页下。
② 圣凯:《中国佛教忏法研究》,第 13、89 页。
③ 智𫖮:《释禅波罗蜜次第法门》卷二,《大正藏》第 46 册,第 485 页中。

悔的理解已经开始从佛教"诸法虚妄"的"空理"出发,不仅将其视为一种心理活动,而且将其作为一种修行的实践,不仅是消极地"永息恶业",还要积极地"修行善道"。

关于忏悔的作用,智𫖮指出:

> 罪有三品:一者违无作起障道罪,二者体性罪,三者无明烦恼根本罪。通称罪者,摧也。现则摧损行人功德智慧,未来之世三涂受报,则能摧折行者色心,故名为罪。一明作法忏悔者,破违无作障道罪。二明观相忏者,破除体性恶业罪。故《摩诃衍论》云:若比丘犯杀生戒,虽复忏悔,得戒清净,障道罪灭,而杀报不灭。此可以证前释后。当知观相忏悔,用功既大,能除体性之罪。三观无生忏悔罪灭者,破除无明一切烦恼习因之罪。此则究竟除罪源本。①

这里列举了三种罪和灭除三罪的三种忏悔,作法忏悔可以灭除障道罪,根据智𫖮后面的解释,主要是针对声闻犯戒罪。② 观相忏悔可以除灭性罪,关于性罪,智𫖮在解释中列举的就是《梵网经》的十重戒。观无生忏悔可以忏除一切罪,"非唯罪灭,发诸禅定,乃得成道"。那么七逆自然也能够忏除。明代的蕅益智旭就是这样来理解智𫖮的:"取相忏者,所谓日夜六时诵重轻戒,若到礼三世千佛,二七三七,乃至一年,以见好相为期。此须十科行道,备极精诚。仍复内资理观,外假坛仪。凡《法华》《方等》《大悲》《占察》等一切行法,皆属取相忏摄,能灭根本重罪,令净戒复生;亦能灭七逆罪,使重报轻受。但不云使得戒耳。无生忏者,正灭理杀之罪,亦除七逆重愆。"③ 可以说智𫖮在对戒律的理解中将忏悔的功能发挥到极致,在这个问题上体现了比《璎珞经》《梵网经》更彻底的大乘精神,从而为容易犯错的芸芸众生提供了更多的弃恶从善的机会。不过如果一切罪障都可以忏除,对戒律来说,却不一定是好事,很多

---

① 智𫖮:《释禅波罗蜜次第法门》卷二,第486页上。
② 《释禅波罗蜜次第法门》在解释"作法忏悔"时,引用《最妙出教经》忏悔四重罪的方法,并说:"当知律中虽不出,经中有此羯磨明文。"表明智𫖮也是认为四重可以通过作法忏悔灭罪。
③ 智旭:《佛说梵网经菩萨心地品合注》卷三,《卍续藏》第38册,第650页上。

人可以以此为理由放松对戒律的持守,而这种对忏悔的过度重视可能也是中国佛教戒律不兴的重要原因。

关于报障问题,声闻戒中没有专门提出来作为不能受戒的障碍,但却认为只有人道才能得戒,如《萨婆多毗尼毗婆沙》所言:"凡得波罗提木叉戒者,以五道而言,唯人道得戒,余四道不得。……诸天著乐心多,善心力弱,何由得戒?饿鬼以饥渴苦身心焦然。地狱无量苦恼、种种楚毒,心意著痛,无缘得戒。畜生中以业障故,无所晓知,无受戒法。虽处处经中说龙受斋法,以善心故,而受八斋。一日一夜得善心功德,不得斋也。"① 只有人道才能受戒,所以人身难得,这体现了小乘佛教对人自身的重视。大乘佛教中,对于其他众生给予了足够的重视,如在《大智度论》中就指出了龙也可以得到八斋戒。《梵网经》延续这一精神,将受菩萨戒的对象界定为:"国王、王子、百官、宰相、比丘、比丘尼、十八梵天、六欲天子、庶民、黄门、淫男、淫女、奴婢、八部鬼神、金刚神、畜生乃至变化人。"② 也就是说除了地狱、饿鬼之外的四道一切众生只要能听懂法师的话都可以受戒,这体现了大乘佛教普度众生的精神,《菩萨璎珞本业经》将这种精神发挥到极致:"六道众生受得戒,但解语,得戒不失。"③《义疏》在讨论这个问题时,基本采取了《梵网经》的观点,解释了地狱、饿鬼道不能得戒及其他四道能得戒的原因,最后一段文字非常有意思:

> 今依文推理,五戒既是菩萨戒根本,又不表定佛法,五戒、菩萨戒许四道皆得,从八戒已上至具足戒,既是出家,表定威仪,唯人中三天下能感,余道悉非因也。《大论》龙即得八斋戒也。④

智𫖮无疑是在疏通《梵网经》与声闻戒律的不同说法,他认为五戒是菩萨戒的根本,五戒不表定佛法,所以菩萨戒也不表定佛法,可以允许四道皆得,而八戒以上,是用来表定佛法的,只有三天下(根据《涅槃

---

① 《萨婆多毗尼毗婆沙》卷二,第509页中。
② 《梵网经》卷二,第1004页上。
③ 《菩萨璎珞本业经》卷二,第1021页中。
④ 智𫖮:《菩萨戒经义疏》卷一,第5页下。

经》北俱卢洲的人不能受戒）的人道可受。在此，八戒以上至具足戒被看作出家戒，菩萨戒则主要被看作在家人受的戒法，或者只是出家人受的一种附加戒，这就保持了声闻戒中对具足戒的重视，而降低了菩萨戒的位置，与《梵网经》将菩萨戒置于最高位置的取向恰好相反。

什么样的人才有授戒资格？这在授戒过程中也是非常重要的事情，这决定着所授之戒是否有效。声闻戒中，不同级别的戒律，对授戒师有着不同的要求，如五戒只需向一位阿阇梨一说即可。至于阿阇梨的身份，可以是出家人，也可以是在家人，甚至可以是旁生异趣，当然还是以从比丘受更为庄严殊胜。① 八戒则可以向出家的比丘、比丘尼、式叉摩尼、沙弥、沙弥尼求受，在没有这些人的情况下，可以自誓受。② 沙弥戒师需要是戒腊满十年，通解二部律典的比丘。③ 比丘戒则要求有十位以上的比丘作为授戒师，比丘尼戒则要求二十位授戒师（先在十位比丘尼僧中白四羯磨，再在十比丘僧中白四羯磨，虽然在中国从来没有实行过这种方式，但在印度的律藏中是这样规定的）。④ 那么菩萨戒经中对授戒师的要求是什么呢？《优婆塞戒经》规定授戒师应是"出家发菩提心者"，受戒之时还要在20位僧众前作白羯磨。⑤ 《地持经》要求授戒师应是"同法菩萨"，不管是否出家，但需要具备三项条件：有智有力，善语善义，能诵能持。⑥ 《善戒经》规定二师，但一为不可见的佛菩萨僧，另一为可见的戒师。《梵网经》规定授戒师应为"和上、阿阇梨"，和上是声闻戒中对授戒师的称呼，阿阇梨是依止师，如前所说，在《四分律》中，和上、阿阇梨是存在时间先后顺序的，先从和上受戒，然后才可以有阿阇梨。《梵网经》沿用了声闻戒对师父的称谓，却将授戒师和依止师放在了一起。对授戒师的要求是：

> 于是法中（菩萨戒），一一好解。若不解大乘经律若轻若重是非

---

① 圣严：《戒律学纲要》，第126页。
② 同上书，第172页。
③ 同上书，第207页。
④ 同上书，第258—260页。
⑤ 《优婆塞戒经》卷三，第1047页上。
⑥ 《菩萨地持经》卷五，第912页中。

之相，不解第一义谛，习种性、长养性、不可坏性、道种性、正性其中多少观行出入，十禅支一切行法。一一不得此法中意。而菩萨为利养故，为名闻故，恶求多求贪利弟子，而诈现解一切经律，为供养故，是自欺诈，亦欺诈他人。故与人受戒者，犯轻垢罪。①

也就是说授戒师要了解一切经律，还要了解一切修行的方法。《菩萨璎珞本业经·大众受学品》中规定"夫妇六亲得互为师授"。可见在相关菩萨戒的经典中对于授戒师的资格，《优婆塞戒经》最为严格，其次便是《梵网经》。此外，《梵网经》还提出了可以自誓受戒的问题，但强调自誓受时一定要见好相才行。智𫖮在《义疏》中归纳综合了关于授戒师的各种观点，形成了系统而条理清楚的说法，他指出授戒师可以分三类：一、诸佛，二、圣人，三、凡师。诸佛又包括真佛和像佛。从真佛受戒的情况是指妙海王子从卢舍那佛受菩萨戒，也就是《梵网经》菩萨戒的最初来源。归纳出这一点，既可以扩大授戒师的范围，也可以提高《梵网经》菩萨戒的地位。从像佛受戒则是指《梵网经》提到的自誓受戒的情况。圣人包括真圣（十地等菩萨）和像圣（也是指自誓受的情况）。关于凡师的人数，智𫖮不采用《梵网经》的二师说，而认为："《地持》、《璎珞》并止一师，《梵网》受法，亦止一师。"并受《善戒经》影响，指出应在佛像或经卷前受戒。而关于授戒师应具备的资格，智𫖮指出：

> 《梵网经》中言，为师必是出家菩萨，具足五德：一、持戒，二、十腊，三、解律藏，四、通禅思，五、慧藏穷玄。什师所传，融师笔受，流传至今，此其正说。次《地持》云：必须戒德严明，善解三藏，堪能发彼敬心，方可从受。不尔，得罪也。②

具足五德，在《梵网经》里并没有明确的表述，智𫖮说"《梵网经》中言"明显是一种错误，不过，根据上文所列《梵网经》对授戒师的要求，五德之中，《梵网经》应该涉及了后三项内容，前两项应该是后人增

---

① 《梵网经》卷二，第1008页上。
② 智𫖮：《菩萨戒义疏》卷一，第568页上。

加的。智𫖮认为"五德"说是鸠摩罗什所传，如果我们认为《梵网经》并非罗什所译，而是一部形成于汉地的经典，那么这五项要求，也应该是后人借罗什之名进行的概括，这种概括明显体现出声闻戒律的影响。智𫖮采用了这种说法，并认为其为正说，这与他在解释《梵网经》时努力融合大小乘戒律的精神是一致的。在这里智𫖮也列举了《地持经》的说法①，表明他对《瑜伽》系菩萨戒也进行了融通。

菩萨戒授受的具体仪式如何？《义疏》列出了当时流行的六种方式，为我们了解当时菩萨戒授受的具体情况提供了重要依据。我们先将这些受戒法的主要内容概括如下。

一、《梵网经》受法：受三归，悔十不善业，赞叹受约敕谛听，说十重相，问能持否，赞叹发愿（十里内无师，许佛像前自誓受，受法同前）。

二、《地持经》受法：从同法菩萨乞戒，礼十方佛，请师，生信心，受三聚净戒，师证戒，结赞。

三、高昌本受法：请师，乞戒，问遮法，师为乞戒，受三聚净戒，证戒，说十重相，结赞。

四、《璎珞经》受法：礼三世三宝，受四不坏信，忏悔十恶五逆，说十重戒，结赞，发愿。

五、新撰本受法：师礼佛、弟子礼佛，师请三宝，令起心念三宝，忏悔十不善业，请圣作师，请现前师，师赞叹弟子能发胜心，正乞戒，教发菩萨心，问遮法，想念得戒，发戒时立誓，受菩萨三归，（缺一），结竟，师还坐劝学，说十重相，结赞。

六、制旨受戒法（智𫖮没有列出具体的方法，一般认为制旨受戒法就是梁武帝编写的受戒法，现根据敦煌保留下来的《出家人受菩萨戒法》② 列出具体的仪式，以与其他受戒法比较）：方便（筹量、忏悔、发菩提心），请戒（向同法菩萨请戒，菩萨应为说戒相，欲受戒者自筹量、忏悔、发菩提心、受戒、习无碍心），羯磨（智者礼十方佛，受者礼三

---

① 《地持经》的原文是："于同法菩萨，已发愿者，有智有力，善语善义，能诵能持，如是菩萨所……"（《菩萨地持经》卷四，第912页中）智𫖮所列基本概括了这几个方面。

② 转引自土桥秀高《戒律の研究》，第843—885页。

宝、智者，请戒，智者赞叹问能否持三聚净戒、智者请为作证，智者为立菩萨名，受者请戒），受摄大威仪戒（重受或转戒、证戒），受供养三宝戒（受戒、证戒），受摄善法戒（持摄善法戒、持六波罗蜜戒、持亲近善知识戒、持自省戒、持悔过戒），受摄众生戒（持摄众生戒、持四摄戒、持慈心戒、持悲心戒、持喜心戒、持舍心戒、持随他心戒、持报恩戒、持蓄众戒、持调伏戒），证戒，礼佛，智者为说罪相（十波罗夷），礼佛，请戒本。

关于菩萨戒的受戒方法，在《地持经》和《璎珞经》中都单独列出，《梵网经》轻戒第四十一戒、第四十五戒中有所涉及，但却没有单独列出来。据第四十一戒和第四十五戒的内容，受戒的大致顺序应为：请二师（或一师），问七遮十戒，受三归、受十重。智𫖮在正式注疏《梵网经》经文之前列出各种受戒法，并将《梵网经》受戒法列在首位，显然弥补了《梵网经》本身的不足。智𫖮所列《梵网经》受戒法与《梵网经》经文内提到的不完全相同，而是已经结合了《璎珞经》的内容，如受三归后需要忏悔十不善业。另外五种受戒法中，有主要依据一种经典的，如第二种《地持经》受法，基本依据《地持经》所列受法。第四种《璎珞经》受法也是基本依据《璎珞经》中所说受法，但也有所不同，比如悔过部分，《璎珞经》列举的是十恶，《义疏》所举《璎珞经》受法中却多了五逆，这可能是引用不准确造成的，但认为五逆可以忏悔与《义疏》中提到的七逆可以忏悔的观点是一致的，这与《璎珞经》比较宽松的持戒态度也比较一致。又如《璎珞经》中所列受法有三种：一从诸佛菩萨现前受，为上品戒。二是诸佛菩萨灭度后，千里内有受戒菩萨者，请为法师受戒，为中品戒。三是佛灭度后，千里内无法师之时，在佛菩萨形像前，自誓受。《义疏》所列《璎珞经》受法，只举出了第二种。第三种高昌本受法，虽然主要依据《地持经》，但已经融合了《梵网经》《璎珞经》的内容。第五种新撰本受戒法主要依据《梵网经》和《璎珞经》。第六种制旨受法非常烦琐，好多内容似乎重复，但其基本结构和高昌本比较相似，应该也是以《地持经》为主要依据，但已经较多地结合了《梵网经》的内容，尤其是罪相部分，完全依据《梵网经》。

梁武帝所撰《出家人受菩萨戒法》中提到："戒本宗流，大抵有二，一、出《菩萨地持经》，二、出《梵网经》……世间所传菩萨戒法，似欲依二经，多附小乘行事。"① 并列出当时流行的六种受戒法：

> 鸠摩罗什所出菩萨戒法，高昌昙景口所传受菩萨戒法，罗什是用《梵网经》，高昌云弥勒所集，亦《梵网经》，长沙寺玄畅所撰菩萨戒法，京师又有依《优婆塞戒经》撰菩萨戒法，复有依《璎珞本业经》撰菩萨戒法，复有依《观普贤行经》撰菩萨戒法。②

其中《优婆塞戒经》受法和《观普贤行经》受法，《义疏》中也提到，只不过认为"《优婆塞戒经》偏受在家，《普贤观》受戒法，身似高位人自誓受法"③，不具有普遍性，所以没有详细列出。《出家人受菩萨戒法》所列其他四种都包含在《义疏》所列六种之内，《义疏》增加的不过是《地持经》受法、梁武帝新制定的受法和梁武帝之后新出现的受戒法。不过《义疏》认为高昌本和玄畅本基本相同，而且主要依据《地持经》。《出家人受菩萨戒法》指出高昌本是弥勒所集，又说是依据《梵网经》，显然是不准确的，因为《地持经》是《瑜伽师地论》的同本异译，《瑜伽师地论》署名是弥勒所说，所以高昌本主要是依据《地持经》。《义疏》应该是意识到这个问题，并进行了更正。再考虑到《义疏》所列《地持经》《梵网经》的传承系统完全依据《出家人受菩萨戒法》而来，文字也基本相同，可以判定《义疏》关于受戒方法的论述基本依据《出家人受

---

① 转引自土桥秀高《戒律の研究》，第844页。
② 同上书，第847页。
③ 《观普贤行经》所说受戒法如下："尔时，行者若欲具足菩萨戒者，应当合掌在空闲处遍礼十方佛，忏悔诸罪，自说己过。然后静处白十方佛而作是言：'诸佛世尊常住在世，我业障故，虽信方等见佛不了。今归依佛，唯愿释迦牟尼正遍知、世尊为我和上；文殊师利具大慧者愿以智慧授我清净诸菩萨法；弥勒菩萨胜大慈日怜愍我故亦应听我受菩萨法；十方诸佛现为我证；诸大菩萨各称其名，是胜大士覆护众生，助护我等今日受持方等经典，乃至失命，设堕地狱受无量苦，终不毁谤诸佛正法。以是因缘功德力故，今释迦牟尼佛为我和上、文殊师利为我阿阇黎、当来弥勒愿授我法、十方诸佛愿证知我、大德诸菩萨愿为我伴，我今依大乘经甚深妙义，归依佛、归依法、归依僧。'如是三说。归依三宝已，次当自誓受六重法。受六重法已，次当勤修无碍梵行、发广济心、受八重法。立此誓已，于空闲处烧众名香、散华供养一切诸佛及诸菩萨、大乘方等，而作是言：'我于今日发菩提心，以此功德普度一切。'作是语已，复更顶礼一切诸佛及诸菩萨，思方等义，一日乃至三七日，若出家、在家，不须和上、不用诸师、不白羯磨，受持读诵大乘经典力故、普贤菩萨劝发行故，是十方诸佛正法眼目。因是法，自然成就五分法身：戒、定、慧、解脱、解脱知见。诸佛如来从此法生，于大乘经得受记别。"（《佛说观普贤菩萨行法经》卷一，《大正藏》第9册，第393页下）

菩萨戒法》，并改正了其错误的内容，反映了新出现的情况。

《义疏》中提到高昌本"自宋齐以来多用此法"，与高昌本更多相似的制旨本制定时间应为天监十八年（519），可见直到梁代菩萨戒的受法主要还是依据《地持经》，不过无论是高昌本，还是制旨本，在说戒相时，已经在使用《梵网经》的十重戒，而梁武帝以后出现的新撰本则主要依据《梵网经》和《璎珞经》受戒法，可以看出《梵网经》系菩萨戒越来越被重视的趋势。

总之，关于授受菩萨戒的条件，《梵网经》中多少都有涉及，但却散落在具体戒条中，智𫖮却将这些问题很好地概括出来，并结合其他的菩萨戒经，进行了条理而系统的论述，为以后菩萨戒的授受提供了切实可行的依据，体现了对戒律实践层面的重视，这也是智𫖮对菩萨戒的一大贡献。

第四章　具体的解释与疏通

第一节　解释的内容和特点——以杀戒为例

　　《梵网经》菩萨戒的一个重要特点或者说缺点是戒条的具体要求不明确，缺乏可操作性。如果作为单纯的戒本还情有可原，实际上声闻戒的戒本也基本如此，但声闻律有卷帙浩繁的广律，对每一戒条都有详细的解释，弥补了戒本的不足，《梵网经》却没有相应的广律，这就给《梵网经》菩萨戒的实践带来了很多困难。《梵网经》在列举完十重戒后，说："如是十戒，应当学，敬心奉持，八万威仪品当广明。"轻戒列举完第十轻戒后，说："如是十戒，应当学，敬心奉持，下六品中当广明。"第二十戒后，说："如是十戒，应当学，敬心奉持，如灭罪品中广明一一戒相。"第三十戒后，说："如是十戒，应当学，敬心奉持，制戒品中广解。"第三十九戒后，说："如是九戒，应当学，敬心奉持，梵坛品当说。"第四十八戒后，说："如是九戒，应当学，敬心奉持。"① 似乎是说《梵网经》菩萨戒是从《梵网经》其他品中抽出的戒条，具体的规定应当到各品中寻找，而这些规定就类似于声闻戒的广律，会详细说明每一戒条的开遮持犯。但观察这些品的名目、次序以及与各自对应戒条的关系，再次证明不可能存在大本《梵网经》。如果《梵网经》确实出于中国僧人的创造，也许因为时间仓促，还没来得及创造出相对应的广律，这个任务就落到了《梵网经》的注释者们身上。如前所述，慧皎似乎是第一个对

---

① 上引文依次在《梵网经》卷二，第 1005 页上、1005 页下、1006 页中、1007 页上、1008 页中、1009 页中。

《梵网经》进行注疏的僧人，但他的注疏已经失传①，根据《义疏》的引述，在智顗之前似乎已经有不同的注疏②，但这些注疏同样也都失传，因此《义疏》就成了流传下来的第一个《梵网经》注疏，因而具有了极为重要的文献价值和历史价值，它对于菩萨戒戒条的解释补充了《梵网经》的不足，为《梵网经》菩萨戒的实践提供了具体依据，也奠定了此后《梵网经》注疏的基本模式。以下，我们将主要以杀戒为例，分析《义疏》是从哪些方面来补充《梵网经》的，并结合智顗以后的几个重要《梵网经》注疏，探讨《义疏》在注释方面的特点和价值。

近代以弘扬戒律为己任的弘一法师将《梵网经》注疏分为旧疏和新疏，并对各种注疏进行了评价，认为："习旧疏者，以智者《义疏》为主，明旷《戒疏删补》、蕅益《合注》补之。（莲池《发隐》等可缓阅。）元晓《私记》及《持犯要记》甚有精义，并宜详研。蕅益而后诸家著作，有明弘赞《略疏》、寂光《直解》、清德玉《顺硃》、书玉《初津》等，以弘赞、书玉之作较胜。（亦宜缓阅。）新疏中以贤首《疏》、义寂《疏》、太贤《记》三种为最精湛。……学者应专宗一种为主，而以他二种辅之。胜庄《述记》可参阅。（若习贤首疏者，并宜参阅法铣疏残本。）元晓《私记》及《持犯要记》虽随宜判入旧疏，然其书甚有精义，习新疏者亦宜学之。其他如唐传奥《记》、宋慧因《注》等，皆可不阅。"③兹据弘一法师所述，并结合自己的理解，选取元晓《私记》、法藏《本疏》、义寂《本疏》、明旷《天台菩萨戒疏》、智旭《合注》，与《义疏》对比，以体现《义疏》的特点、意义及不足。先列各注疏本关于杀戒科判④如下面六图。

---

① 智顗可能参考了慧皎的注疏，僧佑《出三藏集记》著录罗什译作35部，294卷，《出三藏集记》中著录的《菩萨波罗提木叉后记》中提到鸠摩罗什的译作五十余部，在慧皎的《高僧传》中，罗什的译作为三百余部，《义疏》中也采用三百余卷的说法，应该是参考了慧皎的著作。

② 《义疏》："十重，一云：前四性罪，事同七逆，悔与不悔悉障；后六悔者非障，不悔悉障；二云……三云……"《义疏》中还多处提到"有师言"，说明智顗之前，《梵网经》注疏应不止一家。

③ 弘一：《梵网十重戒诸疏所判罪相缓急异同表》，《弘一大师全集》（第一册），福建人民出版社2010年版，第261、262页。

④ 科判为笔者根据疏中列出的条目所作，一些地方根据文意有所增加。

第四章　具体的解释与疏通　　237

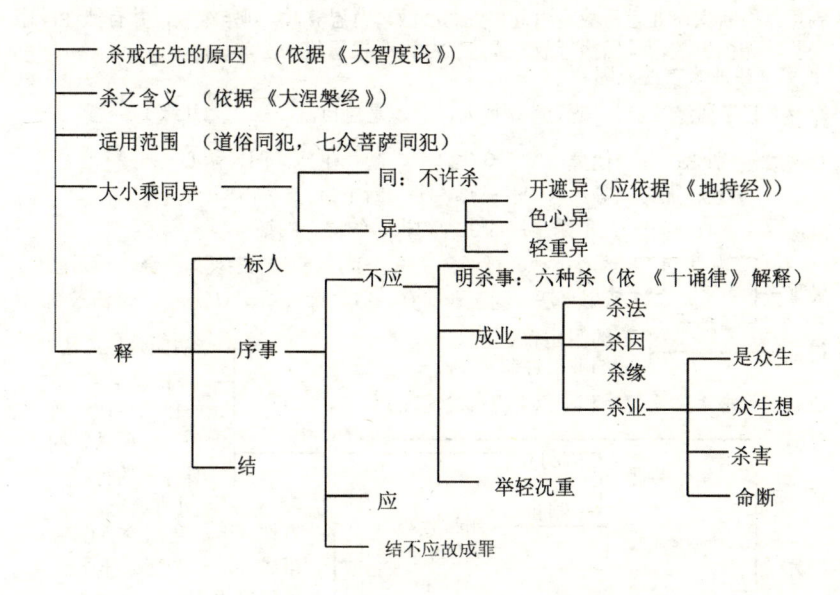

```
         ┌─ 杀戒在先的原因　（依据《大智度论》）
         ├─ 杀之含义　（依据《大涅槃经》）
         ├─ 适用范围　（道俗同犯，七众菩萨同犯）
         │                    ┌─ 同：不许杀        ┌─ 开遮异（应依据《地持经》）
         ├─ 大小乘同异 ───────┤                   ├─ 色心异
         │                    └─ 异 ──────────────┤
         │                                         └─ 轻重异
         │          ┌─ 标人
         │          │                ┌─ 明杀事：六种杀（依《十诵律》解释）
         │          │                │              ┌─ 杀法
  释 ────┤          │      ┌─ 不应 ─┤              ├─ 杀因      ┌─ 是众生
         │          │      │        │   ┌─ 成业 ───┤             ├─ 众生想
         │          ├─ 序事┤        └───┤          ├─ 杀缘       │
         │          │      │            └─ 杀业 ──┤              ├─ 杀害
         │          │      │                                      └─ 命断
         │          │      │        ┌─ 举轻况重
         │          │      └─ 应 ───┤
         │          │               └─ 结不应故成罪
         │          └─ 结
```

图 4.1　智顗《义疏》杀戒科判图

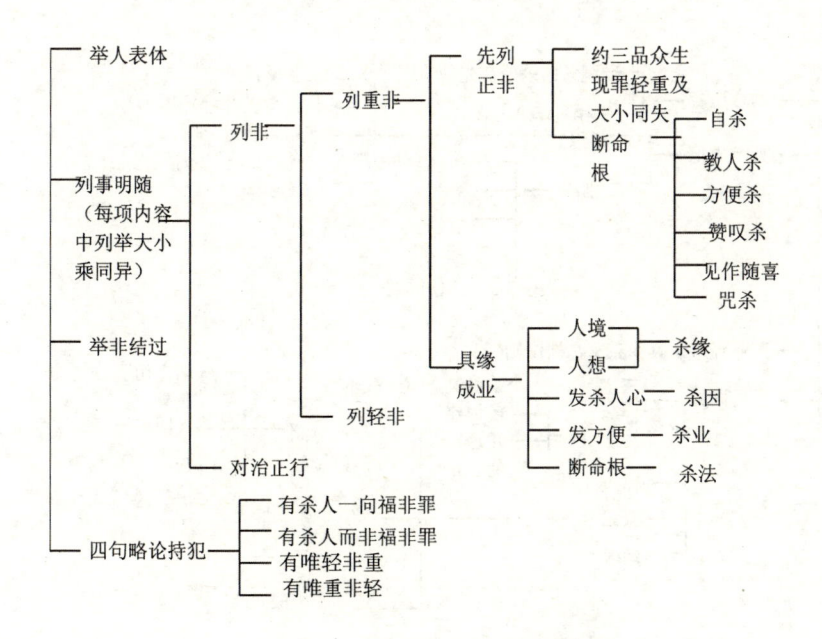

```
  ┌─ 举人表体
  │
  │                                                     ┌─ 约三品众生
  │                                    ┌─ 先列正非 ────┤ 现罪轻重及
  │                      ┌─ 列重非 ────┤                │ 大小同失       ┌─ 自杀
  │                      │              └─ 断命根                        ├─ 教人杀
  ├─ 列事明随            │                                                ├─ 方便杀
  │  （每项内容         ─┤                                                ├─ 赞叹杀
  │   中列举大小         │                                                ├─ 见作随喜
  │   乘同异）           │                                                └─ 咒杀
  │                      │                            ┌─ 人境 ─── 杀缘
  │                      │                            ├─ 人想
  │                      │              ┌─ 具缘成业 ─┤
  │                      │              │            ├─ 发杀人心 ─── 杀因
  │                      └─ 列轻非 ─────┤            ├─ 发方便 ───── 杀业
  │                                     │            └─ 断命根 ───── 杀法
  │
  ├─ 举非结过
  │
  ├─ 对治正行
  │
  │                       ┌─ 有杀人一向福非罪
  └─ 四句略论持犯 ────────┤ 有杀人而非福非罪
                          ├─ 有唯轻非重
                          └─ 有唯重非轻
```

图 4.2　元晓《私记》杀戒科判图

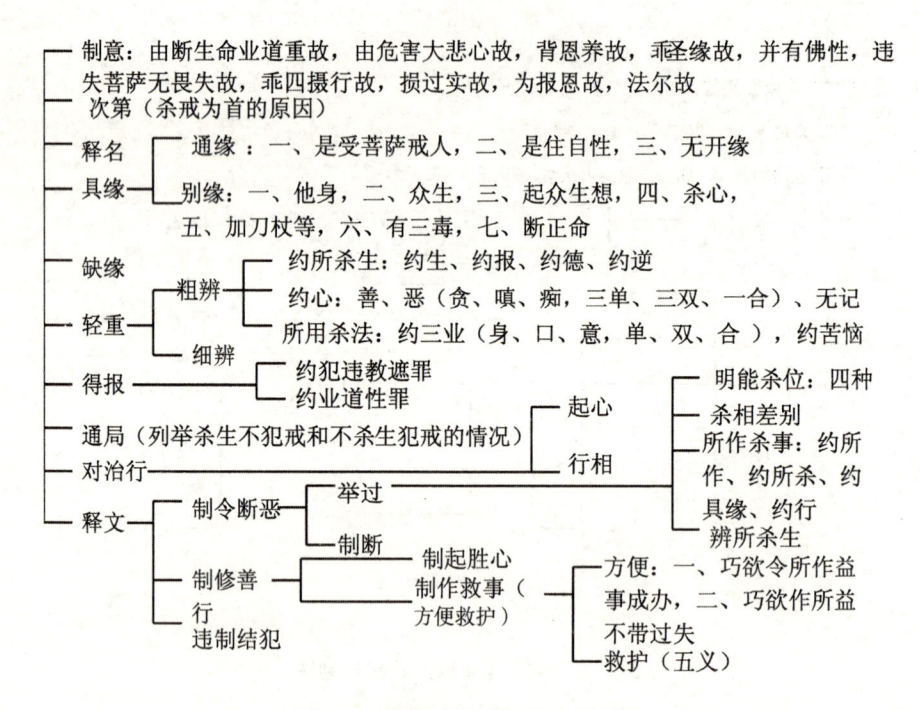

```
─制意：由断生命业道重故，由危害大悲心故，背恩养故，乖圣缘故，并有佛性，违
       失菩萨无畏失故，乖四摄行故，损过实故，为报恩故，法尔故
─次第（杀戒为首的原因）
─释名    ┌通缘：一、是受菩萨戒人，二、是住自性，三、无开缘
─具缘──┤
         └别缘：一、他身，二、众生，三、起众生想，四、杀心，
              五、加刀杖等，六、有三毒，七、断正命
─缺缘
              ┌约所杀生：约生、约报、约德、约逆
       ┌粗辨─┤约心：善、恶（贪、嗔、痴，三单、三双、一合）、无记
─轻重─┤      └所用杀法：约三业（身、口、意，单、双、合），约苦恼
       └细辨─┬约犯违教遮罪
              └约业道性罪
─得报
─通局（列举杀生不犯戒和不杀生犯戒的情况）                ┌明能杀位：四种
                                          ┌起心          │杀相差别
─对治行                                   │              │所作杀事：约所
         ┌制令断恶─┬举过           ┌行相─┤              │作、约所杀、约
         │          └制断           │      │              │具缘、约行
─释文──┤           ┌制起胜心     │      └辨所杀生
         │制修善──┤制作救事（     │方便：一、巧欲令所作益
         │           └方便救护）     │事成办，二、巧欲作所益
         └违制结犯                   │不带过失
                                      └救护（五义）
```

图4.3　法藏《本疏》杀戒科判图

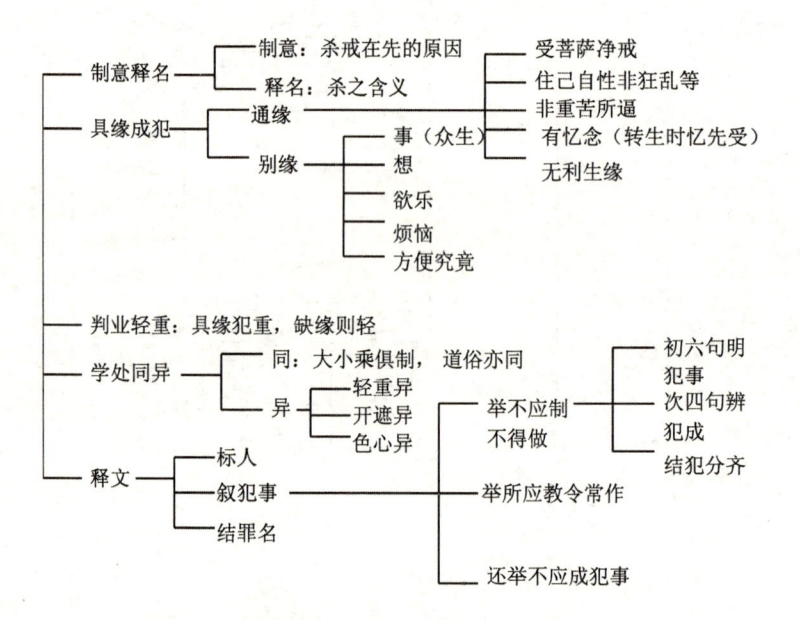

```
            ┌制意释名─┬制意：杀戒在先的原因    ┌受菩萨净戒
            │          └释名：杀之含义          │住己自性非狂乱等
            │                     ┌通缘         ┤非重苦所逼
            │具缘成犯─────────┤             │有忆念（转生时忆先受）
            │                     │             └无利生缘
            │                     │    ┌事（众生）
            │                     └别缘┼想
            │                          ├欲乐
            │                          ├烦恼
            │                          └方便究竟
            │
            ├判业轻重：具缘犯重，缺缘则轻
            │                ┌同：大小乘俱制，道俗亦同       ┌初六句明
            │学处同异──────┤     ┌轻重异                    │犯事
            │                └异─┼开遮异         ┌举不应制─┤次四句辨
            │                     └色心异         │不得做    │犯成
            │         ┌标人                       │          └结犯分齐
            └释文───┤叙犯事──────────────┤举所应教令常作
                      └结罪名                     │
                                                   └还举不应成犯事
```

图4.4　义寂《本疏》杀戒科判图

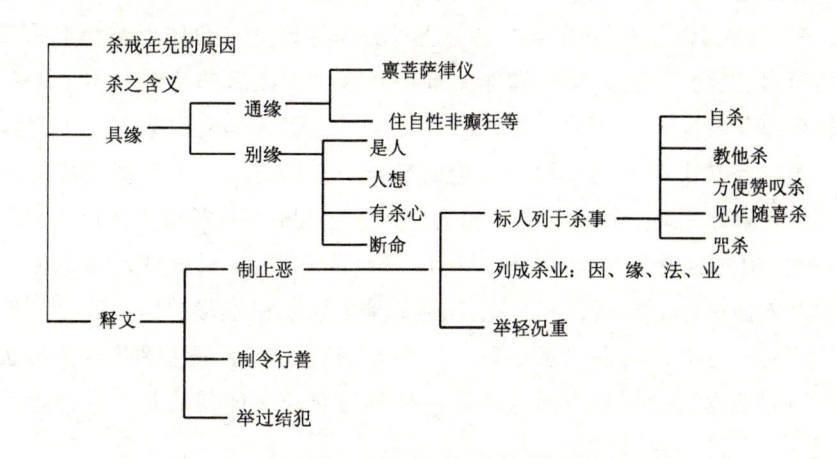

图 4.5　明旷《天台菩萨戒疏》杀戒科判图

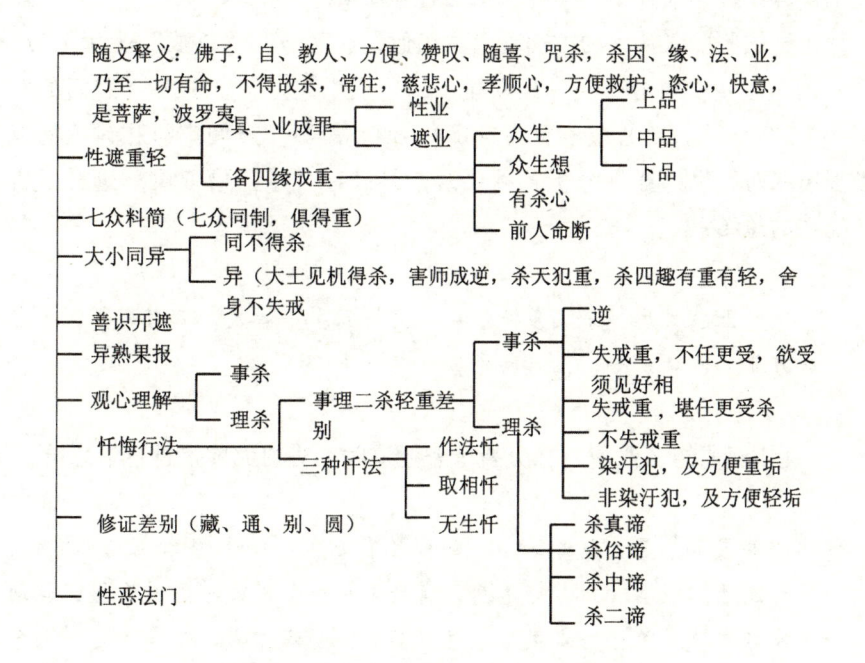

图 4.6　智旭《合注》杀戒科判图

通过上面六个表格，结合相关内容，我们可以发现：

一、《义疏》对杀戒的解释总体上可分为悬论（从总体上解释本戒制定的原因、目的、意义等）和随文解释两部分，此后的注疏基本上都包含这两部分内容，可见《义疏》影响之大。法藏《本疏》采用了十门解释的方法，其中前九门都属于悬论的部分。《私记》一上来就是解释经文，但在解释完后，用四句将持犯的要点进行概括，也类似于悬论。义寂《本疏》中前四项属于悬论。明旷疏前三项属于悬论。《合注》也采用了从十个方面解释的方法，只是把"随文释义"放在了最前面，后面的部分同样属于悬论，其中"观心理解""忏悔行法""修证差别""性恶法门"等是依据天台宗观点对戒律的一种延伸解释，体现的是一种圆融的方便。

二、对于重戒而言，构成重戒的条件（在佛教中称为"因缘"）非常重要，缺少任何一个条件，都不构成重戒，因此《义疏》在对每一条重戒的解释中都详细列举了构成重戒的各种要素。

由于这些要素从大的方面看基本相似，这里仍以"杀戒"为例。《义疏》列举了四项内容：一、是众生，二、众生想，三、杀害（后面的解释中为"杀心"，杀心应该更为准确），四、命断。声闻广律在讨论构成波罗夷罪时，也都详细分析各种要素，但只有《摩诃僧祇律》进行了言简意赅的总结：

> 有五事具足，杀人犯波罗夷。何等五：一者人，二者人想，三者兴方便，四者杀心，五者断命，是名五事。①

《优婆塞戒经·业品》在分析十恶业道时也对构成要素进行了总结：

> 善男子，是十业道，一一事中各有三事：一者根本，二者方便，三者成已。根本者，若有他想，有众生想，若以疑心断其命根，若动身作相或口说杀，是名根本。求刀磨利，置毒作索，是名方便。杀已手触，称量提持，若自食啖，若与人食，得物用度，任意施与，欢喜

---

① 《摩诃僧祇律》卷四，《大正藏》第 22 册，第 257 页下。

受乐，无有惭愧，心不悔恨，自赞其身，生大憍慢，是名成已。①

《十地经论》在解释第二地"离垢地"成就十善业道时，提出了五个方面的内容：

  《经》曰：诸佛子，菩萨住菩萨离垢地，自性成就十善业道，远离一切杀生，舍弃刀杖，无嗔恨心，有惭有愧，具足怜愍于一切众生，生安隐心、慈心，是菩萨尚不恶心恼诸众生，何况于他众生起众生想故起重心身行加害？②

  《论》曰：于中粗行有五种：一者身，如《经》他故。二者事，如《经》众生故。三者想，如《经》众生想故。四者行，如《经》故起重心故。五者体，如《经》身行加害故。③

净影慧远《十地义记》解释以上内容时，提到：

  四粗有五下，就粗分别具杀因缘，依余经论，杀有四缘：一是众生，二众生想，三者杀心，四断相续。今初缘中离分为二：初言身者，简自取他，所杀之体名为身也。二言事者，简异非情，明可杀事。三言想者，知是众生。四言行者，故起杀心，思心起杀故名为行。五言体者，杀业正体。④

《瑜伽师地论·摄决择分中有寻有伺等三地之二》：

  复次若广建立十恶业道自性差别，复由五相。何等为五？一、事，二、想，三、欲乐，四、烦恼，五、方便究竟。事者，一一业道各别决定所依处事，或有情数或非有情数，随其所应十恶业道依之而转。想者，有四，谓于彼非彼想，非于彼彼想，于彼彼想，非于彼非

---

① 《优婆塞戒经》卷六，第1067页上。
② 《十地经论》卷二，《大正藏》第23册，第145页下。
③ 同上书，第146页上。
④ 慧远：《十地义记》卷三，《卍续藏》第45册，第118页下。

彼想。欲乐者，或有倒想，或无倒想，乐所作欲。烦恼者，或贪、或嗔、或痴，或贪嗔、或贪痴、或嗔痴，或贪嗔痴一切皆具。方便究竟者，即于所欲作业随起方便，或于尔时，或于后时而得究竟。由此五相于杀生乃至邪见诸业道中，随其所应当广建立圆满自性十种差别。①

很明显，《义疏》采用了慧远《十地义记》提到的说法，来解释杀戒中构成重戒的要素。《私记》采用了《摩诃僧祇律》的说法。法藏《本疏》将"具缘"分为通缘和别缘：

第四具缘者，有二：一通，二别。通缘有三：一是受菩萨戒人，以不受戒无犯故。《经》云：有犯名菩萨，无犯名外道。二是住自性，谓非颠狂等，以彼无犯故。三无开缘，谓即救生无间苦等。此三通诸戒。三别缘者，依《地论》五缘：一、是他身，简自故。二、是众生，简机等故。三、有众生想，简迷心故。四、起害心，简无杀意故。五、正加害，简未害故。依《对法论》亦五缘：一、事，谓有情数。二、意乐，谓起此想及必害意。三、方便，谓为害故加刀杖等。四、烦恼，谓贪、嗔、痴。五、究竟，谓彼有情由方便故或无间死或后时死。合此二论，通具七缘：一、他身，二、众生，三、起众生想，四、杀心，五、加刀杖等，六、有三毒，七、断正命。并上通缘，总有十种，可知。②

法藏关于通缘和别缘的区分应该是依据法砺（569—635）的《四分律疏》，法砺疏是现存最早的《四分律》疏，其中有：

三具缘成犯，亦有通别。言通者，人解具缘，一切诸戒咸具五缘，谓一、是比丘，二、有所对，三、有心，四、心境相应，五、事成究竟。唯除淫、酒，阙无相应。非无此义，太成漫该，不存此说。

---

① 《瑜伽师地论》卷五十九，《大正藏》第30册，第630页上。
② 法藏：《梵网经菩萨戒本疏》，第610页中。

今者解释，自有通别。通缘有三：一、是大比丘，简非所被，文言若比丘故。二、制广教后，以其初人教未摄故。三、无量病坏心，简痴狂等。①

关于别缘的具体内容，《本疏》则综合了《十地经论》和《对法论》的说法，概括了七项，显得比较烦琐。义寂《本疏》采用了《瑜伽师地论》的说法，明旷《天台菩萨戒疏》基本采用了《义疏》的说法，却将"众生"改为"人"。智旭《合注》沿用了《义疏》的说法。

对于杀戒构成重罪的第一个条件，即杀的对象，不同的注疏有着不同的要求，按照《义疏》的理解，众生可以分为三品：一、上品（诸佛、圣人、父母、师僧），杀则犯逆。其中圣人究竟何指，《义疏》没有具体列出，只讨论了杀三果人是逆还是重的问题，列举了两种相反的观点，并未取舍。关于菩萨，则取"不作二乘为毕定位，或取七心以上"为圣人，杀则成逆。关于杀养胎母，《义疏》也列举了两种相反的观点。二、中品，人、天，杀则犯重。三、下品，即四趣众生，杀下品众生是否成重，《义疏》也列举了两种相反的观点，根据其下文"乃至一切有命下，第三举重况轻"之文，以及其他戒条中"上中境重，下境轻"的解释，智顗应该倾向于认为杀四趣不成重罪。这种观点被旧系注疏所沿用，或者说在这个问题上的不同意见是判断旧疏与新疏的重要标准。《私记》明确表示只有杀人才成重，对于三品众生，《私记》有了更明确的说法：

> 先上品众生者，父母、决定菩萨、无学圣人。若煞此上品者，犯重、遮二罪。若论下已果者，《涅槃经》中，下上二文不同。若依上文者，耆婆语阿阇世王云：汝犯二逆。谓煞须陀洹及父故。若依下文者，唯取无学果而为逆，不取下三果故。不定中品者，凡夫人道。煞此中品者，唯犯重不犯逆。以天为中品者，且约大乘故。若约小乘者，煞天者犯兰。下品者，非人畜生。煞此下品者，唯犯轻垢罪，非犯重罪。若煞邪见人道者，大地遭机菩萨，无罪，唯福。若新学菩萨者，犯轻垢罪。若小乘者，煞人者犯重；煞天非人者，犯第三聚；煞

---

① 法砺：《四分律疏》卷二，《卍续藏》第41册，第566页上。

畜生者，犯第六篇。①

《私记》认为上品众生就是指父母、决定菩萨、无学圣人，与《义疏》相比排除了诸佛和师僧，圣人的范围更加明确，又增加了决定菩萨一项。诸佛已经超脱轮回，不应该在众生之内，《私记》排除诸佛的说法更为合理。《义疏》将师僧作为上品，显然是受《梵网经》七逆罪的影响。《私记》增加决定菩萨，更体现了大乘的要求。对于中品众生，《义疏》认为是天、人，《私记》继承这一说法，但对于杀天，是否犯重，结合其在"具缘"部分里的观点，则倾向于小乘的看法，即杀天不犯重罪。《私记》还提到开许的情况，即杀邪见人，这对于大地遭机菩萨而言，无罪，唯福；对于新学菩萨而言，只犯轻垢罪。法藏《本疏》中，关于众生，列举了两种观点：一、七种众生（所有有生命的事物），二、有情众生。据前面其对"缺缘"部分的解释及总论十重部分第四明犯境中"杀、妄、说、毁，此四通七，除佛、法、非情"，法藏应该倾向于第二种观点，即认为杀有情众生才构成重罪。义寂《本疏》在三品众生部分沿用了《义疏》的形式，列举了两种相反的说法，并进行了补充，但在"学处同异"部分则明确指出"大士三境俱重"，与法藏《本疏》立场相同。明旷《天台菩萨戒疏》与《私记》一样，认为只有杀人才构成重罪。智旭《合注》基本沿用《义疏》的思路，但更明确：

> 一是众生者，略为三品：上品谓诸佛、圣人、父母、师僧。佛不受害，但令恶心出其身血，即犯逆罪。害罗汉，犯逆。害三果以下，但犯重。菩萨取发趣以上，害者犯逆。害外凡位未入毕定性者，但犯重。杀父、杀母、杀和尚、杀阿阇梨，同犯逆罪。中品谓一切人天，害皆犯重。下品谓四趣众生，修罗、鬼神、畜生等。此有两解：一云同重，大士防杀严故。文云，一切有命者不得故杀，即其证也。二云但轻垢，在重戒中兼制，以非道器故。文云有命者，举轻况重耳。今更推详其致。比丘戒法，局在人伦，故谓余趣非器，杀天亦止结轻。今菩萨戒法，全收五道，则鬼神、畜生，咸堪载道，害心断命，那得

---

① 元晓：《梵网经菩萨戒本私记》卷上，第280页中。

结轻？然使故杀一蚊蚋等，便成重罪，便失菩萨无上律仪，则害及人天者，又将以何罪判之？若以义斟酌，畜生等解语受戒者，害则犯重。不解语者，害则犯轻。又菩萨重戒，有二分别：一、失戒，二、不失戒。害人天等，犯重失戒。害蚊蚋等，但犯重罪，不失戒体。或数数故伤，都无惭愧，烦恼增上，不知厌舍，亦可失戒也。①

这几个注疏，分歧最大的地方在于，杀四趣众生是重还是轻的问题，《义疏》态度并不明确，似乎倾向于不是重，这符合声闻律的原则，具有可操作性。法藏《本疏》则倾向于认为杀一切众生都是重罪，体现了对菩萨的更高要求，在实践中却很难实行。义寂《本疏》列举了两种观点，倾向于法藏的观点，元晓《私记》和明旷《天台菩萨戒疏》则明确表示只有杀人才构成重罪，智旭《合注》则综合各家之说，以《义疏》为主要依据，融合了法藏《本疏》的说法，认为一方面菩萨戒不像比丘戒那样只局限在人道，而是"全收五道"，所以杀四趣众生不能只属轻罪，但如果杀一蚊虫就是重罪，就失去菩萨戒，这在现实中很难遵守。基于这种认识，智旭提出了两种折中的办法：一是害畜生等解语受戒者，犯重，其他则轻；二是害人天等犯重失戒，害畜生等犯重，不失戒。这既体现了大乘菩萨的严格要求，也具有了一定的可操作性。

三、《义疏》在解释每一戒条时，都分析了戒条的适用范围，以及大小乘在持守时的异同，以后的注疏也大都采用这种模式。

按照《梵网经》的设想，似乎不需要先受声闻戒再受菩萨戒，而直接可以受十重四十八轻的菩萨戒，这样一来出家与在家的区别就不重要了，显然这与声闻戒重视出家众的原则是矛盾的。对于佛教的研究者而言，不同的佛教经典是不同时期出现的，存在着差别甚至矛盾之处是可以理解的。但对于佛教的信仰者而言，佛经所言都出于佛陀之口，那么经典之中的那些明显的矛盾之处该如何解释？这是他们必须解决的问题，关系到坚定的信仰能否建立。实际上在一些佛经中已经意识到，并处理过这个问题，例如《法华经》所特别强调的方便法门、会三归一等都试图将佛经中不同的说法安置在一定的体系之内。南北朝时期出现的各种判教思想

---

① 《梵网经合注》卷三，第648页上。

都是集中解决这个问题的努力，智𫖮提出的五时八教判教体系就是这一时期判教思想的集大成。在对《梵网经》菩萨戒的解释中，智𫖮也体现了这种圆融的思想，对于长期存在并作为实践中主要依据的声闻戒，智𫖮并没有像《梵网经》那样排斥，而是在承认声闻戒的基础上确立了菩萨戒的位置。这是智𫖮注疏《梵网经》的一个基本原则。所以，在对戒条的具体解释中，智𫖮都以声闻戒的标准来衡量每一戒条，指出各自的适用范围，哪些是出家在家都适用的，哪些只适合出家众，哪些适合在家众，这构成《义疏》解释戒条时的一项重要内容。《梵网经》中多次提到对小乘的态度，似乎对小乘非常排斥，但其所列举的戒条，很多与声闻戒律相同或者相似，十重戒更为明显，那么菩萨戒与声闻戒的区别究竟在哪里？这是《梵网经》没有明确说明的问题，《义疏》正是意识到这一点，给予了较多关注。我们仍以杀戒为例，看一下《义疏》在论述这一问题时的特点。

关于杀戒的适用范围和大小乘异同，《义疏》云：

> 七众菩萨同犯，声闻五众大同小异，同者同不许杀，异者略三事：一、开遮异，二、色心异，三、轻重异。开遮异者，大士见机得杀，声闻虽见不许杀。色心异者，大士制心，声闻制色。三轻重异者，大士害师犯逆，声闻非逆；又大士重重于声闻重也。①

《义疏》指出杀戒是适应于所有的菩萨众和声闻众的，也就是说在所有的佛教戒律中"杀"都是被禁止的，只不过对于菩萨和声闻而言，是否犯杀戒及犯戒的轻重需根据一定的时机、心理和对象进行判断。《义疏》此处，提出菩萨有七众，声闻却只说五众，不知何意，但既然菩萨有七众之别，区别的标准似乎只能是依据声闻在家戒与出家戒，则其所受的菩萨戒就只能是一种加行戒，这符合《瑜伽》系菩萨戒的思路，也是历史上汉传菩萨戒实践的方式。

《私记》在解释杀戒时②，没有讨论适用范围和大小乘问题，可能是

---

① 智𫖮：《菩萨戒义疏》卷二，第571页中。
② 参见元晓《梵网经菩萨戒本私记》卷一，第280页中—282页上。

省略，也可能是遗漏。在后面解释盗戒时也没有涉及，但在解释淫戒时，却首先指出"大小五众同学"，解释妄语戒时，指出"大小同制，七众共学"。显然，《私记》也是认为大乘和小乘都有七众（或五众），与《义疏》的思路基本是一致的。《私记》在解释戒条内每一项内容时，都注意比较大小乘的不同，如杀戒中解释三品众生中中品时，指出："以天为中品者，且约大乘故，若约小乘者，杀天者犯兰。"解释杀邪见人时，指出："大地遭机菩萨无罪，唯福。若新学菩萨者，犯轻垢罪。若小乘者，杀人者犯重。""教人杀者，小乘若为我教他人杀，定犯重。若教他为汝杀人者，可兰。虽无正文，而准于盗戒可然故。……大乘为我及为汝，皆同犯重。"①《私记》所指出的大小乘的不同基本体现了《义疏》提出的三个方面。

法藏《本疏》在解释戒条时基本没有谈到戒条的适用范围和大小乘的异同，只在个别的地方有所涉及。比如关于杀戒，《本疏》提到大小乘的区别："问：自杀或教他所杀未亡，自身先死，后所杀亡，未知得重以不？答：若依小乘，不犯夷，以彼未命终，未成罪故；命终以后，戒已失故。菩萨戒既经生不失，故还得夷。"②

义寂《本疏》解释十重戒时专列"学处同异"一项，详细区分每一戒条的适用范围和大小乘同异③，如杀戒中指出："此戒大小俱制，道俗亦同，然大小乘不全同也。"④ 基本沿用了《义疏》列举的大小乘的三种不同。明旷《天台菩萨戒疏》对戒条的解释也没有关注其适用范围和大小乘同异问题，比如关于杀戒也只有一处提到大小乘的区别，内容与法藏《本疏》同。⑤ 智旭《合注》，也列了"大小同异"项，指出："大者，大乘七众。小者，声闻七众也。"⑥ 完全依据《义疏》的思路，其将"声闻五众"改为"声闻七众"，表述更为准确。而对于大小乘的不同，《合注》则综合了各家注疏的说法，更为全面。总之，智𫖮对于《梵网经》戒条

---

① 元晓：《梵网经营菩萨戒本私记》卷一，第280页中—282页上。
② 参见法藏《梵网经菩萨戒本疏》卷一，第612页中。
③ 义寂《本疏》轻戒中有的列了"学处同异"，有的没列，但大都会说明适用范围和大小乘同异。
④ 义寂：《菩萨戒本疏》卷一，第664页上。
⑤ 参见明旷《天台菩萨戒疏》卷一，第187页下。
⑥ 智旭：《梵网经合注》卷三，第649页上。

适用范围和大小乘异同的分析可能并不符合《梵网经》的本义，更多站在以声闻戒为基础的立场上。法藏注疏不涉及这个问题，并对戒条的要求绝对严格，这与华严宗的整体思想是一致的，也更符合《梵网经》的本意，但却不适合声闻戒已经取得绝对优势的汉传佛教，所以大多数注疏还是倾向于智𫖮的立场。

四、《义疏》在对戒条具体内容的解释中也很有特点，如对于杀的种类，《义疏》的解释遵循了《梵网经》的思路，明显不符合逻辑，却影响了此后大多数注疏的解释方式。

关于杀戒的具体规定及杀的种类，《十诵律》规定："若比丘，若人若人类，故自夺命，若持刀与，教死、叹死。作如是言：人用恶活为，宁死胜生。随彼心乐死，种种因缘教死、叹死。死者，是比丘波罗夷，不应共住。"① 关于杀的种类，《十诵律》依据能杀之人和使用的"工具"进行了两种分类，"比丘有三种夺人命波罗夷：一者自，二者教，三者遣使。复有三种夺人命：一者用内色，二者用非内色，三者用内非内色②"。然后详细列举了十五种杀的方法。《僧祇律》规定："若比丘自手夺人命，求持刀与杀者，教死、叹死：咄！人用恶活，为死胜生。作是意，作是想，方便叹誉死，快令彼人死。非余者，是比丘波罗夷，不应共住。"也列举了杀的各种方法："比丘杀人者，若用刀杀，若毒杀，若涂杀，若吐杀，若下杀，若堕胎杀，若说相杀，叹誉杀。"③《四分律》规定："若比丘，故自手断人命，持刀与人，叹誉死、快劝死：咄！男子，用此恶活为？宁死不生。作如是心思惟，种种方便叹誉死、快劝死。是比丘波罗夷，不共住。"列举了杀的方式："杀者若自杀，若教杀，若遣使杀，若往来使杀，若重使杀，若展转遣使杀，若求男子杀，若教人求男子杀，若求持刀人杀，若教求持刀人杀，若身现相，若口说，若身口俱现相，若遣书，若教遣使书，若坑陷，若倚发，若与药，若安杀具。"④ 综合这几种广律关于杀戒的规定，可以看到从能动者的角度来看，杀可以分为自杀和

---

① 《十诵律》卷二，第 7 页下。
② 同上书，第 8 页中。
③ 《摩诃僧祇律》卷四，《大正藏》第 22 册，第 254 页中。
④ 《四分律》卷二，第 576 页中。

教人杀，唐代法砺和道宣的注疏也都是从这个角度来分析。① 三种广律中，关于杀的种类，《十诵律》概括得比较有条理，这种概括也被《佛说优婆塞五戒相经》沿用②，但遣使杀实际上可以包含在教他杀之中。

《梵网经》关于杀戒的规定，明显参考了广律的文字，现存的《梵网经》版本所列的杀法不同，有的版本（如《高丽初雕本》《法隆寺本》等）列了六种，将方便杀列为一种，有的版本（如《大正藏本》《碛砂藏》等）则列为五种，方便作为修饰词修饰赞叹。根据上引文，《僧祇律》和《四分律》中提到的"方便"都不是单独的一种杀法，而是指用种种方法叹誉死。《十诵律》相应的位置使用的是"种种因缘"，正可以体现"方便"在此处的本义。《梵网经》杀戒中提到的"方便赞叹杀"虽有不同的表达，但结合盗戒中提到"方便盗"，妄语戒中提到"方便妄语"，则《梵网经》应该是将"方便"作为一种独立的方法。显然，《梵网经》对各种杀法的描述并不是在一个逻辑层次上，方便杀可以归入自杀或教他杀，赞叹杀属于教他，咒杀涉及更具体的杀的工具，当然也可以划分为自作咒语和教他作咒语。"见作随喜"，意思就是看到别人杀生，自己心里高兴，这在广律中没有被作为杀的种类，也就是说是不构成杀戒的，《梵网经》中却将其列为杀戒之一种，充分体现了菩萨戒重视心法的特点。求诸经籍，这也不完全是新的创造，《杂阿含经》卷三十七"一〇五九经"："有四十法成就，如铁枪投水，身坏命终，下生恶趣泥黎中。何等为四十法？谓手自杀，教人令杀，赞叹杀生，见人杀生心随欢喜……"③这里列出四种杀的种类，其中第四种就是"见作随喜"。或许《梵网经》正是参考了《杂阿含经》所提到的地狱之业而认为杀戒之中也应该包括"见作随喜"。总之，不管这是《梵网经》的独创，还是受到《杂阿含经》的启发，都表明《梵网经》菩萨戒要求更为严格，对菩萨而言，不仅要控制自己的行为，更要控制自己的内心。

《义疏》并没有纠正《梵网经》中比较混乱的说法，只是顺着《梵网

---

① 法砺：《四分律疏》："戒本六句：一、人。二、故自手自煞业。三、人命者，所害境。四、持刀下，教煞业，文二：初举教煞，于中持刀与人者。安煞具煞。叹誉死，口赞煞。劝死下，是劝煞。二作如是心下，总以结前三句。五、结罪。六、治摈。"道宣《四分律删繁补缺行事钞》："杀有二种：一者自杀……而教他而杀。"（《大正藏》第40册，第582页中）

② 《佛说优婆塞五戒相经》卷一："犯杀有三种夺人命：一者自作，二者教人，三者遣使。"（第939页下）

③ 《杂阿含经》卷三十七，第275页下。

经》的思路给出了一定解释,其解释"方便杀"为:"即杀前方便,所谓束缚系等。"① 对何为赞叹杀,《义疏》没做具体解释,对于"随喜"解释为"奖劝令命断",这相当于《四分律》中的"快劝死",体现了智𫖮依据声闻律解释《梵网经》的原则,反而掩盖了《梵网经》中更高的要求("快劝死"是指在他人没死之前,劝其死。"见作随喜",是指看到别人做杀生之事,跟着欢喜)。

元晓《私记》基本沿用了《义疏》中的说法,其解释"随喜"时,指出:"见杀人者随喜故,彼人见我喜心故,造杀业故,能随喜人犯重。……若既死以后喜者,大乘中犯轻垢罪。若小乘者,吉。"② 元晓对于"见作随喜"的情况进行了更细致的区分:被杀之人未死前随喜,犯重罪(因为这种随喜会导致杀人者继续自己的行为);已死之后随喜,大乘犯轻垢,小乘犯突吉罗。这种理解与《义疏》相比更符合《梵网经》原意,但判断的标准仍然是根据行为结果,也没有完全符合《梵网经》重心法的特点。《梵网经》似乎是说:见到杀人这种行为,竟然高兴欢喜,不管行为、结果如何,此心可诛。

法藏《本疏》似乎意识到了《梵网经》的矛盾之处,给出了较为合理的解释。他将杀戒中"举过"部分科判为四项,其中前两项(一、明能杀位,二、杀相差别)是对"若自杀、教人杀,方便赞叹杀、见作随喜,乃至咒杀"的解释,其将杀的种类分成四种:一、自杀,二、教他杀,三、方便赞叹杀,四、见作随喜。将方便赞叹作为一种,符合了广律的规定,又将咒杀作为杀相中的一种,克服了《梵网经》中逻辑不清的缺点,并对后三种杀(都属于教他的范围)进行了区分:"有二别:一、约三时,谓初约未杀教遣杀,次约正杀赞有德,后约已杀生随喜。二、约三类,初约下位人便令杀,次约中位人虽不可使杀方便赞美令得成杀,后约上位不可对赞但见彼杀已还生随喜,俱得重罪。"③ 这里将方便赞叹杀、见作随喜与教他杀联系到一起,将其理解为教他中的两项内容,显得比较有逻辑。此外法藏显然是将"见作随喜"理解为对已进行或已完成的杀

---

① 智𫖮:《菩萨戒义疏》卷二,第571页中。
② 元晓:《梵网经菩萨戒本私记》卷一,第281页上。
③ 法藏:《菩萨戒本疏》卷一,第612页中。

事随喜,这种解释更符合《梵网经》对菩萨提出的更严格要求。

义寂《本疏》基本沿用了《义疏》的说法。明旷《天台菩萨戒疏》综合《义疏》与法藏《本疏》的说法,将"方便赞叹杀"作为一种,列出了五种杀事,其中对"见作随喜"的解释依据法藏《本疏》,对于咒杀的解释也依据《本疏》,但却没有像《本疏》那样将其作为戒相中的一种,而仍然列为杀事之一。关于自杀,明旷列出了杀自身和杀他身两种情况,指出杀自身只是犯轻垢,这是结合了法藏《本疏》中杀戒"缺缘"的内容。[①] 明代智旭的《合注》基本沿用了智𫖮的说法。可见虽然《义疏》对杀戒的解释不够清晰,但因为其以声闻戒律为依据,要求相对宽松,反而成为《梵网经》解释的主流。

另外,《义疏》在对戒条(包括所有的戒条)进行解释时引用了大量经典,主要有四类:第一类,《大智度论》《大涅槃经》《决定毗尼经》《未曾有经》《因缘经》等涉及大乘戒律的经典。第二类,声闻戒律,主要依据《十诵律》。第三类,《地持经》《优婆塞戒经》等大乘戒经。第四类,《数论》《成论》等小乘论书。体现了综合运用律藏、大乘经论、大乘戒经补充解释《梵网经》的倾向。此后的几种注疏也都沿用了这种思路。只不过在使用声闻律方面,后来的注疏更多引用了《四分律》的说法,这体现了《四分律》逐渐占据优势的历史事实,也说明《义疏》确实是较早的《梵网经》注疏。兹将几种注疏引用的经论列表如下。

表 4.1　　　　　　　　《梵网经》注疏引用经论

	小乘经论	小乘律	大乘经论	大乘戒经
《义疏》	《数论》《成论》	《十诵律》	《大智度论》《大涅槃经》《决定毗尼经》《未曾有经》《因缘经》	《地持经》《优婆塞戒经》

---

① 法藏《菩萨戒本疏》:"(杀戒)第五缺缘者,缺通缘可知,别中若缺初缘(他身),有三义:一应得重轻垢,谓以恶心自杀己身故。二应得轻垢,谓以善心厌身自杀,违菩萨行故。《经》云:说身无常,而不赞说厌离于身。此中有痴,前有瞋,故余六缘皆具也。三得福成持,谓为法灭身,为生受命,如萨埵王子等。若不舍反得罪。此中非直无三毒,亦与智和合,故成持也。亦即阙初及第六二缘。"(第 610 页中)明旷疏文字与此基本相同。

续表

	小乘经论	小乘律	大乘经论	大乘戒经
《私记》	《成实论》	《僧祇律》《四分律》（主要依据）《鼻奈耶律》《十诵》《萨婆多》《摩得伽》	《大涅槃经》《文殊师利巡行经》《净名经》《仁王经》《唯识》	《优婆塞戒经》《地持论》（即《地持经》）《璎珞经》
法藏《本疏》	《对法论》《俱舍论》《正法念处经》《法句经》《成实论》《贤愚经》	《僧祇律》《四分律》《萨婆多论》《摩得勒伽论》《五百问》（即《佛说目连问戒律中五百轻重事经》）《十诵律》《五分律》《毗奈耶》《明了论》《大爱道比丘尼经》《一切智光明仙人不食肉因缘经》《比丘应供法行经》	《大智度论》《大般涅槃经》《十地经论》《净名经》《法华经》《唯识论》《十住毗婆沙论》《二十唯识论》《摄论》《楞伽经》《佛性论》《华严经》《善见论》《大集经》《宝梁经》《方等经》《观佛三昧经》《萨遮尼乾子经》《大菩萨藏经》（即《大宝积经·菩萨藏会》）《真伪沙门经》《菩提资粮论》《能断金刚波罗经》《不思议光菩萨经》《诸法无行经》《十轮经》《大悲经》《佛藏经》《迦叶经》《花手经》《起信论》《护国菩萨经》《谤佛经》《思益经》《大品经》《大乘庄严论》《大般若经》《普贤观经》《莲花面经》《央掘魔罗经》《大法炬经》	《瑜伽师地论》《菩萨璎珞本业经》《善生经》（即《优婆塞戒经》）《菩萨内戒经》《菩萨内戒经》《清净毗尼经》《善戒经》《十善戒经》《毗奈耶瞿沙罗经》《文殊问经》《居士请僧福田经》

续表

	小乘经论	小乘律	大乘经论	大乘戒经
义寂《本疏》		《四分律》	《涅槃经》《大智度论》《发菩提心经论》《占察经》《宝梁经》《药师经》《提谓经》《十住论》《心王经》《三千威仪经》	《瑜伽师地论》《地持经》（《优婆塞戒经》）《决定毗尼经》《璎珞本业经》《善戒经》
明旷《天台菩萨戒疏》	《阿含经》《十二因缘经》《法句经》	《四分律》《比丘应供法行经》	《净名经》（即《维摩诘所说经》）《大智度论》《涅槃经》《十轮经》《仁王经》《法华经》《四天王经》《天地本起经》《庄严论》《莲花面经》	《璎珞本业经》《地持经》
智旭《合注》	《阿含经》	《四分律》《僧祇律》《根本萨婆多部律摄》	《十善业道经》《大涅槃经》《大乘理趣六波罗蜜》《法华经》《方等经》《大悲》《占察经》《华严经》《楞伽经》《佛顶经》《佛藏经》	《五戒相经》《善生经》（《优婆塞戒经》）《地持经》《决定毗尼经》《菩萨善戒经》《璎珞经》《鸯掘经》

第二节 对待小乘的态度

《梵网经》轻戒中涉及一些重要问题，体现了《梵网经》的特色。对这些问题的解释，也可以看出《义疏》的特点。这里我们选取对小乘的态度这一问题进行详细分析。

如前所述，对小乘的态度是《梵网经》轻戒中涉及的一个重要问题，总体而言，《梵网经》戒条虽然汲取了声闻戒律的不少内容，但却舍弃了更多内容,在态度上更是明显地排斥小乘。在四十八轻戒中,涉及对小乘态度的主要有第八戒、第十五戒、第二十四戒、第三十四戒,另外第三十八戒关于座次问题,也涉及对大小乘的态度,也放在这里一起论述。我们看看《义疏》是如何解释这些戒条的,其他注疏(由于元晓《私记》只保存下来一卷,对于四十八轻戒的看法我们无从知晓,这里只列举四种)与《义疏》有什么异同。

第八戒,《义疏》列戒名为"背大向小戒"①,依次解释了四个方面:1. 心背大乘经律,《义疏》认为这里是指如果心里对于大小乘的优劣犹豫不决,还没有最终判断,犯轻垢;如果认为大乘一定劣于小乘,就失去菩萨戒(也就是犯重戒)了。2. 言非佛说,《义疏》认为有两种情况,"若法相说戒善已谢,正犯性罪;若非法相说,犯第十重"。此句非常难解,根据义寂《本疏》的引用,"法相"当为"法想",则这几句话的意思应为:如果心里认为大乘经律是佛法,却说出不是佛说的话来,就犯性罪(应为妄语),如果心里不认为大乘经律是佛法,说出不是佛说的话来,就犯谤三宝罪。总之,这两种情况都犯重罪。3. 受持二乘,《义疏》认为这里是指"欲受"。4. 外道恶见,《义疏》列举了两种观点:一种认为二乘相对于大乘都是外道,一种认为外道恶见是指六师法。《义疏》对此戒的解释并没有列出适用范围和大小乘的区别。

法藏《本疏》列此戒名为"背正向邪戒"②,从内容上看,似乎更为合理。法藏对轻戒的解释,与对重戒的解释(从十个方面)略有不同,是从制意、次第、释名、具缘、缺缘③、轻重、通塞、释文八个方面进行解释(下同)。法藏在解释中特别强调了对二乘的态度,在"制意"中,他首先指出:"菩萨理齐舍二乘,受持大乘真实之法,方名菩萨。而今乃弃大归小,失其正行,乖理之极,故须制也。"然后又引用《涅槃经》《大品般若经》,极言对二乘的排斥。又在"通塞"部分中指出:"此戒一向不开,以诸菩萨无有暂时舍大乘故。"在解释"一切禁戒"时,指出:

---

① 智顗:《菩萨戒义疏》卷二,第575页中。
② 法藏:《梵网经菩萨戒本疏》卷五,第638页中。
③ 犯重罪,缺缘可以构成轻罪,或者不犯。犯轻垢罪,如果缺缘,可以不犯,但有的情况也会犯,其中如何区分就比较麻烦,所以《义疏》在轻戒中并没有列出构成要素,法藏却依然列出,其采取的方式是在轻罪中再分上罪、中罪和小罪,显得过于烦琐。

"或是外道乌鸡、鹿、狗戒等，或小乘乖大之戒。"① 《义疏》对于"一切禁戒"究竟何指，却没有任何解释，这些都表明法藏秉持了《梵网经》对声闻戒的排斥态度。但法藏在谈到此戒的"具缘"问题时，列举的第四项是"舍此受彼"，似乎只有具备四项条件，才构成轻垢罪，这与《义疏》认为心中谋划就成轻垢，而决定认为大劣小胜就失戒相比，反倒更为宽松。

义寂《本疏》列戒名为"不背大乘戒"，② 具体解释基本使用了《义疏》的说法，补充了此戒的适用范围，指出"声闻不制，七众共"，也就是说此戒只适用于大乘七众。还增加了"心背大乘，受持二乘"却不失戒的情况，这也许是意识到《义疏》对这个问题的要求过于严格，而作出的一种调整。

明旷《天台菩萨戒疏》更多采用了法藏的观点，戒名同于法藏疏，列举结犯的四项条件、对小乘的态度与法藏疏也基本相同，并进一步指出："菩萨大士佛性为心，背大乘习学邪小罪逾七逆。"③ 将"背大向小"定为比七逆还要重的罪，更严格了大小乘的界限。

智旭《合注》在解释轻戒时，与重戒一样，仍然从"随文释义"、"性遮轻重"等十个方面进行解释。《合注》列此戒名为"心背大乘戒"，④ 从总体上看，《合注》试图综合两系注疏的内容，却显得有些混乱。如《合注》认为此戒"七众同，大小不全共。小是本习，故非犯，计外，得责心罪"。看起来是弥补了小乘习外道的情况，但实际上此戒前面有明确的规定"若佛子，心背大乘经律"，很明显是针对大乘众说的内容。

总之，对于此戒的解释，《义疏》与义寂《本疏》、智旭《合注》较多相似，认为此戒是适用于大乘众的，对怀疑大乘经律的态度比较严格，另一方面对小乘经律却也没有特别的批判。法藏《本疏》与明旷《天台菩萨戒疏》更为一致，一方面对构成此戒的条件有所放松，另一方面对小乘戒律却极为排斥。通过这种比较，我们还可以发现旧疏与新疏的划分

---

① 法藏：《梵网经菩萨戒本疏》卷五，第638页中。
② 义寂：《菩萨戒本疏》卷二，第673页上。
③ 明旷：《天台菩萨戒疏》卷二，第591页上。
④ 智旭：《梵网经合注》卷五，第667页中。

只是一个相对的概念。

第十五戒,《义疏》列戒名为"僻教戒"①,指出了制定此戒的原因:"使人失正道故制。"此戒的适用范围,"七众同犯,大小乘不共,以所习异故"。对内容的科判分为三项:一、举所应教人,二、明应,三、明不应。最后指出开缘:"若见机益物,不犯。"②

法藏《本疏》列此戒名为"法化违宗戒"③,仍然从八个方面解释此戒,其中颇可注意者,是其特别强调不应以二乘小法教化,指出这种做法"违理违愿""违本所宗",在最后还特别引用《大集经》中"劝学小乘是魔业"之语,可见其对小乘之态度。疏中还依据《瑜伽·戒品》列举了开缘不犯的情况。《本疏》对内容的科判与《义疏》不同,分为两项:一、顺理应行,二、违教结犯。

义寂《本疏》列戒名"不僻教授戒",科判采用了《义疏》的说法,文字也多与《义疏》相同,独特之处在于使用《瑜伽师地论》中关于摄善法戒的论述,将此戒归为"摄利他善",并引用了《发菩提心论》的大量文字来解释发菩提心。最后,《本疏》还对"横教"进行解释:"违机倒说故云横教。"如果这样解释,这里的"机"就应该指大乘根机,是说对大乘根机之人说二乘声闻经律外道邪见论等,也就暗含着如果对小乘根机之人说声闻二乘就不犯戒,这也是法藏疏所提到的开缘之一。

明旷《天台菩萨戒疏》列戒名为"化法违宗戒"④,戒名、科判、具缘与法藏疏基本相同,只是更为简略,并缺少开缘。智旭《合注》列戒名为"僻教戒",⑤对此戒解释的特点与对第八戒的解释一样。

第二十四戒,《义疏》列戒名为"不习学佛戒"⑥,解释制戒之意为:"不务所务,不应学者,乖出要之道,故制。"适用范围为:"七众同犯,大小不全共。"接着指出大小乘的区别:"菩萨应大乘在先,不限时节。声闻五岁未满,五法未明,若学失所非急,犯第七聚,此外不制,以自修

---

① 智顗:《菩萨戒义疏》卷二,第 576 页上。
② 同上。
③ 法藏:《梵网经菩萨戒本疏》卷五,第 640 页下。
④ 明旷:《天台菩萨戒疏》卷二,第 592 页上。
⑤ 智旭:《梵网经合注》卷五,第 669 页下。
⑥ 智顗:《菩萨戒义疏》卷二,第 577 页上。

自满故。"① 此处对经文的理解显然有误，《梵网经》此戒明显针对的是大乘众。小乘只是在受戒五年内应专心学律，不能学经论，但却没有学大乘经论的要求。科判，文中说有三项，却只列两项：一、应学而不学，三、举非结过。当有遗漏。最后列举开遮情况：习小助大不犯，为伏外道读其经书亦不犯，学二乘法，为引化二乘令入大乘不犯。并特别指出：如果认为不存在二乘，也犯戒。《义疏》对声闻戒的态度明显受了《菩萨地持经》的影响。

法藏《本疏》列此戒名为"背正向邪戒"②，与第八戒名称相同，也是从八个方面来解释，其中"释名"中充分体现了对小乘的态度："任己无知，随诸恶友，舍大乘之珍宝，习邪小之瓦砾，戒防此失，故以为名。""释文"中，科判有五项：一、学真正，二、明背舍，三、习邪小，四、辨过失，五、结成犯。其中明确认为"正法者，是大乘教法"，对于"二乘"的理解，法藏认为《梵网经》此处是采用了《十地论》七种邪见中"异乘邪见"，《楞伽》二十种外道中"小乘外道"的观点，而未采用《法华经》中"汝等（声闻）行处是菩萨道"的说法，所以"诃不令学"。这也体现了法藏的倾向。关于开缘的情况，法藏列举了三种：为众生暂学；为成自广智；同事调彼，不舍自行。

义寂《本疏》列戒名为"不专异学戒"③，在解释此戒适用范围时纠正了《义疏》的错误，改为"大小不共，所学异故，七众同也"。独特之处是强调了"不听专心习学"，并引用《瑜伽师地论》的文句详细说明开遮情况。

明旷列戒名为"舍真集伪戒"④，"制意"内容与法藏疏基本相同，"具缘"所列三项（一、有大乘，二、不修学，三、集邪小）比法藏疏更为合理。明旷对于邪见的理解比较有特点，一方面他认为除了"无作道品七科法门以外"都"非圆实道，并名邪见"，另一方面又认为"达权即实，顺佛化仪，四悉适时，正助合行，邪正理一，则非犯限"。并引用《维摩诘所说经》"以方便生，是菩萨解"以为证明，体现了一种灵活的

---

① 智顗：《菩萨戒义疏》卷二，第577页上。
② 法藏：《梵网经菩萨戒本疏》卷五，第645页中。
③ 义寂：《菩萨戒本疏》卷二，第678页上。
④ 明旷：《天台菩萨戒疏》卷二，第593页下。

持戒态度。

智旭《合注》列戒名为"不习佛戒"①，在"释文"部分基本依据《义疏》，接着详细列举开遮情况。尤其引人注意的是，《合注》指出："菩萨比丘、比丘尼，不学声闻毗尼，亦犯轻垢"，接着引《戒本经》(《菩萨地持经》)"与声闻不共学戒"的内容来证明菩萨除了从非亲里比丘尼乞衣等六戒外，其他比丘戒也应该学习，并强调"设不学不持，则既犯比丘戒，亦犯菩萨戒，厥罪比声闻加一等"。这种对声闻戒的重视正反映了唐代以后中国佛教戒律以声闻戒为基础的现实。

第三十四戒，《义疏》列戒名为"暂念小乘戒"②，指出制戒的原因，"乖本所习故制"。此戒的适用范围：七众同犯，大小不共。此戒与第八戒"背大向小戒"的区别：第八戒是欲背大向小，心计未成，如果已成，则犯重戒。此戒所制的情况是不想背大，只是认为小乘容易实行，想先学小乘，自己断结之后，再化度众生。科判为二：一、应（包括三项内容：护大乘戒、生大乘信、发大乘心），二、不应。将"二乘外道"理解为："外道者，指二乘为外道。"最后指出了开缘的情况："若权入此道为化，非所制也。"

法藏《本疏》列戒名为"坚持守心戒"③，从名称上看，与《义疏》的侧重点明显不同，"制意"部分也体现了这种不同："谓大菩提心是众行之本，成佛之因，若忘此心则匿其万德，既坏三聚，失于五位，何菩萨之有？故须制也。"可见法藏认为此戒主要是要求坚守菩提心。"具缘"部分，《本疏》列出了三缘：一、厌自大行，二、缘彼果宗，三、舍此求彼，一念便犯。但在"缺缘"部分则指出"各缺皆重方便"，也就是说上列三项，违犯了任意一项都犯轻垢罪。在"通塞"部分中列了四种开缘的情况：若宿习力暂起现行，若新发心暂失念，若示同彼，若调众生。与《义疏》相比，开缘的情况更多，要求似乎有所放松。《本疏》科判为四项：一、制坚持戒，二、制守大信，三、制护大心，四、故违结犯。所说内容与《义疏》基本相同，只是四项放在一个逻辑层次上，而《义疏》

---

① 明旭：《梵网经合注》卷六，第674页中。
② 智𫖮：《菩萨戒义疏》卷二，第378页中。
③ 法藏：《梵网经菩萨戒本疏》卷五，第649页下。

则将前三项放在一个层次，总称为"应"，将后面部分列为"不应"，这也体现了二者关注的重点不一样。此外，《本疏》最后再次（在对轻戒第八戒的解释中引用过）引用《大品般若经》的说法，强调"起一念二乘心则名毁犯菩萨净戒"。对"二乘外道"没有明确的解释。

义寂《本疏》列戒名为"不念余乘戒"①，与《义疏》相比可能将"外道"作为单独的内容，所以制戒的范围更广一些。《本疏》在正式解释此戒之前，先论述此后五戒的属性，指出他们在三聚净戒中属于"摄善戒"，并指出各自的侧重。《本疏》关于此戒制意、适用范围的论述与《义疏》基本相同。科判只列了《义疏》中属于"应"部分的内容，文字与《义疏》基本相同。后面又指出"若起一念下，就后显犯"。可能前面有遗漏，其科判的基本结构与《义疏》应该是相同的。

明旷《天台菩萨戒疏》列戒名为"系念小乘戒"②，制戒原因为："菩萨之心四弘无间，是非污杂，大道难期，故制犯也。"则是结合了《义疏》与法藏《本疏》的说法。"具缘"部分所列与法藏《本疏》基本相同，科判结构与《义疏》相似，分为两项：一、标名立制，二、违制结犯。在具体解释中基本沿用了法藏的说法，有所详略，并对"护持禁戒"进行了较多解释。对"二乘外道"的理解与《义疏》相同。总之，明旷对《义疏》和法藏疏进行了较多的融合。

智旭《合注》列戒名为"暂离菩提心戒"③，"释文"部分中解释与法藏《本疏》基本相同。有一点需要注意：《合注》认为"起二乘心"，只是遮业，"念念非染污犯"。"起外道心，性遮二业，念念是染污犯。"将"二乘外道"明确解释为两类：二乘和外道，对二乘有更多的宽容。《合注》对于此戒适用范围的解释与《义疏》也有区别，指出"七众同，大小不全共"，也就是说大小也有共同的地方，即："同不得起外道心。""开遮"部分，与《义疏》基本相同，只是对象中增加了"外道"。在"修证"部分中指出："圆初信，别初住，通见地，藏初果，永不起外道心。行不退位，永不起二乘心。别地圆住，永不起理中邪小心。"也就是

---

① 义寂：《菩萨戒本疏》卷二，第681页中。
② 明旷：《天台菩萨戒疏》卷二，第595页下。
③ 智旭：《梵网经合注》卷六，第679页中。

说不起二乘外道心，是对于修行到一定阶位的菩萨而言的，反过来说对于没有达到这一阶位的菩萨，是不可能做到不起二乘或者外道心的。如果是这样，对菩萨的这一要求反而很容易落空。

第三十八戒，《义疏》列戒名为"乖尊卑次序戒"①，认为其制戒原因为，"乖乱失仪故制"。此戒适用范围为"七众同，大小俱制"。却没有讨论大小乘的区别。科判三项：一、应次第，二、不应，三、总结应不应义。接着指出"声闻次序出律部"，并列出《十诵律》的一些说法，如卧具法以戒为次，道俗九众的次序不能乱。对于菩萨戒的次序却未作任何说明。或许这是因为智顗既然认为菩萨戒是声闻戒的加行戒，其次序自然应该按照声闻戒的次序。但有几种情况却需要说明，如果分别受了在家菩萨戒和声闻具足戒，其次序应该如何排列？如果出家后未受具足戒，却受了菩萨戒与受具足戒的僧众，次序如何排列？智顗对这些问题似乎都没有考虑。

法藏《本疏》列戒名为"众坐乖仪戒"②，认为制戒原因为"显出世之胜范，摧我慢于世间，顺成三聚之行，故须制也"。在"释文"部分，科判为四项：一、举法总制，二、就人辨定，三、呵违赞顺，四、故违结犯。在第二项中法藏首先列举了一种观点："有人释云：令四众等杂合通坐以明长幼。"四众是指出家比丘、比丘尼和在家优婆塞、优婆夷，这种观点似乎符合《梵网经》的本意，也就是不分出家、在家，一律按受菩萨戒的顺序坐。接着法藏提出了自己的观点："比丘众中自辨尊卑，余众皆尔。是则大小宛然，男女道俗不相合杂。"可见法藏认为出家众和在家众应该分开来坐，出家众按照受戒次序，至于在家众的次序，这里没有涉及，至于受菩萨戒后的情况，也没有探讨。

义寂《本疏》列戒名为"尊卑次第戒"③，制戒意与法藏疏基本相同，适用范围同《义疏》。接着引用了《四分律》中关于次序的规定。然后提出自己的观点："释迦法中既云无别菩萨僧故，准上律行，于理无爽。"也就是应该完全按照声闻律中的规定，以所受戒的等次和先后来排

---

① 智顗：《菩萨戒义疏》卷二，第378页下。
② 法藏：《梵网经菩萨戒本疏》卷六，第651页中。
③ 义寂：《菩萨戒本疏》卷二，第683页中。

座。接下来义寂详细列举了当时存在的几种不同观点：一、完全按照受菩萨戒的先后，不仅出家众如此，在家众也如此，即使奴婢先受戒也要在主人之上。这应该比较符合《梵网经》的本义。二、未受菩萨戒的人要坐在受菩萨戒的人之后，但如果增受了菩萨戒，要依据原来所受声闻戒的次序。这种观点是对《梵网经》和声闻戒的一种调和。三、即上面义寂所赞成的观点，以声闻戒的次序为标准。但声闻律中只谈到出家众的情况，义寂又补充说："在家中亦应以受戒为先，若受声闻五戒，若受菩萨五戒，但先受者为上。"也就是说不管受的是声闻五戒，还是菩萨五戒，都应该按照受戒的先后安排次序。此外，义寂考虑到世俗社会的现实需要，对奴（奴婢）郎（主人）的位次做了特殊的说明："不得以受位次，奴郎位别，本不杂故。设放奴为郎，应随受次。"义寂指出："世间行事，多依后说。"也就是说第三种观点在实践中得到较多的应用。义寂还强调了比丘、比丘尼不能混杂，要分开排次序。

明旷《天台菩萨戒疏》列戒名为"众坐乖法戒"①，制意、具缘、释文中科判与法藏疏大致相同。对于受大小乘戒之后的次序，明旷认为："若先小后大，一切俱开。若先大后小，在大则大，在小则小。"②语意比较模糊，似乎认为，如果是先受声闻戒，后增受菩萨戒就按照声闻戒的次序；如果先受了菩萨戒，后受各种等级的声闻戒，则要根据具体情况，在大乘众中就按受菩萨戒的先后，在小乘众中就按受声闻戒的先后。此外明旷也强调了内外二众（男女）要各自分开来排序。

智旭《合注》列戒名为"乖世尊卑次第戒"③，也许智旭认识到此戒的重要意义，在"释文"部分用了大量的篇幅进行解释，并用问答的方式来解答各种疑惑。概括起来有几点值得注意：一、在《合注》看来坐的次序主要应该按照声闻戒的规定，"百腊比丘尼，不得于初夏比丘前坐，设比丘尼受菩萨戒亦经百腊，犹故不得于初夏小乘比丘前坐，况是菩萨比丘？"④ 二、对于比丘和比丘尼应该在大则大，在小则小，"万万不能以大夺小"。三、对于在家众，不能单纯以受戒先后，而应该分类对待，

---

① 明旷：《天台菩萨戒疏》卷二，第595页下。
② 同上。
③ 智旭：《梵网经合注》卷七，第683页下。
④ 同上。

如国王、王子为一类,长者、宰官、婆罗门、居士等为一类,黄门、奴婢、贱人等为一类,只有在同一类人中才能按受戒先后排序,"固不得紊乱君臣名位也"。《合注》的观点充分体现了汉传佛教中声闻律占据主导的现实和对世俗社会等级的重视。

通过以上分析,我们可以看出《义疏》对声闻(戒)的态度与《梵网经》有着很大的不同,《梵网经》中对小乘的排斥是很明显的,《义疏》却通过各种方式淡化大小乘之间的矛盾,既指出大小乘之间的差别,又不否定声闻戒的意义,进而将菩萨戒作为声闻戒的重要补充和更高要求,并以声闻戒的广律为依据,通过对每一戒条开遮持犯情况的详细说明,将《梵网经》中过高的要求落实为可以操作的内容。这种做法既是因为智顗曾跟随南朝著名的律师慧旷学律,对律藏非常精通,也是因为智顗认识到了声闻律在汉地已经有了很长时间的实践,不能完全抛开。此后的注疏基本上继承了《义疏》思路,不过法藏《本疏》与《梵网经》的思路更为接近,对菩萨的要求更为严格,对小乘的态度更多批判。义寂《本疏》、明旷《天台菩萨戒疏》明显都是综合了前面两种注疏的内容,不过作为新疏系的义寂疏在文字上更多依据《义疏》,作为旧疏系的明旷疏却更多依据法藏疏。智旭《合注》则明显综合了前面的几种注疏,并充分考虑了中国佛教戒律实践的现实状况,表现出对小乘戒律更多的重视。

总之,《义疏》对《梵网经》戒条的解释虽然有些地方过于简单,有些地方存在歧义,但作为现存最早的一本《梵网经》注疏,它对此后的注疏有深远的影响,基本奠定了此后注疏的解释模式,此后大多数注疏在戒条轻重的判释、在构成重戒的要素、在大小乘要求的异同等方面基本沿用《义疏》的框架,这些注疏被称为"旧疏",构成了《梵网经》注疏的主流。属于新疏的法藏《本疏》似乎很少受《义疏》影响,但同样属于新疏的义寂《本疏》却多处使用了《义疏》的观点,甚至很多地方文字基本相同。法藏《本疏》在后代远没有《义疏》那样受重视,一方面,这与文献的保存情况有关,唐末五代,法藏的注疏一度散失,直到宋绍兴年间才从高丽重新请回。[①] 更为重要的是,《义疏》符合了中国佛教的状况,特别是唐代以后在《四分律》成为律学主导的情况下,排斥声闻律

---

① 参见魏道儒《中国华严宗通史》,凤凰出版社2008年版,第211页。

的《梵网经》必须缓和立场才能在实践中得到应用。

此外，考察南北朝时期的戒律学著作，我们发现《义疏》在整个戒律学史上也具有重要价值。南北朝时期，南方盛行《十诵律》，僧人多有弘传研习者，据《高僧传·明律篇》所载的南朝律师有 11 位，附传的有 8 位。《续高僧传》中属于南朝的律师有四人。这些律师大都以研习《十诵律》著名，其中不少人对《十诵律》进行过注疏，如宋释慧猷的《十诵义疏》（8 卷）、齐智称《十诵义记》（8 卷）、梁僧佑《十诵义记》（10 卷）、陈智文《律义疏》（12 卷）、昙瑗《十诵疏》（10 卷）等。北朝律学重视《僧祇律》，直到慧光律师（468—537），《四分律》才真正受到重视，对于《僧祇律》的注疏未见记载，关于《四分律》，道覆作《四分律疏》（6 卷）、慧光作《四分律疏》（4 卷）、道云作《四分律疏》（9 卷，道晖改为 7 卷）、灵裕作《四分律疏》（5 卷）。但这些著作都已经失传，智𫖮注疏《梵网经》肯定参考了南北朝时期律师对《十诵律》《四分律》的注疏方法和内容，但《菩萨戒义疏》却是唯一保存下来的南北朝时期的中国僧人的律疏著作，它在某种程度上也展现这一时期僧人的律学水平。通过它，我们可以看到早期律学的某些面貌。

余论：晋隋时期两次戒律变革与现代借鉴

佛教戒律在释迦牟尼创教过程中开始逐渐制定出来，历经增删修改，成为贯彻于佛教一切修行始终的重要内容。尽管佛教的戒律卷帙数量众多，内容庞大杂乱，异说颇多，矛盾常见，但是，无论在任何历史时期，也无论在任何国家和民族的佛教中，戒律都被认为是支撑佛教信仰不可须臾移动的基石，是否严谨持戒，都被认为是衡量佛教队伍是否纯洁健康、信仰者是否虔诚合格的最重要的标尺。在整个佛教戒律体系中，一些最基本的戒律，甚至被认为是佛教各类信仰者的道德底线，是维护佛教僧团大厦不崩塌的最后一道防线。无论考察古代，还是审视现代，戒律对佛教僧团的极端重要性，对修行者个人的极端重要性，都没有什么根本性的变化。所以，我们研究晋隋时期的两次佛教戒律变革，对于我们认识、理解、瞻望和规划现代佛教制度建设及其未来发展，都有着重要的启示作用和借鉴意义。

释迦牟尼最初制定戒律是针对僧团中出现的不如法行为，戒律的存在就是为了保护佛法，使其能久住世间。从个体的角度讲，持守戒律是为了保证各阶段修行的顺利进行，以便断灭各种烦恼，最终达到涅槃。从僧团角度讲，戒律是为了保持僧团的团结、纯洁，处理好僧团与社会各阶层的关系，与社会各方面和谐相处。戒文中所说的十利，就充分体现了制定戒律的目的："自今已去，与诸比丘结戒。集十句义：一、摄取于僧，二、令僧欢喜，三、令僧安乐，四、令未信者信，五、已信者令增长，六、难调者令调顺，七、惭愧者得安乐，八、断现在有漏，九、断未来有漏，十、正法得久住。"① 释迦牟尼临涅槃之时，叮嘱弟子"以戒为师"，重视

---

① 《四分律》卷一，第569页下。

戒律由此成为佛教的传统。

总体而言，早期佛教戒律也涉及与社会各层面的关系，但更强调个体的解脱，更多体现的是一种出离心。早期佛教戒律体现了因地因时制宜的灵活精神，很多戒条就是根据不断出现的新情况经过反复修订完善而成的。释迦牟尼涅槃不久，以摩诃迦叶为代表的上座比丘放弃了佛陀曾经提到过的"舍小小戒"和"随方毗尼"的原则，主张严格执行佛陀所制定的戒律，具有强烈的保守主义倾向。在相当长的时间里，这种主张在僧团中占据上风。尤其到了部派佛教时期，对待戒律的保守主义、教条主义倾向更为严重。

大乘佛教出现后，无论在教理方面还是在修行方面，都提出了与小乘佛教不同的要求，《大般若经》用三句话很好地概括了大乘佛教的基本精神："菩萨摩诃萨应发一切智智心，大悲为上首，以无所得而为方便。"①"一切智智心"就是志求佛道的无上菩提心，这与声闻道志求解脱的出离心是有很大差异的。小乘佛教注重出离心，就要尽量跟外人少接触，少麻烦，少事、少业；大乘行人要发起菩提心，就必须要面对种种境界去历练。"大悲为上首"，也就是菩萨要以众生之苦乐为苦乐，济拔众生之苦，菩萨是悲悯众生之苦而上求佛道，不同于声闻之厌苦、离苦。"无所得而为方便"则是指菩萨通达我法皆空，得空之巧用，能行六度之行，不同于声闻只知我空，不能同情众生，只求自己趣入涅槃。大乘佛教既然与小乘佛教有很大不同，原来的声闻戒律就很难满足菩萨修行的需要，因此在戒律方面出现了建立菩萨戒的要求。或者说菩萨戒正是伴随着大乘佛教的出现而出现的，正如王邦维所言："兴起反对小乘佛教形式主义拘束的，是大乘精神及大乘戒的思想。大乘戒是把大乘利益众生的理论推而广之，应用到原来部派的戒律的某些条文上，作一些修改、补充和扩大而已。这些所谓的大乘戒律，都是随着大乘学说的发展而逐步形成的。"②

早期的大乘经典（如般若类、宝积类、法华类等）基本上都是以"十善道"统摄戒律，体现了菩萨戒摆脱声闻戒条形式主义束缚和注重发心的特点。到了《华严经》中，开始具备三聚净戒的雏形，菩萨一切止

---

① 《大般若波罗蜜经》第五十一卷，第290页中。
② 王邦维校注：《南海寄归内法传校注》，中华书局1995年版，"前言"第84、85页。

恶、行善、利生的行为都被纳入戒律的范围。但心戒不容易持守，过分强调发心就会冲淡戒律的约束力，随着大乘佛教的发展，出现了对戒律严格要求的倾向，在《大般涅槃经》《大集经》以及一些密教经典中，除了要求严守声闻戒外，提出了更多的条目作为菩萨应该持守的戒律，以体现菩萨戒的殊胜。此后一些大乘经典更加注意区分菩萨戒与声闻戒的不同，并逐渐把散见于各经中的有关大乘戒律的内容总集起来，最终形成了以《瑜伽师地论·菩萨地》为依据的菩萨戒，建立了以摄律仪、摄善法、摄众生为内容的菩萨三聚净戒之基本框架。但《瑜伽》系菩萨戒是以声闻七众戒为基础的，其摄律仪戒就是指声闻戒，因此受菩萨戒之前必须先受七众戒，这一方面体现了以菩萨戒包含一切戒的努力，另一方面又没有完成建立独立菩萨戒的任务。大致说来，菩萨戒与声闻戒的不同主要体现在三个方面：一是对烦琐戒条的综合与简化。无论是以十善道总摄一切戒，还是以三聚净戒概括菩萨戒都体现了这种倾向。二是重视心法的作用，相对于具体的戒条，发心具有更重要的意义。三是重视体现大乘佛教自度度他的精神。如果说声闻戒注重个人的解脱，那么菩萨戒却是在保证自度的基础上，更加重视度他、利生方面的行为。

　　佛教在汉代传入中国，戒律的传入却迟至三国时期，而且当时只是抽译广律中的戒条。此后四百多年，汉传佛教戒律主要依据声闻戒律。由于缺少广律的详细开遮，汉地僧人在理解戒律方面存在很多困惑，在持守戒律方面存在各行其是的现象。5世纪初，属于声闻戒的广律与菩萨戒经典都被比较完整地传译到汉地，引发了佛教界对戒律的广泛重视，为中国佛教带来了新的生机。但由于汉地的地理环境、文化传统、生活习俗与印度有着很大差异，在古印度社会背景下产生的烦琐声闻戒律很难被严格遵守；另外，汉传佛教虽大小乘兼具，却以大乘为主，对于菩萨戒的渴求更为普遍而强烈，菩萨戒在汉地逐渐盛行。最先受到重视的是《瑜伽》系菩萨戒，这与昙无谶翻译《菩萨地持经》并传授菩萨戒有很大关系。以声闻戒为基础的《瑜伽》系菩萨戒虽秉持了大乘佛教的精神，却无法抛开声闻戒的烦琐条文，汉地佛教界开始了建立独立菩萨戒的探索。北魏太武帝的灭佛使这一探索显得更为迫切，《梵网经》便是在这种情况下出现的。因此，《梵网经》的出现，标志着晋隋时期第一次佛教戒律变革的出现，这次戒律变革既有着重要的宗教信仰原因，又有着深刻的社会原因。

无论是从文献著录该经情况考察，还是从该经具体内容分析，《梵网经》都是一部在汉地形成的经典，地点在北方，时间在北魏太武帝灭佛之后。《梵网经》综合了各种大小乘戒律条文中的重要内容，既不违背佛教的基本精神，又体现了大乘菩萨慈悲利他和注重发心的特点；《梵网经》排除了声闻戒的干扰，混一僧俗，可以单独授受，基本上完成了建立独立菩萨戒的任务；《梵网经》充分考虑了汉地的文化传统和现实政治，具有极大的适应性，为汉传佛教戒律实践提供了一种新的可能。《梵网经》也存在着很大不足，它既要求混一僧俗，又缺少建立新的修行团体的具体规范；它强调发心，却又缺少具体可操作的规定。更何况在声闻戒已经长期实行的情况下，取消僧团特殊性的倾向必然会很难化解现实中的各种利益纠纷。因此，《梵网经》在很长一段时间内并没有受到足够重视，直到梁武帝大力提倡和慧皎为其作注疏，才逐渐在佛教界流传开来。

《梵网经》菩萨戒在汉传佛教中地位的确立，与天台智𫖮的重视密不可分。智𫖮注疏《梵网经》，开启了晋隋时期佛教戒律的第二次变革。智𫖮生活在从南北政治长期分裂逐渐走向统一的时代，各种利益在政治形势从乱到治中不断整合，各种思潮在社会从动荡到稳定中不停激荡。佛教界的状况也是如此，思想上众说纷纭，戒律的持守上各行其是。北周武帝的灭佛又使佛教界弥漫着浓厚的末法思想。如何整合各种学说，建立一种适合中国文化传统的修行体系？在戒律方面，如何会通声闻戒与菩萨戒，建立统一的规范？这是佛教界面临的重要任务，很多以弘扬佛法为己任的高僧大德进行了深入思考，做出了多种努力，智𫖮就是其中杰出的代表。智𫖮服膺以《法华经》《涅槃经》为代表的大乘教义，并以此为依据建立了以"止观"为核心的天台修行体系，建立了中国第一个具有浓厚本土文化特色的佛教宗派天台宗。在戒律方面，智𫖮也试图融汇大小乘，形成一家之言，注疏《梵网经》就是他在这一方面的集中努力。智𫖮具备深厚的大乘教理素养，早年又曾跟随慧旷律师学习并精通《十诵律》，对声闻戒律的基本规定了然于心。智𫖮赞赏《梵网经》所体现的大乘菩萨精神，不满《梵网经》在实践中遇到的困惑，试图以声闻律为标准来解释《梵网经》，并以《梵网经》的精神来指导戒律的持守。智𫖮《菩萨戒义疏》综合了声闻戒律的有关内容，利用了《瑜伽》系菩萨戒和其他大乘经的观点，形成了比较完整的菩萨戒理论，填补了《梵网经》菩萨戒在戒律理论方面的空白。《义疏》也详细解释了每一戒条的开遮持犯，把《梵网经》菩萨戒模糊的要求落到实处。总之，《义疏》奠定了此后解释《梵网经》的基本思路，也确立了《梵网经》在汉传佛教菩萨戒中的地位。不过，《义疏》在某种程度上也改变了《梵网经》混一僧俗、取代声闻戒的基本倾向，将《梵网经》彻底的革命精神转变为承认现实基础上对具体问题的修修补补。

应该说，《梵网经》和《菩萨戒义疏》都出现在佛教遭受过巨大打击之后，都是佛教界为弘扬佛法，使正法久住而采取的方法，都是在遵循佛教基本精神，考虑时代现实需要的基础上，对戒律作出的调整。但是，二者体现了戒律变革的两种趋势：一、抛开原有的框架，将已有的规定综合简化，淘汰不适应时代要求的规定，增加新的能适应时代发展要求的规定，重新整合出可以实践的条文。这是一种较为激进的态度，不一定违背佛教的基本精神，在传统深厚的地方却容易遭到反对。这是《梵网经》的出现及其在实践中的状况给我们的启示。二、不抛弃原有的框架，但对具体条文采取灵活态度，对其开遮情况根据现实需要随时调整。这是中国佛教对戒律的主流立场和态度，在道宣律师创立南山律宗之后，这一基本立场和态度就牢固确定下来了。早于道宣一百多年的智𫖮，可以说是坚持这一立场的先驱人物。差别在于，智𫖮的立场和态度在诠释《梵网经》上体现出来，道宣的立场和态度是在诠释《四分律》上体现出来。他们主要依据的律本不同，却都是以声闻戒律为基础来理解菩萨戒。

《梵网经》菩萨戒的根本要求在汉传佛教中最终没有付诸实践，这既是历史的惯性，也与《梵网经》本身的缺陷有关。《梵网经》菩萨戒更多强调了与他人、与社会的关系，却相对忽视了个人威仪和僧团运行的方面。作为一个修行的团体，这些方面往往具有最基础的意义，不能够被忽略。《义疏》虽补充了《梵网经》菩萨戒开遮持犯的具体要求，但却无法弥补以上方面的不足。随着道宣律师创立的南山律宗成为中国律学的主流，以声闻律为基础会通发挥大乘精神的原则取代了《梵网经》等以大乘精神抉择声闻戒条的原则，《梵网经》菩萨戒又回到了声闻戒附加戒的位置，《梵网》戒与声闻戒的矛盾不再被重视。不过在隋唐时期，直到宋代，《梵网经》菩萨戒在社会上曾有很大影响，在家和出家人都可以受菩萨戒，授戒的规模也很大，如宋僧继忠："每岁正月上八于郡中授菩萨戒，行放生事，士庶尝至数万人。"① 从现存的各种菩萨戒仪②看，这时的菩萨戒基本上以《梵网经》《璎珞经》为主，综合了《瑜伽》系菩萨戒的说法。南宋以后，随着禅宗清规的盛行，南山律逐渐衰落，正如圣严法师所言："元代蒙人入主中原以后，中国的佛教，已经到了强弩之末的时期，律宗更是寂寞的可怜了。……同时由于南宋以后的禅宗，曾经一度盛行，故对唐宋之间的诸家律学撰述，既然无人问津，也就散失殆尽。"③在整个戒律不兴的情况下，《梵网经》菩萨戒也越来越徒有其名。明代曾一度出现戒律复兴的势头，并最终确定了三坛大戒（沙弥戒、具足戒、菩萨戒）的授戒模式，《梵网经》菩萨戒成为最后一坛，成为受具足戒之后的比丘（尼）才能授受的戒律，在家人则被排除在外。

　　近代以来，随着中国佛教的复兴，戒律又再度被重视，戒律主要沿着两个方面发展，一是以弘一大师为代表的重振传统戒律（南山律）的努力，二是以太虚大师为代表的推进僧伽制度的改革。弘一法师出家后，一开始对义净所传根本说一切有部的戒律推崇备至，后在徐蕴如居士劝说下转向对南山《四分律》的研究，此后专以弘扬南山律为己任，他认为正法能否久住，在于《四分律》能否实践。改革开放后，曾随侍弘一法师多年的圆拙法师继承弘一法师遗愿，主持福建广化寺，创办福建佛学院，坚持弘扬南山律，培养了不少精通戒律的弘法人才，有所谓五比丘学戒的典故。④ 大致说来，这一派坚持南山律的主体地位，主张在南山律的框架内对戒条的开遮持犯有所调整。现在大陆佛教界重视戒律的道场大都秉持这种态度。太虚大师一生致力于人生佛教的建设和佛教改革运动，提出和推进"教理革命""教制革命""教产革命"的三大目标，其中"教制革命"就是在吸收一些西方思想，也包括日本思想的基础上建立具有现代思潮的僧伽制度，这种制度体现在戒律方面虽然仍以南山律为主要依据，但与传统的戒律已经有很大差异。太虚大师的思想主要被他的一些弟子们

---

① 明河：《补续高僧传》卷二，《卍续藏》第 77 册，第 377 页上。
② 唐代出现的菩萨戒仪有：署名慧思，实际上应为天宫惠威所作的《受菩萨戒仪》，天台湛然的《授菩萨戒仪》、明旷《天台菩萨戒疏》中的戒仪等。
③ 圣严：《戒律学纲要》，第 20 页。
④ 五比丘为界诠（现任平兴寺方丈）、济群（现任西园寺戒幢佛学研究所所长）、演莲、性光、毅然（担任过广化寺方丈），他们都积极弘扬南山律。24 岁就被圆拙法师推为广化寺方丈的学诚法师，在其弘法过程中也特别强调南山律的重要性。

在台湾发扬光大，台湾佛教在戒律方面相对灵活的态度和诸多西方文化的因素多少都来自太虚大师的影响。历史的发展有很多相似，近代以来汉传佛教对戒律的两种倾向与《梵网经》和《菩萨戒义疏》所代表的两种方式是非常相似的，只要由具有真正宗教信仰和修持的人士来提倡和推行，两种方向的努力都可以发挥佛教的积极作用。

当前大陆佛教的发展有很多机遇，也面临着不少挑战，经过三十多年的努力，佛教界已经积累了足够的物质财富，也培养了不少学修具足的僧才，要进一步发挥佛教在文化和社会建设中的作用，必须进一步落实"以戒为师"的思想，使佛教道场更为清净庄严。对于"以戒为师"中"戒"的具体内容是什么，教界和学界都进行了不少探讨，一些道场也在切实实践中探索。本书通过对历史上菩萨戒相关问题的梳理，提出以下三个方面的认识，作为理解、瞻望和规划现代佛教制度建设及其未来发展的借鉴。

第一，开放的立场和态度。戒律是佛教基本原理在实践中的具体体现，属于一种行为规范。从声闻戒到菩萨戒，从印度的菩萨戒到中国的菩萨戒，这一演变过程表明，戒律既有基本的内容、规范、原则，也应根据时代、地域、民族、社会的变化而在各方面发生不同程度的变革。这就需要对戒律的变化、对具体戒律条文的增删修改抱持开放的态度和立场，不能把墨守成规、一成不变作为原则。

第二，不求单纯划一，两种方式并行不悖。隋唐以后中国佛教戒律虽以《四分律》为主，以《梵网经》菩萨戒为辅，但在实践中很多戒条都没有落到实处，这既与整个中国佛教的风气有关，也与很多戒律条文不适应中国社会密不可分。现在要实现戒律变革，将戒律的精神落到实处，就必须改变名不副实的状况，当务之急就是要对历史上各种声闻戒和菩萨戒的内容进行抉择，确定"以戒为师"中"戒"的具体内容。本书认为《梵网经》菩萨戒在这方面曾经做过大胆的尝试，它侧重于对菩萨精神的阐发，为以后的戒律变革提供了基本的要求：要以大乘精神为指导，要把烦琐的戒条简约化。《菩萨戒义疏》以声闻戒为依据，将《梵网经》过高的要求落到实处，相对保守，却较多考虑了当时声闻戒被普遍接受的情况。这就提示我们：变革必须尊重传统和现实，要适当考虑已形成的各种利益关系，否则激进的变革容易走向极端或落不到实处。纵观汉传佛教戒律实践的历史，笔者认为戒律的持守在大部分时间内不可能也不必统一于一种模式，《梵网经》和《菩萨戒义疏》（或者南山律）所代表的两种方式都可以在一定范围内实践，当代台湾佛教和大陆佛教的实践也证明了这一点。

第三，《梵网经》菩萨戒可以作为居士团体的戒律依据。佛教在中国传统社会之所以发挥了重要作用，成为中国传统文化中重要的文化基因，主要通过两种途径，一是一些高僧大德的带动，特别是宋代以后，佛教界不能很好地持守戒律，僧伽佛教的状况很大程度上取决于个别僧人的素质，如果哪一个时代出现了几位高僧大德，这个时代的佛教就会有声有色，反之，则会沉寂无闻。如果说佛教的本意是"依法不依人"，中国佛教在很长一段时间内却是"依人不依法"。二是一些社会精英分子（士大夫）的提倡、宣扬，他们作为居士把佛教的基本理念融入中国主流文化之中，并通过上行下效，带动整个佛教文化的发展，这就是所谓的居士佛教。居士对汉传佛教的影响非常大，特别是宋代以后，僧伽佛教逐渐衰落，居士的作用更为彰显。近代佛教的复兴就是从杨文会居士创办金陵刻经处开始的。以杨文会、欧阳竟无、吕澂等为代表的居士佛教正是推动近代佛教发展的两股主要力量之一。当代汉传佛教的发展也同样离不开居士佛教的作用。居士佛教有一个缺点，就是组织性比较弱。因此建立较为固定的居士团体，应该是居士佛教发展的方向。团体的运行需要遵守共同的规范，相比而言，在家居士所受五戒过于简单，只能提供个人行为的依据，还不能维持一个团体的运作。《梵网经》菩萨戒在日本比叡山僧团中曾长期实践过，是可以维系一个团体正常运行的，如能剔除其中一些不合时宜的规定，区分在家与出家的特殊要求，倒不妨作为居士修行团体的戒律依据。[①]

[①] 笔者曾在山东省青州市新建的龙兴寺里游览，意外地发现宣传栏里写着："居士受十重四十八轻戒"，由于机缘不具足，对于这条规定具体实践的情况，笔者没有搞清楚，但至少说明，佛教界也已经开始了尝试。

参考文献

（一）佛教典籍

1. 《阿毗达磨俱舍论》，《大正藏》第 29 册。
2. 《成实论》，《大正藏》第 32 册。
3. 《成唯识论》，《大正藏》第 31 册。
4. 《大般涅槃经》，《大正藏》第 12 册。
5. 《大般若波罗蜜多经》，《大正藏》第 5 册。
6. 《大宝积经》，《大正藏》第 11 册。
7. 《大方等大集经》，《大正藏》第 13 册。
8. 《大方等陀罗尼经》，《大正藏》第 21 册。
9. 《大方广佛华严经》，《大正藏》第 9 册。
10. 《大毗婆沙论》，《大正藏》第 27 册。
11. 《大萨遮尼乾子所说经》，《大正藏》第 9 册。
12. 《大智度论》，《大正藏》第 25 册。
13. 《梵网经》，《大正藏》第 24 册。
14. 《佛垂般涅槃略说教诫经》，《大正藏》第 12 册。
15. 《佛说灌顶拔除过罪生死得度经》，《大正藏》第 21 册。
16. 《佛说决定毗尼经》，《大正藏》第 12 册。
17. 《佛说菩萨内戒经》，《大正藏》第 24 册。
18. 《佛说优婆塞五戒相经》，《大正藏》第 24 册。
19. 《根本说一切有部毗奈耶》，《大正藏》第 23 册。
20. 《解深密经》，《大正藏》第 16 册。
21. 《金刚顶经大瑜伽秘密心地法门义诀》，《大正藏》第 39 册。
22. 《楞伽阿跋多罗宝经》，《大正藏》第 16 册。

参考文献

23. 《妙法莲华经》，《大正藏》第 4 册。
24. 《摩诃般若波罗蜜经》，《大正藏》第 25 册。
25. 《摩诃僧祇律》，《大正藏》第 22 册。
26. 《毗尼母经》，《大正藏》第 24 册。
27. 《菩萨地持经》，《大正藏》第 30 册。
28. 《菩萨善戒经》，《大正藏》第 30 册。
29. 《菩萨璎珞本业经》，《大正藏》第 24 册。
30. 《清净毗尼方广经》，《大正藏》第 24 册。
31. 《仁王般若波罗蜜护国经》，《大正藏》第 8 册。
32. 《萨婆多毗尼毗婆沙》，《大正藏》第 23 册。
33. 《胜天王般若波罗蜜经》，《大正藏》第 8 册。
34. 《十地经论》，《大正藏》第 23 册。
35. 《十诵律》，《大正藏》第 23 册。
36. 《十住毗婆沙论》，《大正藏》第 27 册。
37. 《四分律》，《大正藏》第 22 册。
38. 《维摩诘所说经》，《大正藏》第 14 册。
39. 《五分律》，《大正藏》第 22 册。
40. 《虚空藏菩萨经》，《大正藏》第 13 册。
41. 《优婆塞戒经》，《大正藏》第 24 册。
42. 《瑜伽师地论》，《大正藏》第 30 册。
43. 《杂阿含经》，《大正藏》第 2 册。
44. 《增一阿含经》，《大正藏》第 2 册。
45. 《长阿含经》，《大正藏》第 1 册。
46. 《中阿含经》，《大正藏》第 1 册。
47. 道宣：《大唐内典录》，《大正藏》第 55 册。
48. 道宣：《广弘明集》，《大正藏》第 52 册。
49. 道宣：《新删定四分僧戒本》，《卍新纂续藏经》第 39 册。
50. 道宣：《续高僧传》，《大正藏》第 50 册。
51. 道宣：《四分律删繁补阙行事钞》，《大正藏》第 40 册。
52. 法藏：《梵网经菩萨戒本疏》，《大正藏》第 40 册。
53. 法经等：《众经目录》，《大正藏》第 55 册。

54. 法砺：《四分律疏》，《卐续藏》第 41 册。
55. 法云：《妙法莲华经义记》，《大正藏》第 33 册。
56. 费长房：《历代三宝纪》，《大正藏》第 49 册。
57. 灌顶：《观心论疏》，《大正藏》第 46 册。
58. 灌顶：《国清百录》，《大正藏》第 46 册。
59. 灌顶：《隋天台智者大师别传》，《大正藏》第 50 册。
60. 慧皎：《高僧传》，中华书局 1992 年版。
61. 慧思：《南岳思大禅师立誓愿文》，《大正藏》第 46 册。
62. 慧思：《诸法无诤三昧法门》，《大正藏》第 46 册。
63. 慧远：《大乘义章》，《大正藏》第 44 册。
64. 慧远：《十地义记》，《卐续藏》第 45 册。
65. 吉藏：《法华义疏》，《大正藏》第 34 册。
66. 吉藏：《胜鬘宝窟》，《大正藏》第 37 册。
67. 靖迈：《古今译经图记》，《大正藏》第 55 册。
68. 静泰：《众经目录》，《大正藏》第 55 册。
69. 灵芝：《芝苑遗编》，《卐续藏》第 105 册。
70. 明旷：《天台菩萨戒疏》，《大正藏》第 40 册。
71. 明佺等：《大周刊定众经目录》，《大正藏》第 55 册。
72. 仁岳：《菩萨戒经疏注》，《卍续藏》第 38 册。
73. 僧祐：《出三藏记集》，《大正藏》第 55 册。
74. 神智从义：《法华三大部补注》，《卍续藏》第 44 册。
75. 王邦维校注：《南海寄归内法传校注》，中华书局 1995 年版。
76. 彦琮等：《众经目录》，《大正藏》第 55 册。
77. 义寂：《菩萨戒本疏》，《大正藏》第 40 册。
78. 与咸：《梵网经菩萨戒经疏注》，《卍续藏》第 59 册。
79. 元晓：《梵网经菩萨戒本私记》，《卐续藏》第 38 册。
80. 元照：《四分律删补随机羯磨疏济缘记》，《卐续藏》第 41 册。
81. 圆照：《贞元新定释教目录》，《大正藏》第 55 册。
82. 云栖袾宏：《梵网经菩萨戒义疏发隐》，《大正藏》第 38 册。
83. 赞宁：《大宋僧史略》，《大正藏》第 54 册。
84. 赞宁：《宋高僧传》，《大正藏》第 50 册。

85. 智旭：《梵网经玄义》，《卍续藏》第 60 册。
86. 智旭：《佛说梵网经菩萨心地品合注》，《卍续藏》第 38 册。
87. 智顗：《法华文句》，《大正藏》第 34 册。
88. 智顗：《法华玄义》，《大正藏》第 46 册。
89. 智顗：《法界次第初门》，《大正藏》第 46 册。
90. 智顗：《摩诃止观》，《大正藏》第 46 册。
91. 智顗：《菩萨戒义疏》，《大正藏》第 40 册。
92. 智顗：《释禅波罗蜜次第法门》，《大正藏》第 46 册。
93. 智顗：《四念处》，《大正藏》第 46 册。
94. 智顗：《维摩玄疏》，《大正藏》第 38 册。

（二）论著

1. 董平：《天台宗研究》，上海古籍出版社 2002 年版。
2. 董群：《禅宗伦理》，浙江人民出版社 2000 年版。
3. 杜继文：《佛教史》，江苏人民出版社 2005 年版。
4. 葛兆光：《中国思想史》，复旦大学出版社 1998 年版。
5. 何劲松：《韩国佛教史》，社会科学文献出版社 2008 年版。
6. 黄永武主编：《敦煌宝藏》，新文丰出版 1981 年版，第 116 册，伯二一九六号。
7. 季芳桐：《佛说梵网经》，佛光文化事业有限公司 1997 年版。
8. 康乐：《素食与中国佛教》，《礼俗与宗教》，中国大百科全书出版社 2005 年版。
9. 劳政武：《佛教戒律学》，宗教文化出版社 1999 年版。
10. 李四龙：《天台智者研究——兼论宗派佛教的兴起》，北京大学出版社 2003 年版。
11. 吕澂：《印度佛学源流略讲》，上海人民出版社 2002 年版。
12. 吕澂：《中国佛学源流略讲》，中华书局 2006 年版。
13. 潘桂明、吴忠伟：《中国天台宗通史》，凤凰出版社 2008 年版。
14. 潘桂明：《智顗评传》，南京大学出版社 1996 年版。
15. 任继愈主编：《中国佛教史》，中国社会科学出版社 1985 年版。
16. 圣凯：《中国佛教忏法研究》，宗教文化出版社 2004 年版。

17. 圣凯：《中国汉传佛教礼仪》，宗教文化出版社 2001 年版。
18. 圣严：《戒律学纲要》，深圳弘法寺 1978 年再版。
19. 圣严：《菩萨戒指要》，法鼓文化事业股份有限公司 2005 年版。
20. 释印顺：《原始佛教圣典之集成》，正闻出版社 1994 年版。
21. 苏晋仁：《高僧传》，《中国佛教》（第四册），知识出版社 1989 年版。
22. 汤用彤：《汉魏两晋南北朝佛教史》，北京大学出版社 2007 年版。
23. 汤用彤：《隋唐佛教史稿》，北京大学出版社 2010 年版。
24. 王建光：《新译梵网经》，海啸出版事业有限公司 2005 年版。
25. 王建光：《中国律宗通史》，凤凰出版社 2008 年版。
26. 王仲荦：《魏晋南北朝史》，上海人民出版社 1979 年版。
27. 魏承思：《中国佛教文化论稿》，上海人民出版社 1991 年版。
28. 魏道儒：《中国华严宗通史》，凤凰出版社 2008 年版。
29. 夏德美：《南朝僧尼与佛教中国化》，花木兰出版社 2012 年版。
30. 严耀中：《佛教戒律与中国社会》，上海古籍出版社 2007 年版。
31. 颜尚文：《梁武帝》，东大图书公司 1999 年版。
32. 演培释、能度记：《梵网经菩萨戒本讲记》上册，天华出版股份有限公司 1978 年版。
33. 杨曾文：《唐五代禅宗史》，中国社会科学出版社 1999 年版。
34. 杨维中：《中国唯识宗通史》，凤凰出版社 2008 年版。
35. 湛如：《敦煌佛教律仪制度研究》，中华书局 2011 年版。
36. 张风雷：《智𫖮评传》，京华出版社 1995 年版。
37. 张国刚：《佛学与隋唐社会》，河北人民出版社 2002 年版。
38. 张运华：《中国传统佛教仪观》，香港中华书局 1997 年版。
39. 周叔迦：《周叔迦佛学论著全集》，中华书局 2006 年版。
40. 张曼涛主编：《律宗概述及其成立与发展》，大乘文化出版社 1978 年版。
41. 张曼涛主编：《律宗思想论集》，大乘文化出版社 1981 年版。
42. ［日］平川彰：《印度佛教史》，商周出版社 2002 年版。
43. ［日］境野黄洋：《支那佛教史讲话》，东京共立社 1927 年版。
44. ［日］望月信亨：《中国净土教理史》，慧日讲堂 1974 年版。

45．［日］望月信亨：《净土教之起源与发展》，《佛教经典成立史论》，（京都）法藏馆1946年版。

46．［日］大野法道：《大乘戒經の研究》，东京理想社1954年版。

47．［日］镰田茂雄：《中国佛教通史》第四册，佛光出版社1993年版。

48．［日］上田天瑞：《戒律の思想と歴史》，密教文化研究所1976年版。

49．［日］土桥秀高：《戒律の研究》，京都永田文昌堂1980年版。

50．［日］佐藤达玄：《戒律在中国佛教的发展》，乡光书香出版社1997年版。

51．马克斯·韦伯：《印度的宗教》，康乐、简惠美译，远流出版事业有限公司1996年版。

（三）论文和论文集

1．曾其海：《智凯对佛教忏法的贡献》，《台州学院学报》2010年第8期。

2．陈英善：《大乘菩萨道与儒家伦理》，《中华佛学学报》第12期，1999年7月。

3．陈英善：《论述天台智者的次第戒圣行》，《圆光佛学学报》创刊号，1993年12月。

4．陈英善：《天台智者的戒体论与〈菩萨戒义疏〉》，《佛学研究中心学报》第5期，2000年7月。

5．弘一：《梵网经菩萨戒本浅释》，《弘一大师全集》（第一册），福建人民出版社1992年版。

6．弘一：《梵网十重戒诸疏所判罪相缓急异同表》，《弘一大师全集》（第一册），福建人民出版社2010年版。

7．赖姿蓉：《〈菩萨戒义疏〉之研究》，硕士学位论文，中华佛学研究所，1993年。

8．刘亚明：《中国汉传佛教忏悔思想研究》，博士学位论文，四川大学，2005年。博士学位。

9．吕澂：《律学重光的先决问题》，《吕澂集》，中国社会科学出版社

1995 年版。

10. 屈大成：《从古文献记载论〈梵网经〉之真伪》，《普门学报》第 38 期；《从文本论〈梵网经〉之真伪》，《普门学报》第 39 期。

11. 太虚：《梵网经与千钵经抉隐》，《太虚文选》（下），上海古籍出版社 2007 年版。

12. 太虚：《优婆塞戒经在佛法中之位置》，摘录自《优婆塞戒经讲录》，《太虚大师全书》第十六册，善导寺 1980 年版。

13. 徐强：《汉唐佛教戒律传译研究》，硕士学位论文，四川大学，2005 年。

14. 杨曾文：《佛教戒律和唐代的律宗》，《中国文化》1990 年第 2 期。

15. 印光：《梵网经菩萨戒集证序》，《印光大师文钞》续编下，宗教文化出版社 2011 年版。

16. 印顺：《"律宗教义及其纪传"序》，载《华雨集》第五册，中华书局 2011 年版。

17. 印顺：《论毗舍离七百结集》，《华雨集》第三册，中华书局 2011 年版。

18. 于淑健：《敦煌本〈和菩萨戒文〉考论》，《敦煌研究》2008 年第 1 期。

19. 赵以武：《关于梁武帝"舍道事佛"的时间及其原因》，《嘉应大学学报》（哲学社会科学版）1999 年第 10 期。

后　记

博士后出站报告要出版了，一段难忘的学习阶段画上了句号，虽然感到十分疲惫，心中却充满了喜悦和感动。

2011年9月，我进入中国社会科学院世界宗教研究所博士后科研流动站工作。在合作导师魏道儒先生的指导下，经过两年的努力，于2013年9月提交了约16万字的出站报告。答辩通过，出站之后，在魏老师的建议和指导下，又经过反复修改，形成了29万字左右的书稿，就是呈现在读者朋友面前的这本小书。

本科及研究生时期的十年史学训练，让我懂得学问的大厦只能建立在厚重坚实的史料基础上；国家机关的六年行政工作，使我明白真正的学术应该具有炽热的现实关怀和开阔的精神视野。转眼之间，已近不惑之年。回首以往，虽然经过了太多的曲折，值得庆幸的是，我依然没有忘记自己的初心，依然保持着对学问的执着追求。

到中国社会科学院工作，终于开始了自己期盼已久的研究生活，读书、思考、写作，简单而朴素；终于可以沿着已经确定的方向一直探索前行，用勤劳获得的一点一滴的研究心得，去充实有价值的学术论著，去解决有意义的理论问题。

我对佛教的兴趣不仅由来已久，而且有着躲不开的因缘。2004年当我正仰慕魏晋名士的风流，沉浸于魏晋玄学的思辨时，却发现佛学竟能把这种思辨推向新的高度。从此，佛教与中国文化的关系便成为我关注的重要问题。博士论文《南朝僧尼与佛教中国化》从僧尼的孝亲观、地域观，僧尼与政治的关系，以及素食、舍身等具体的社会文化现象探讨两种文化之间的冲突与融合。这种研究可以尽量客观地再现佛教生动的历史细节和过程，但对于佛教核心部分的教理思想而言，还是属于比较外围的社会史研究范畴。出站报告以《梵网经》菩萨戒以及智者的注疏为切入点，探索晋唐之间佛教戒律思想的两次重大变革，描述佛教戒律适应中国传统社会的具体进程。相对说来，这已经涉及了佛教教义的基本问题，与博士论文相比，在研究佛学方面算是深入了一步，前进了一步。我计划今后还将沿着这一基本方向，更多关注佛教的教义、思想，希望可以通过对一些基本概念范畴的梳理，以小见大，对一些重大问题形成自己的看法和理解。

能够重新回到学术之路上来，要特别感谢我的博士后导师魏道儒先生。四年来，他对学问的严谨认真，他看问题时的高屋建瓴，使我获益良多。在出站报告的写作、修改过程中，魏老师从选题、结构、观点到具体的文字都提出了重要的修改意见，保证了书稿的顺利完成。

在出站报告撰写过程中，得到了许多老师的指导和帮助。我的博士导师曹文柱先生不顾体弱多病，阅读了整个书稿，提出了许多重要意见，令我十分感动。郑晓筠老师、尕藏加老师、周齐老师参加了我的中期考核，对开题报告提出了修改意见。张风雷老师、成建华老师、何劲松老师、尕藏加老师参加了我的出站报告答辩会，为进一步修改提出了宝贵意见。佛教室的纪华传老师、杨健老师、周广荣老师对我所关注的问题也给予了很多指导。对各位老师的关心、指导和帮助，在此表示由衷的谢意！

最后，我要感谢中国社会科学院创新工程为本书出版提供资助，感谢责任编辑韩国茹女士为本书付出辛勤劳动，感谢家人、朋友一直以来的支持和爱护。

夏德美
2015年9月10日于魏公村